資本主義はなぜ自壊したのか

「日本」再生への提言

中谷　巌

集英社文庫

まえがき

世界経済は大不況の局面に入った。この混乱が収束するにはおそらく数年にもわたる調整が必要になるだろう。

しかし、もっと本質的な問題がある。グローバル資本主義の本質とは何かという問題である。それを明確に理解しない限り、我々は将来、何度でも今回と同じ間違いをしでかすに違いないからである。

グローバル資本主義は、世界経済活性化の切り札であると同時に、世界経済の不安定化、所得や富の格差拡大、地球環境破壊など、人間社会にさまざまな「負の効果」をもたらす主犯人でもある。そして、グローバル資本が「自由」を獲得すればするほど、この傾向は助長される。

二一世紀世界は、グローバル資本という「モンスター」にもっと大きな自由を与えるべきか、それともその行動に一定の歯止めをかけるべきなのか。

当然のことながら、新自由主義勢力はより大きな「自由」を求める。グローバル資本が自らを増殖させるための最大の栄養源だからである。しかし、さらなる「自由」を手にしたものは、まさにその「自由」によって身を滅ぼす。結局のところ、規律によって制御されない「自由」の拡大は、資本主義そのものを自壊させることになるだろう。

一時、日本を風靡《ふうび》した「改革なくして成長なし」というスローガンは、財政投融資制度にくさびを打ち込むなど、大きな成果を上げたが、他方、新自由主義の行き過ぎから来る日本社会の劣化をもたらしたように思われる。たとえば、この二〇年間における「貧困率」の急激な上昇は日本社会にさまざまな歪《ゆが》みをもたらした。あるいは、救急医療難民や異常犯罪の増加もその「負の効果」に入るかもしれない。

「改革」は必要だが、その改革は人間を幸せにできなければ意味がない。人を「孤立」させる改革は改革の名に値しない。

かつては筆者もその「改革」の一翼を担《にな》った経歴を持つ。その意味で本書は自戒の念を込めて書かれた「懺悔《ざんげ》の書」でもある。まだ十分な懺悔はできていないかもしれないが、世界の情勢が情勢だけに、黙っていることができなくなった。そこで今回、思い切って私の拙《つたな》い思いを本書の形で上梓《じょうし》させていただくことにした。是非とも、大方《おおかた》のご叱正《しっせい》をお願いしたいと思う。

本書がなるにあたっては、まずは、集英社インターナショナル前代表取締役の島地勝彦氏にお礼を申し上げなければならない。彼が同社の代表取締役に就任されたとき、最初の出版物として出版させていただいたのが『痛快！経済学』（一九九九年）であった。

これは幸いなことにベストセラーになった。『痛快！経済学』が島地氏にとって最初の出版物であったのとはちょうど逆に、本書は島地社長にとっては最後の出版物になる。何かの因縁であろう。深く感謝の意を表したい。いずれにしても、島地さんは筆者をいろんな意味で育てていただいた恩人である。

しかし、本書に読むに値する点がいくつかあるとすれば、その多くは同社の名編集者、佐藤眞氏のおかげである。今回の本の内容に関して、佐藤さんとは十数回にわたって徹底的に議論を重ねた。彼のさまざまな知的な提案、幅広い学識、鋭い問題意識によって、私の見るところ、本書の中身はどんどん深みを増していった。その意味では本書は佐藤さんとの合作と言ってよいほどのものなのである。

もちろん、そのほかにも本書の完成に尽力してくださった方はたくさんいて、とても名前を挙げきれない。筆者がこの歳になって経済学以外の歴史、宗教、文化、哲学など、「知の世界」に大いなる興味を持って入り込むことができるようになった直接のきっかけは、筆者が「塾頭」を務める多摩大学「40歳代ＣＥＯ育成講座」であった。この講座は、将来の企業幹部が、日本人トップとしてグローバルな場で活躍するためには、単なるビジネス上のスキルを超えた歴史観、世界観、人間観を身につけて行く必要があるとの信念から始めた、いわば、「私塾」である。実は、そこでの「知の格闘技」を通じて得られたであろう切磋琢磨《せっさたくま》の成果の数々が、未熟ながら本書の隅々に凝縮され、立ち現われているのではないかとひそかに期待している。

その意味で、同講座を七年間にわたり、一緒に進めてきた仲間である吹野博志、米倉誠一郎、小川尚登、岐部一誠、滝澤弘和、乾文子、中村真理氏をはじめ、多くの関係者にはお礼の言葉もない。また、同講座に講師として全面的にご協力をいただいてきたそれぞれの分野で道を究《きわ》められた先生方、特に、野中郁次郎、松岡正剛、山内昌之、中西輝政、安田喜憲、渡辺利夫、三枝匡、川勝平太、岩井克人、北川正恭、中川健一、野田智義、故・河合隼雄、楠木建、小室直樹、伊東俊太郎、岡崎久彦、山折哲雄、山崎正和、猪木武徳、佐藤優、吉田敦彦、小川和久、藤本隆弘、橋本大三郎、大楠泰治、末吉竹二郎、呉善花の諸先生方（順不同）には心から感謝申し上げたい。先生方の深い学識、洞察力にはこれ以上はないという知的刺激を受けた。また、同講座に受講生を派遣しつづけてくださった派遣元企業のサポートにお礼申し上げたい。これまで七年間、一七五名を数えるおおむね四〇歳代の「若き」受講生の皆さんからも「知の格闘」を通じて大いなる刺激を受けることができた。記して感謝申し上げたい。

最後に、三菱ＵＦＪリサーチ&コンサルティング株式会社、および、多摩大学は筆者に素晴らしい研究環境を与えてくださった。三菱ＵＦＪリサーチ&コンサルティング株式会社主任研究員の塚田裕昭氏にはデータの整理、発掘の面で大いに助けていただいた。また、同社秘書の山本美津子氏には筆者が本書の執筆に集中できるようにさまざまな配慮をしていただいた。

さまざまな形で筆者を支えてくれた家族や友人たちも含め、これらすべての方々に深《しん》甚《じん》なる謝意を表したいと思う。

平成二十年十一月十四日

久しぶりに秋晴れの東京にて

中谷　巌

資本主義はなぜ自壊したのか　目次

第三章

ことはできない」／なぜポランニーの警告は忘れられたのか

第四章　宗教国家、理念国家としてのアメリカ

変質したアメリカ社会／今や消えてなくなった「トクヴィルのアメリカ」／今や無保険者が四七〇〇万人／自己責任社会の悲惨な現実／「潮目」は変わった／アメリカ流資本主義に潜む暴力性／多極化する世界／特殊性を排除するアメリカのロジック／なぜ、アメリカ人は市場原理の信者になったのか／ヨーロッパ人はなぜ理性を信じないか／アメリカの十字軍精神の起源とは／宗教国家アメリカを作った男たち／「アメリカの成功はすでに神に約束されたもの」とする論理／なぜアメリカは時にモンロー主義に陥るのか／先住民の殺戮は旧約聖書の再現であった？／聖戦としての南北戦争／フロンティアが作り出した個人主義／西へと向かう宗教的信念／ついに壁にぶち当たったアメリカの西漸運動／大いなる転換期――アメリカはどこへ行くのか／オバマ大統領のアメリカ

第五章

「一神教思想」はなぜ自然を破壊するのか――

世界最初の「人工国家」アメリカ／アメリカ経済が世界を制した理由／新自由主義は「普遍の原理」ではない／もはや限界に達したアメリカ流新自由主義／「滅びの淵」から人類を救うには／「蛇と十字架」の秘密／「メデューサ殺し」の意味／「自然は征服するもの」と考える一神教思想／なぜ日本人は自然と共生できたのか／神道と仏教を融合した日本人／「日本的自然哲学」を確立した本地垂迹説／なぜ、西行や芭蕉は聖人と慕われたのか／「一国家・一文明」という世界史的例外／弥生人は縄文人を征服しなかった／血にまみれたギリシアの神々／「国譲り」によって統一された日本の独自性／縄文と弥生が融合した理由とは／なぜ、縄文時代は一万年も続いたのか／自然に神聖さを感じる日本人、自然を征服の対象と考える欧米人／日本文化の中にこそ環境問題への解決の鍵がある

第六章

今こそ、日本の「安心・安全」を世界に――

日本人と古代ローマ人の共通点／外国人を驚かせた幕末・維新の〝安心・安全〟／島国ゆえの長期互恵戦略／戦後日本を経済大国にした「談合」「系列」の秘密／デザイン・インの思想が自動車王国日本を作ったわけ／なぜ、アメリカ自動車業界は日本に敗れたのか／長期信頼関係こそが力である／「日本人には戦略性がない」という嘘／レモン市場とは何か／情報の非対称性が作る不信の構図／信頼こそが社会資本である／武士道に対抗して商人道を作り出した江戸の日本人／商業を通じた社会貢献を説いた石門心学／なぜ中国人には日本的雇用システムが理解できないのか／アメリカ的戦略と日本的戦略／日本人の知らない「階級社会」の真実／孔子が説いた「支配者の論理」／江戸時代の日本は、はたして身分社会だったか／稀に見る「均質性」こそ、日本近代化の鍵だった／労働が「神事」であった古代日本／今なお残る欧米の階級思想／なぜ欧米企業では「現場主義」が育ちにくいのか／どうして日本人に平等感覚が発達したか／「中空構造」の功罪を考える／今こそ日本発の価値観を世界に

第七章　「日本」再生への提言

今や「貧困大国」になった日本／衝撃的なOECDレポート／「再配分後」では日本は世界ワースト二位に／驚くべきシングル・マザー世帯の貧困率／危なくなった「国民皆保険制度」／ジニ係数から見た日本の不平等／気がつかないうちに進んだ「格差拡大」／なぜ日本の国際競争力はかくも低下したか／雇用改革が破壊した日本社会の「安心・安全」／「信用第一」が失われた日本／日本人の「身の丈」に合った経営とは／なぜ北欧経済は活気を呈しているのか／本当の「改革」とは何か／税制改革、いかにあるべきか／基礎年金は税方式に／消費税の「欠点」を解消する秘策／なぜ「ベーシック・インカム」なのか／「金銭による所得再配分」の限界／「大きな政府」でも経済活性化はできる／「国家」では社会は救えない／「社会に支えられている」という実感こそが必要／地方分権こそ、日本経済再生のカギ／日本が世界に誇れる美質とは／今こそ、環境立国を／政策パラダイムの大きな転換が不可欠

本文図版作成　タナカデザイン

序　章

さらば、「グローバル資本主義」

変質してしまったアメリカの豊かさ

——何か変だ。

近年、アメリカを訪れるたびに胸をよぎるのはこの感想だった。実際、私がアメリカに留学していた三十数年前のアメリカと現在のアメリカはあまりにも違うのだ。

あの頃の「よきアメリカ」の姿を今でも私はリアルに思い出すことができる。ゆったりした中流階級の人々の家庭生活の清潔さと華やかさ。そして、彼らのおおらかさや心の寛大さ。皿洗い機やカラーテレビ、自家用車、そして当時の貧乏学生の私の目についたのが、子どもたちでさえ惜しげもなく使う大量のティッシュ・ペーパー！まさに溢《あふ》れんばかりの物質的な豊かさだった。当時の日本が貧乏だったこともあって、アメリカがことさらまぶしく見えた。

それから三十数年。経済成長は持続し、アメリカは経済的にはるかに豊かな社会になったはずなのに、なぜか今日のアメリカにはかつての「豊かさ」や「寛大さ」が感じられないのだ。最近では、文化の香りが残るヨーロッパからアメリカに入ると、アメリカ社会の「粗雑さ」が気になって仕方がない。地域差、個人差はもちろんあるが、基本的に「文化」の香りがしないのだ。いずれにしても、アメリカ社会はどうやら大きな質的変化を遂げたらしいという気持ちを抑えられない。

この間にアメリカで何が起こったのか。いろいろ調べてみて分かったことのひとつは、この期間にアメリカの所得格差が驚くほど拡大したということだ。アメリカではビル・ゲイツなどのスーパー・リッチ層が数多く輩出した半面、かつてのアメリカを支えていた豊かな中流階級の人々がどこかに「消え去った」のである。

数字を挙げてみよう。

驚くべきことに、この数十年の間に、所得上位一パーセントの富裕層の所得合計がアメリカ全体の所得に占めるシェアは八パーセントから何と倍以上の一七パーセント台に急上昇した。これに伴って、アメリカ人の「平均所得」は毎年二パーセント以上も上がった。これだけを見れば、たしかにアメリカは豊かになったはずだ。

だが、それはあくまでも平均値の話であり、最も所得の高い人から最も貧しい人を一列に並べた場合、ちょうど列の真ん中にいる人たち、すなわち「中位の人の所得」はほとんど上がらなかった。

つまり、ビル・ゲイツのような、あるいはウォール街を闊歩《かっぽ》する金融マンや大会社のCEOなど富裕層の急激な所得上昇がアメリカ全体の「平均所得」を引き上げただけであり、庶民はそのおこぼれにあずかれなかったということである。

これがかつて、世界中が憧れたアメリカの「豊かな中流家庭」が崩壊した真相であり、私がアメリカに行くたびに「何か変だ」と思わせた犯人だった。

メルトダウンを起こした？　アメリカ経済

肩で風を切ってウォールストリートを闊歩する「傲慢《ごうまん》な」ビジネスマンたちは、最近のサブプライム問題に端を発する金融危機で失速したが、それまでは信じられないほどの高額報酬を得ていた。

最大手の米国投資銀行、ゴールドマン・サックスの二〇〇七年年次報告によれば、同社従業員の世界平均年俸は金融危機直前、何と七〇〇〇万円にも達したという。それによると、同年に支払われた給与総額は約二〇〇億ドル、従業員数が三万人強なので、一人当たりでは約六六万ドルになるが、これは当時の為替レートで換算すれば約七〇〇〇万円になる。実に驚くべき高所得である。しかし、他方では、健康保険に入れないで、病気になっても医者にかかれないアメリカ人が五〇〇〇万人近くに上り、ジャンクフードのために正視しがたいほどの肥満に悩むアメリカ人も目立つようになった。

このままではアメリカ社会がモラル・メルトダウン（道徳的退廃）を起こして崩壊するかもしれない。そんな危惧を持つようになった矢先の二〇〇八年九月一五日、サブプライムで驚愕《きょうがく》の損失を出したアメリカ系証券会社リーマン・ブラザーズが経営破綻《はたん》した。その後、世界の金融市場相場が最大級の大暴落を経験し、世界経済は大混乱に陥《おちい》った。

ている。

一〇〇年に一度ともいわれる今回の金融危機・経済恐慌が今後、どのような展開を見せていくのか、それはまったく予断を許さないが、行き過ぎたアメリカ型金融資本主義――本書では以降、「グローバル資本主義」と呼ぶ――が新たな出発を見せるまでに、かなりの時間がかかるかもしれない。

実際、バブル経済の破綻後、日本が不良債権を処理するのに一〇年以上かかったことを考えれば、いかに楽観的に見積もったとしても、今回の経済的混乱が収まり、安定した回復軌道に戻るには四、五年は要すると見るのが妥当だろう。

日本の不良債権問題は、日本国内に限定された話であったが、サブプライム・ローン問題はまさにアメリカにとどまらず、グローバルな広がりを持っている。ヨーロッパ諸国では、かなりの銀行に公的資金が投入され、事実上の国有化が進んでいる。

いわゆる「リーマン・ショック」を受けたのはアメリカや西欧諸国だけではない。ロシア、中国、インド、ブラジルなどＢＲＩＣｓ諸国もサブプライムがらみの金融商品を保有しているから、世界全体でどれだけの不良債権が発生し、最終的にどれほどの公的資金投入が必要になるかは予測もつかない。舵《かじ》取りを間違えれば、一九三〇年代の世界大恐慌をしのぐパニックが発生することになりかねない状況だ。

間違いなく言えることは、今回のバブル崩壊の結果、アメリカが主導してきたグローバル資本主義は大きな方向転換を迫られるということである。

それが具体的にどういう姿になるかを現時点で予測するのはむずかしいが、今回の事件でアメリカ系主要証券会社が金融持株会社の形態に移行したため、すべて金融当局（連邦準備制度理事会、ＦＲＢ）の規制下に入るようになった。

この結果、アメリカ系証券会社が主導してきた、自己資本をはるかに上回る資産膨張を可能にする、いわゆる「レバレッジ経営」（レバレッジとは「テコの原理を用いる」の意）は事実上不可能になった。そうなると、これまでのような「規制なきアメリカ金融資本主義の暴走」はその勢いを大きく削《そ》がれることになるのは間違いあるまい。

グローバル資本主義というモンスター

だが、これだけの大変動に直面しながらも、多くの経済学者、ことにアメリカの経済学者たちは「これは大変な激動ではあるかもしれないが、しょせんは資本主義経済の自律的な調整のプロセスである」と考えて、国境を超えて資本やモノが自由に移動するという、新自由主義やグローバル資本主義の枠組みそのものは今後も続くと楽観的に考えているようだ。

しかし、筆者はそのような楽天的な考えを持っていない。

なぜなら世界経済をこれまでダイナミックに拡大させてきたグローバル資本主義には、

本質的と思われる欠陥が数多く内包されており、それらに対する適切な処方箋《しょほうせん》が示されない限り、そのままの形で再生することはけっして好ましいことではないと考えるからである。

グローバル資本主義の本質的欠陥とは、ざっと挙げるだけでも次のようなものがある。

一．世界金融経済の大きな不安定要素となる。

二．格差拡大を生む「格差拡大機能」を内包し、その結果、健全な「中流階層の消失」という社会の二極化現象を産み出す。

三．地球環境汚染を加速させ、グローバルな食品汚染の連鎖の遠因となっている。

現在、地球上で起きているさまざまな問題のすべてをグローバル資本主義のせいにすることは酷かもしれないが、国境を超えて自由に経済資源が移動できるような世界がベストだというグローバル資本主義の基本哲学の正当性は再検証されるべき運命にあるのではないか。

今回の金融不安は、まさにその本質的な欠陥や問題の一部を露呈したものに他ならないし、現在も深刻さを増しつつある環境汚染、食品汚染、格差拡大などを考えると、グローバル資本主義にはかなり大きな修正が不可避になるはずである。もっと強く言うことを許していただけるなら、「アメリカ主導のグローバル資本主義は自壊しはじめた」というのが筆者の認識なのである。

これまでアメリカ系金融資本は、まさに「この世の春」を謳歌してきた。その巨大な影響力を用いることで、アメリカの金融資本はグローバルに規制緩和を推進し、国境を超えた資金移動を自由化し、ITを駆使して精緻《せいち》な金融商品を次々と産み出して、巨利を得てきた。しかし、その怒濤《どとう》のような動きは、まさに高波が岸にぶち当たるような形で危機的状況を迎えた。

彼らはここ十数年、マーケットを思うがままに操っているように見えたし、彼ら自身もまさに「自分たちには敵はいない」とさえ思っていたに相違ない。

しかし、「驕《おご》れるもの久しからず」のことわざどおり、今では、彼らが産み出した肥大に肥大を重ねたグローバル・マーケットという怪物に彼ら自身が翻弄《ほんろう》されている。

フランケンシュタインのモンスターさながら、「グローバル資本主義」という怪物はその創造主である人類そのものを滅ぼしかねないほどに暴走をしてしまったのだ——現今の経済危機にとどまらず、地球環境破壊、有害食品のグローバルな流通や世界的所得格差の拡大などの現実を目の当たりにするにつけ、筆者にはそのような感慨が浮かんで仕方がない。

「構造改革」の急先鋒であった私

一九八〇年前後に始まった「サッチャリズム」や「レーガノミックス」は、「小さな政府」を目指し、規制を撤廃し、あらゆる経済活動をマーケット・メカニズムの調整に委《ゆだ》ねることが経済効率の向上とダイナミズムをもたらすという「新自由主義」思想から生まれた。

政府の介入や社会からの善意を頼りにするのではなく、個々人が自己責任に基づいて競争する社会こそが健全なものであり、そうした自由な社会こそが人々を幸福にし、経済を発展させるのだという新自由主義の考え方は、折しも起きた冷戦の終結、ソ連の崩壊によって、その正しさが証明されたという印象を大多数の人々に与えた。

アメリカの歴史学者フランシス・フクヤマは、この事態を「歴史の終わり」と呼び、共産主義イデオロギーに対する自由主義イデオロギーの優位性が確立されたと主張した。新自由主義者たちはその思想的優位性に確信を持って、「構造改革」の実行に弾みをつけていった。

当然のことながら、新自由主義思想は日本にも入ってきた。一九八〇年代後半に激化した日米通商摩擦において、アメリカ政府は日本が閉鎖的であり、もっと市場を開放するための構造改革が必要だとして、「改革」の早急な実施を要求した。

こういったアメリカからの政治的圧力は新自由主義思想の日本社会への浸透を加速させた。それが日本で市民権を得たのが、いわゆる「小泉構造改革」であった。「五五年体制」と呼ばれる既得権益の構造をぶち壊し、日本の経済システムをグローバル化するという公約を掲げて首相の座に就いた小泉純一郎氏の政権は驚異的な支持率を誇った。

このような大きな歴史の流れの中、本書の筆者である私自身は、まさにこの「構造改革」の急先鋒たる一人だった。このことは、今さら読者には述べるまでもないことかもしれない。

あとで詳しく述べるつもりだが、細川内閣、そして小渕内閣において、筆者は規制緩和や市場開放などを積極的に主張し、当時の政府与党の政策の枠組みを作る手伝いをした。中でも、小渕内閣で筆者も参加した「経済戦略会議」の諸提言のいくつかが、のちの小泉構造改革にそのまま盛り込まれている。そのことは筆者の自惚《うぬぼ》れではなく、小泉政権の中枢にあった竹中平蔵氏もしばしば言及されている事実である。つまり、私は間接的な形ではあっても、いわゆる小泉構造改革の「片棒を担いだ男」の一人であるのだ。

消え失せた「中流社会ニッポン」

今にして振り返れば、当時の私はグローバル資本主義や市場至上主義の価値をあまりにもナイーブに信じていた。そして、日本の既得権益の構造、政・官・業の癒着《ゆちゃく》構造を徹底的に壊し、日本経済を欧米流の「グローバル・スタンダード」に合わせることこそが、日本経済を活性化する処方箋だと信じて疑わなかった。

　もちろん、戦後日本経済の活力を奪いつつあった既得権益構造の打破などに関しては、今でも私は自分の主張は正当なものであったと信じている。

　だが、その後に行なわれた「構造改革」と、それに伴って急速に普及した新自由主義的な思想の跋扈《ばっこ》、さらにはアメリカ型の市場原理の導入によって、ここまで日本の社会がアメリカの社会を追いかけるように、さまざまな「副作用」や問題を抱えることになるとは、予想ができなかった。

　この点に関しては、自分自身の不勉強、洞察力の欠如に忸怩《じくじ》たる思いを抱いているのである。

　第七章でも詳しく検証したいが、アメリカと同様に、日本でも着実に格差は拡大しはじめた。いわゆる「勝ち組」と「負け組」の二極分化である。

　格差社会の拡大は、もちろん日本でも大きな問題となっている。東京の銀座に次々とヨーロッパの高級ブランドの旗艦店が出店し、超高級車が売れる一方で、「ワーキング・プア」と呼ばれるフリーターや派遣社員といった人々が増え、寝泊まりするところさえない「ネットカフェ難民」と呼ばれる人々さえ現われている。

　かつて日本の特色と言われた「一億総中流社会」はもはや見る影もない。アメリカで起こった中流階層の崩壊現象のミニチュア版ともいうべき現象が、この日本でも起こっているのだ。

グローバル競争に勝ち抜くために行なわれた日本企業の「雇用改革」によって、かつての終身雇用システムや年功序列システムは消滅したに等しい。わずか一〇年ほどの間に年収二〇〇万円に満たない貧困層が二〇〇万人も増えて一〇〇〇万人の大台に達し、日本社会や日本企業の精神風土に悪影響を与え始めている。

消えた安全・安心

さらにこうした雇用改革と同時に行なわれた医療改革も、さまざまな問題を生んでいる。たしかに国家財政再建のためには、医療改革は必要であっただろう。だが、その性急で原理主義的な改革は、救急医療難民の増加など、日本の安心・安全神話を壊す原因になった。

中でも七五歳以上の高齢者を対象にした「後期高齢者医療制度」に至っては、日本の高度成長を支えた高齢者の自尊心をまさに否定する、愚策中の愚策ではないか。むしろ「長い間、ご苦労様でした」という気持ちで「医療費は原則、国でお持ちいたしますから今後は安心してお過ごしください」といった、心の籠もった改革こそ必要だったのではあるまいか。

もちろん、そのためには消費税を多少上げるなどの対策は不可避ではあろうが、「努力した人が報われる社会に」というのであれば、そうした施策をこそ行なうべきだった。しかしながら、現実に行なわれたのは「自己責任」を隠《かく》れ蓑《みの》にした、福祉の切り捨てであったのではなかろうか。

さらに言えば、地方経済の惨状には目を覆《おお》うものがある。

地方経済が悲惨な状況にあるのは、地方への十分な税源移譲がなされないまま、国家の財政再建を優先し、地方交付金や公共事業が削減された結果である。手足は縛《しば》られたままで、交付金や公共事業が削減されれば、それらに依存していた地方が疲弊するのは当然である。

地方が自律的に動けるように、住民の生活を安定させるのに必要な税源措置の裁量権を与え、それと引き換えに中央からの財政資金の絞り込みをするというのがあるべき順序なのに、それが逆になってしまっている。これでは地方が悲鳴を上げるのは当然である。

しかし、こうしたきめ細かな対策がないがしろにされたのも、結局は「自己責任」などという陳腐なスローガンが独《ひと》り歩きした結果であり、「とにかく小さな政府で規制緩和をすればよい」といった風潮がまかり通ったからに他ならない。

また、グローバリゼーションの結果、さまざまな食品が安いコストで輸入されるようになったが、その反面で食の安全は失われる一方である。毒餃子《ぎょうざ》にメラミン牛乳、野菜の残留農薬、汚染米事件など、食品汚染はとどまるところを知らない。

国内においてさえ、十分に安全性を保証できないことが、どうしてグローバル規模で可能になるのか。そんなことはあり得ない。業者が産地偽装をしたり、あるいは危険な食材と知りつつ消費者に提供したりといった事件の増加は、明らかにグローバル資本主義の副産物なのである。

こうしたモラルの崩壊は産業界だけに限ったことではない。近年、親が子を殺したり、あるいは逆に子が親を殺したりするような犯罪、あるいは自分の欲求不満や閉塞感を解消するという目的のためだけに無差別の大量殺人を行なうといった、かつての日本では考えられなかったような凶悪な事件が年を逐《お》うごとに増加しているように見える。こういった事態を異常だと感じるのは筆者だけだろうか。

いずれにしても、筆者は、アメリカ社会が急速に変質したのと同じ意味で、日本社会が確実に変質しつつあることを感じる。

「より多く儲けた者が勝ち」という新自由主義的な価値観は、裏を返せば「目的のためには手段を選ばない」「稼げない人間は負け組であり、それで飢えたとしても自業自得である」という考えにそのままつながる。こうした自己中心的な発想が蔓延《まんえん》したことが、今の日本社会から「安心・安全」あるいは人と人との信頼関係や絆《きずな》が失われる事態を惹き起こしてしまったのではないだろうか。

パンドラの箱は開いてしまった

もちろん、先ほども述べたように構造改革には一定の意義があり、それなりの成果があったわけだが、しかし、市場至上主義的な風潮が世の中に行きわたり、伝統的な日本社会の良いところが徐々に変質していくのを見るにつけ、また、格差が異常に拡大した「貧困大国」アメリカの実態を見るにつけ、あるいは、地球環境破壊がとどまるところを知らない現状について考えるにつけ、筆者はグローバル資本主義や新自由主義思想には本質的な欠陥や問題点が潜んでいることに、徐々に気づくことになった。

ひょっとしたら、グローバル資本主義とは言うなれば人類にとっての「パンドラの箱」であったのではないか――現下の情勢を見るにつけ、私の心にはそんな苦い思いが湧いてくる。しかも、私はその蓋《ふた》を開けることに荷担してしまった一人なのだ。

ギリシア神話によれば、いったん開けてしまったパンドラの箱から出てしまったものは、二度と戻ってこず、ふたたび箱に蓋をすることもできないという。グローバル資本主義というパンドラの箱を閉めるのも、すこぶる困難な仕事、いやほとんど不可能なことなのかもしれない。しかし、それでも「パンドラの箱」には何とかして蓋をしなければならないのである。そうでなければこの世の中はますます惨《みじ》めなものになってしまうからである。

事実、すでにパンドラの箱から飛び出した不吉な「モンスター」は、世界の金融界を未曾有《みぞう》の混乱の中に追い込んでいる。アメリカ発のサブプライム・ローン問題によって起きた金融危機の余波を受け、日本経済もこれから長期不況を強《し》いられることになりそうだ。

アメリカやヨーロッパで起こっている急激な信用収縮（クレディット・クランチ）が日本にも波及し、実体経済に大きな影響を与え始めたからである。

アメリカ発のグローバル資本主義の暴走は、サブプライム・ローンそのものにはあまり手を出さなかった日本にも深刻な影響をもたらしつつあるのだ。世界経済は今や不可分に結びついており、一国だけが安泰ということはあり得ない。

あとでも詳しく述べるが、サブプライム・ローンとは結局のところ、アメリカ系証券会社のエリートたちが、住宅ローンの対象になりそうもない貧困層を食い物にして、自分たちだけが儲けるために作られたかなり「いかがわしい」金融商品であった。

ごく簡単にいえば、サブプライム・ローンとは、本来なら不動産を買うだけの経済力のない人々に甘い誘惑の手を差し出して住宅ローンを組ませ、他方、ローンを貸し付けた金融機関はその債権を証券化して世界の金融市場で売りさばき、利潤を膨らませることのできる、きわめて巧妙な形での「金融商品」である。

新自由主義やグローバル資本主義は、こうしたモラルなき経済活動までをも「自由競争」の美名の下に正当化したのであった。

手段はどうであれ、自由競争の中で上手に稼ぐことが「資本主義の正義」であり、その競争に敗れて職や財産を失うのはあくまでも自己責任なのだとする新自由主義思想には、格差の拡大を正当化こそすれ、それを是正して、みなが幸福な社会、みなが心豊かに暮らせる社会を作ろうという意図は皆無である。そこにあるのは、あくまでも個々人の幸福追求であって、社会全体の幸福実現は二の次、三の次でしかない。

なぜ資本主義は環境を破壊するのか

このようなことに思いを馳《は》せるならば、新自由主義に基づく単純な「構造改革」路線で我々が幸せになれるなどというのは妄想にすぎないということを痛感させられる。

新自由主義の思想は、私たちが暮らす社会を個人単位に細分化し、その「アトム化」された一人一人の自由を最大限尊重するという思想だから、安心・安全、信頼、平等、連帯などの共同体価値には何の重きも置かない。つまりは人間同士の社会的つながりなど、利益追求という大義の前には解体されてもしょうがないという「危険思想」なのである。

現代世界には、そんな危険思想を内包するグローバル資本という怪物が地球上を自由に闊歩しているのだ。

グローバル資本主義や新自由主義というモンスターの被害は、格差社会の広がりに象徴されるような「社会の解体」だけにとどまらない。世界中で起きている環境破壊もまた、市場原理優先の思想が産み出したものに他ならない。

利潤追求を至上命題とするグローバル資本主義においては、子孫のために自然環境を守り、資源を節約しようといった話はしょせん副次的なテーマにすぎない。グローバル資本主義は地球環境問題について責任を負わないばかりか、むしろ、環境破壊を加速する側に加担しているのだ。

経済学的に表現するならば、環境破壊とは企業などの経済主体が「環境コスト」を支払わないために発生し、加速していく現象である。

もちろん、人間が生きていくかぎり、そこにはかならず環境破壊が起きる。しかし、それが自然の自浄能力の範囲内で済むのなら、地球環境は悪化することなく保全されるだろう。

しかし、グローバル資本はそのようなことには何の関心も抱かないし、責任感も感じない。そもそもグローバル資本にとっての最大の責務は、投資家へのリターンを最大にすることであり、そのためにできるだけ「環境コスト」を支払わないように行動するのが合理的選択である。

したがって、ある国で環境規制が強化されたとしても、グローバル資本は規制を嫌ってもっと環境破壊に寛容な国に資本を移動するのである。その結果、地球全体でみると、環境破壊はより激しくなってしまう。この規制とグローバル資本の「追いかけっこ」が地球環境問題の解決を遅らせているのである。

二酸化炭素の排出量規制を目的とした京都議定書に対して、アメリカや中国、インドといった「資源消費大国」が抵抗を示しているが、その背後には「環境コスト」負担を嫌うグローバル資本の思惑が見え隠れする。特にアメリカの政治的決定はグローバル資本のロビー活動に大きく影響されているからである。

その結果、京都議定書に基づく地球環境対策はあまり大きな効果を上げることができない。その間にも世界の森林は切り倒され続け、中国やインドなどの新興国では猛烈な経済発展の陰で、先進国では考えられないほどの環境汚染、環境破壊が進んでいる。しかし、グローバル資本主義という市場競争原理の前では、「環境を守ろう」という人類の生存にとってより重要と思われるスローガンは、残念ながらほとんど政治的力を持っていないのである。

もはや構造改革に幻滅した日本人

もちろん、筆者にしてもグローバル資本主義や新自由主義にも一定の意義があったことを否定するつもりはない。

先ほども述べたが、たとえば日本における細川政権や小泉政権における「構造改革」、そして一連の「規制撤廃」にしても、政・官・業の癒着体質を打ち破り、国民の税金や郵貯や簡保の資金が意味のない公共投資に垂れ流しされることに対して、くさびを打ち込んだのは間違いのない事実である。まだまだ日本には改革の余地がたくさん残っていると言っても過言ではない。

しかし、これまでの路線で構造改革を続けるということであれば、今や「功」よりも「罪」のほうが大きくなってきているのではないだろうか。いや、経済学者はともかくも、少なくとも国民の多数はそう考えはじめているようだ。

実際、〇八年九月に行なわれた自民党総裁選では、小泉元首相が支持表明した小池百合子氏が「小泉改革路線」の継承を宣言したが、国民の反応は冷たく、彼女には期待されたほどの票が集まらなかった。ことにこれまで小泉改革を圧倒的に支持してきた地方票が小池氏に一票も入らなかったことは注目に値する。いまや自民党政権を支えてきた地方の党員でさえ、もはやこれまでと同じ構造改革路線はゴメンだと思っている何よりの証拠と言えよう（もっとも、小池氏に投票しなかった地方の自民党員の思惑が、これ以上、既得権を奪われるのはごめんだという保守派の「揺り戻し」に基づくものならば、それはけっして褒《ほ》められたものではない。地方の活性化への障害の多くは地方に根強く残っている既得権の構造に求められるからである)。

この総裁選直後、小泉元首相が引退を宣言したが、これは彼自身もこれまでのような構造改革路線の限界を思い知ったためであろうか。これは本人に聞いてみないと分からないが、「古い日本を打破する」と言って始まった構造改革は、「古い日本」の悪しき側面だけを部分的に破壊するのに成功したが、しかし同時に、日本社会が持っていたよき側面すらも破壊しはじめたと言えるのではないだろうか。

わが懺悔《ざんげ》、そしてわが転向

これら問題についてのより詳細な分析については後述するが、構造改革や規制緩和をキャッチフレーズにして登場した新自由主義思想、そして、そのマーケット第一主義によってもたらされたグローバル資本主義の大潮流が、日本のみならず世界中にさまざまな矛盾や深刻な問題を惹き起こしていることは、読者も実感として感じておられることであろう。

何ごとにも「バランス」というものがある。

一九八〇年前後に始まったサッチャリズムやレーガノミックスは、個人の自由を何よりも重要視し、国家による経済活動への過度の干渉や弱者救済を目的とする手厚い福祉行政を批判することで大きな支持を集め、さっそうと登場した。サッチャー英首相やレーガン米大統領の政策は、「大きな政府」がもたらす国民負担の上昇や経済の非効率、公的部門の拡大に歯止めをかけ、たしかに経済活性化をもたらすのに役立った。しかし、かつて、「大きな政府」を支持するケインズ経済政策が行き過ぎてしまったように、新自由主義やグローバル資本主義も明らかに行き過ぎてしまった。それがもたらす経済の急成長、富の膨張に酔いしれてしまった。それが今の格差社会、そして金融の混乱、モラルの崩壊につながっていると言えるだろう。

いずれにしても、グローバル資本主義というモンスターの適切なる制御には相当のエネルギーが必要であり、そのために何ができるかを真剣に考えなければならない。もちろん、「敵」は世界中にその影響力を広げている。新自由主義の思想は多くの人々、政治家、経済人の心の中に深く、広く浸透しており、それだけに闘う相手は、きわめて手ごわいことを覚悟しなければならない。

本書は筆者自身の「懺悔《ざんげ》の書」であると同時に、グローバル資本主義や市場原理が本質的に個人と個人のつながりや絆を破壊し、社会的価値の破壊をもたらす「悪魔のシステム」であることを筆者なりに解明していくことを目的にしている。さらには、「小さな政府」や「自己責任」といった公共利益よりも私的利益を重視した新自由主義やグローバル資本主義の欠点を是正するためのありうべき方策の方向性についても提言したいと思う。

そこでまずは、なぜ若い頃の筆者が「アメリカ流構造改革の急先鋒」として活動するに至ったか、さらに、なぜ最近、新自由主義やグローバル資本主義の限界に注目し、安心・安全や信頼、温かさ、人々の間の絆など、「社会的価値」を破壊するアメリカ流構造改革に異を唱えるようになったのかについて、次章で詳しく述べてみたいと思う。

ちなみに次章で私は「転向」という言葉を使ってはいるが、先にも述べたように、私は構造改革そのものを全面否定するようになったわけではない。しかし、格差拡大を助長し、日本社会が大事に育ててきた社会的価値を破壊するようなことを放置する改革には賛成できなくなった。必要な改革はまだまだ残っているけれども、アメリカ後追い型・弱者切り捨て型の構造改革には声を大きくして反対する必要があると考えるようになった。その意味においての「転向」である。

このあたりの事情をやや詳しく述べさせていただくために、私事にわたることも書かざるを得なかったが、本書の流れを理解していただくためにはある程度やむを得ないと考えた次第である。あらかじめご了解いただきたいと思う。

第一章

なぜ、私は「転向」したのか

私の「アメリカ体験」

二十七歳（一九六九年）のとき、サラリーマン生活に見切りをつけた私は、ハーバード大学に留学した。いきなり、大学院博士課程（経済学）にである。大学時代は経済学部に籍を置いていたとはいえ、まともに勉強というものをしたことがなかっただけに、今から考えれば無謀ともいえる冒険だった。

当時の私は日産自動車に勤務していた。いちおう休職という形での留学ではあったが、内心ではもう会社に戻るつもりはなかった。そのまま会社に残れば、大組織の一員として安定した生活を送ることはできたかもしれない（実際には、その後、日産はルノーに救済されるという激動の時期を迎えることになった）が、しかし、漫然とサラリーマン生活を送る一生はどうしても嫌だった。止むに止まれぬ思いで、私はアメリカで、経済学を一から学びなおそうと考えたのであった。

そうやって勢いこんで留学した私の第一印象は「素晴らしい」の一語だった。ハーバード大学のニューイングランド風キャンパスは実に美しかった。大学内のハーバードヤードにはリスが走り回っていた。大理石造りのワイドナー図書館の壮大さ、外国人学生に対する至れり尽くせりのサービスなど、何から何まで感心させられることばかりだった。当時の日本はすでに高度成長期に入っていたが、日米の経済格差は依然として圧倒的であったから、極東からの貧乏留学生にとっては豊かさ溢れるアメリカはまるでユートピアのようにも見えた。

ところがいざ学期が始まると、いきなり頭をガツンとやられてしまった。「これは大変なことになった」というのが正直な感想であった。猛烈な勉強が始まった。授業のスピードと事前に読んでおかなければならない教材の膨大さ（専門性の高い文献ばかりで一日あたり一〇〇〇ページ以上はあったと思う）に啞然《あぜん》とする毎日だった。

サラリーマン時代、周りにいた同僚や先輩諸氏は今から考えてもよい人ばかりだったが、みんな似たり寄ったりで、失礼ながら「頭がいいなあ」と感じる人もいなかった。会社を辞めて留学しようと考えたときには、若気の至りで「自分はできるんだ」などという傲慢きわまりない勘違いをしていた。

当時のハーバード教授陣はノーベル賞受賞者がずらりと並ぶ壮観ぶりであった。私の指導教官だったケネス・アロー教授は日本でも「経済理論の神様」といわれるほど、抜群の業績を誇る天才肌の先生だった。彼に会いに行くときには、錆びついた自分の頭の回転を少なくとも二倍にしてからでないと議論などできたものではなかった。アロー先生に会いに行くときは本当に緊張した。アロー先生はそれからまもなく、ノーベル経済学賞を受賞された（七二年）。そうした圧倒的な教授陣もさることながら、世界中から集まった優秀な同級生たちの頭の切れ味にも舌を巻いた。「世の中にはこんなに頭のよい連中がいたんだ」と生まれて初めて思い知らされたのである。

あまりにも違った日米の学問風土

しかし考えてみれば、もともと輸出営業で毎日のように接待で飲んだくれ、アカデミックな世界とは隔絶されたところにいたわけで、何の下準備もない人間がいきなり博士課程に飛び込んだのだから、これはどう考えても無謀以外の何物でもないし、そこにあるすべてに圧倒されたのは当然であった。

だが、今さらすごすごとシッポを捲いて戻るわけにはいかない。そんなことをすれば、「だから言わんこっちゃない、人の忠告を聞かないからだ」とみんなにバカにされるだけだ。死にものぐるいという言葉があるが、まさにその表現どおり、睡眠時間を削れるだけ削って、ぶっ倒れるほど勉強した。

だが、そうやって死にものぐるいになって真面目に勉強すればするほど、アメリカ近代経済学の素晴らしいロジックの体系とその緻密《ちみつ》さに私は圧倒されるようになった。やがて、私はアメリカ経済学の虜《とりこ》になり、とりわけ、(一定の仮定のもとに展開される)マーケット理論の精緻さ、理論体系全体の完成度の高さには敬意を表するようになっていった。その過程で、私は次第に「アメリカかぶれ」になっていったのである。

だが、今にして思えば、それもやむを得なかった。
アメリカの大学システムはいまだに世界ナンバーワンの競争力を誇る。遅れた日本の大学しか知らない私が圧倒されたのは当然だった。日本の大学の経済学部の多くでは、学生たちは教授を中心とした「タコ部屋」社会の中にいた。学生たちは先生の狭い専門分野に閉じ込められ、与えられたテーマだけを勉強していればよかった。人事にしても透明性などあるはずもなく、多少勉強ができ、教授に気に入られれば、研究者として国際的な業績のあるなしにかかわらず後継者になることさえもできた。今は少しずつ良くなっているとはいえ、当時はそんな閉鎖的な社会だった。

これに対して、アメリカの大学ははるかに競争的でフェアであった。

一例を挙げれば、ハーバードで博士号を取った人がどれほど優秀であっても、原則としてそのままハーバードで職を得ることはできない。いったんはどこかほかの大学で「武者修行」をし、そこで優れた業績を上げないかぎりハーバードに戻って職を得ることはできなかった。指導教官のお眼鏡にかなったという理由さえあれば、極端な話、一編の論文も書かずとも後継者に収まることができる日本の大学とは大違いだった。

話を戻せば、たしかに大学院で要求される勉強の量は想像を絶するものだったが、教育カリキュラムそのものは、実に体系立っていて合理的にできていた。私のように学部時代にろくに勉強していない人間であっても、綿密なカリキュラムにしたがって着実に勉強をしていけば基礎から上級理論まで自然と身につく、懇切丁寧な教育体制が出来上がっていた。

猛烈なスピードで進められる授業についていくのは並大抵ではなかったが、それに耐えさえすれば、二年間でマクロ経済学、ミクロ経済学、経済史、計量経済学など、近代経済学の基礎的体系が頭に入るようになっていた。指導教官の、重箱の隅をつつくような研究分野しか勉強させてもらえない「タコ部屋」の日本となんという違いだろう！

「アメリカかぶれ」になった私

そんな環境の中で、私は次第にアメリカの市場主義的な世界観の中に没頭していった。いや、没頭したと表現したのでは生ぬるい。「かぶれた」のである。

「かぶれる」ということは、客観的に見る目、批判する力を失うということで、軽薄な行為であることには違いないが、他方、「絶対これがよい」と信じているわけだから学習の効率はよかった。「かぶれる」ことによって、対象物を崇《あが》め、疑いの心を持たずにただひたすら「吸収すること」に邁進《まいしん》することができたのだ。

さらに、私がアメリカ経済学にかぶれることになった背景には、身をもって当時のアメリカの「豊かさ」を体験したことも大きかった。先にも書いたが、日本から来た貧乏留学生にとってアメリカ社会の持つ物質的豊かさと人々の精神的寛大さは、まるでユートピアではないかと錯覚するほどのものであった。アメリカ人のみならず、誰でもそうかもしれないが、自分が圧倒的に優位に立っていると感じるときには、ひとは寛大になるものである。当時のアメリカ人の日本人に接する態度はそういう意味で大変寛大で余裕があった。

とはいえ、六〇年代末から七〇年代初頭にかけてのアメリカ社会は、豊かさと同時にさまざまな社会問題を抱えていたのも事実である。

泥沼化して久しいベトナム戦争、あるいは黒人公民権の問題などをめぐって「若者たちの反乱」が起きていた。大学は日本と同様、ベトナム戦争反対を軸とする学園紛争のさなかにあった。キャンパスにはヒッピースタイルの学生たちが闊歩《かっぽ》し、ボブ・ディランの「風に吹かれて」やジョーン・バエズの反戦歌が大はやりだった。

しかし、そのような騒然とした雰囲気は社会的な混乱というよりも、むしろアメリカの知的真摯《しんし》さを示すものとして、私には新鮮にさえ感じられた（もっとも、大学近辺の保守的なエスタブリッシュメントはこういった学生たちの反乱に眉《まゆ》をひそめていたが）。ときとして学生たちの無軌道な行動はあっても、社会全体として見たときにそこに「暗さ」を感じなかった大きな理由の一つは、何と言っても豊かで健全な価値観を持つ中流層が、アメリカ社会の中核に大きな存在感を持って鎮座していたからであろう。

このころのアメリカのサラリーマンの典型的な生活というと、どんなに仕事が忙しくても夕方五時には会社を出て、まっすぐ郊外の広い家に帰る。そして夕食まではスプリンクラーの水しぶきがまばゆい庭でガーデニングに時間を費やす。夫人は皿洗い機がある最新の台所で楽しげに夕食の準備をしている。小さな子どもたちがその周りではしゃぎまわり、ふかふかの絨毯《じゅうたん》の上では大型犬が寝そべってそれを眺めている。夜はみんなでテレビを見ながらゆったりと過ごす。そして、週末ともなれば、家族一緒にドライブやバーベキューを楽しみ、コミュニティの行事や教会での行事に参加する――こうした生活ぶりは、単に物質的に豊かであるというだけではなく、家族や地域社会を大切にするという健全で明るい精神に満ちているように見えた。

このようなアメリカの状況を見るにつけ、やはりハーバードで学んだアメリカ流経済学こそが正しいと、若い私が感じるようになったのは無理もない。アメリカで暮らす私から見る日本は、系列や終身雇用をはじめ、政・官・業の鉄のトライアングルなど、既得権益のネットワークによってがんじがらめにされた閉鎖的社会であり、アメリカ経済学が何よりも重視する市場原理がぜんぜん機能していない「前近代的社会」に見えたのであった。

そして、日本もアメリカのように自由な経済活動が行なわれ、マーケット・メカニズムが機能する社会に生まれ変われば、アメリカ人のように豊かで幸福になれるはずだとナイーブにも思いこんだのであった。かくして、ここに市場主義経済学に心酔する急進的「改革派」が一人製造されることになったというわけである。

これが私がアメリカにかぶれ、急進的「改革派」になっていった経緯である。しかし、私のような「アメリカかぶれ」は、戦後、フルブライト制度によって渡米した多くの日本人留学生がさまざまな分野で辿《たど》った道と共通していると思う。

アメリカにとってみれば、世界中の若い学生や知識人に留学資金を提供することで「アメリカびいき」を増やすことは、長い目で見れば、自国の安全保障につながるという冷徹な計算があったのであって、多くの若きアメリカ留学経験者がアメリカびいきになっていったのはある意味、致し方ないことでもあった。

豊かなアメリカは「大圧縮」の産物であった

しかし、実は当時、アメリカ経済学で主流を占めていたのは、けっして今のような市場原理主義的な考え方ではなく、ノーベル賞経済学者のサミュエルソン教授らが中心となって提唱していた「新古典派総合」と呼ばれる考え方であった。サミュエルソン教授らの思想は、マーケット・メカニズムを重視する「マネタリスト」と呼ばれる立場と、政府介入を許す「ケインズ経済学」の組み合わせによって資本主義経済は安定的発展を遂げられるという考えであった。悪く言えば折衷《せっちゅう》的、よく言えばバランスのとれた穏健な経済学である。

だがアメリカ経済学は一九七〇年代後半頃から、政府の市場介入を全面的に否定する市場原理主義的な急進的学派（「合理的期待形成学派」）に席巻《せっけん》されるようになり、それがレーガノミックスという形で一九八〇年代以降のアメリカ政府の経済政策を大きく変えていくことになる。

ここで私がうっかり見逃していたのは次の二点であった。

第一は、日本とアメリカでは国の成り立ちも大きく異なるのだから、アメリカ流経済学をそのまま日本に適用しても、それで日本人が幸せになれる保証などどこにもないという当たり前の事実である。

そして第二は、留学当時、私を圧倒したアメリカの豊かな社会を支えていたのは、実は市場主義などではなく、総需要管理を政府の役割として重視していたケインズ経済学と、その背後にあった「偉大な福祉国家」建設への強い信念であったという点である。

もっと言えば、当時のアメリカ社会の豊かさや健全な中流階級の存在は、サミュエルソン教授らの「新古典派総合」の結果というよりは、フランクリン・ルーズベルト（FDR）が行なったニューディール政策や、平等社会実現のための諸政策、さらには、ハーバード大学におけるサミュエルソンの師であったアルビン・ハンセン教授の、公共事業を活用した福祉社会建設への強い信念が、戦後のアメリカ社会に根付いていたからであった（この点については、伊東光晴先生のご教示による）。

私はこうした現実を見過ごして、レーガン政権以降に主流になる新自由主義こそが、昔からアメリカ流経済の中心であったかのように錯覚してしまったのだ。

繰り返しになるが、三〇年代の大恐慌によって「すべてを市場に委ねれば経済は安定的に発展する」という経済思想は破綻を来した。古典派経済学によれば市場原理に任せていれば、いずれは失業も不況も収まるはずだったのに、大恐慌はいっこうに終息しなかったからである。

この恐慌からの脱出のため、ケインズ経済学を取り入れたFDRは、かの有名なニューディールにおいて大胆な公共事業に踏み切ったが、彼は単なる景気対策にとどまらず、所得の平等化など、福祉政策にも力を入れた。その経済政策の流れが第二次大戦後、三〇年以上続いたことによって戦後のアメリカは豊かな社会を創り出すことに成功したのであった。

最近出版されたロバート・B・ライシュの『暴走する資本主義』（東洋経済新報社）や、二〇〇八年ノーベル経済学賞に輝いたポール・クルーグマンの『格差はつくられた』（早川書房）の中でも指摘されていることだが、第二次大戦終結の一九四五年から、オイルショック直後の一九七五年にかけてのアメリカは、第二次世界大戦前に比べて圧倒的に所得格差が縮小した「大圧縮の時代」（クルーグマンの命名）だった。

格差の拡大、中流の消滅、そして医療・福祉の後退

私は若き留学生として、その「大圧縮」によって誕生した豊かな中流層が中核となっている健全なアメリカ社会の中に飛び込んでいったことになる。

ところが、こうしたアメリカの中流社会は、一九八一年に登場したレーガン政権によって決定的な変質を起こすことになる。

「小さな政府」「高額所得者向けの減税」「自己責任」といったキャッチフレーズのレーガノミックスが推進されたことで沈滞していたアメリカ経済を活性化することにはある程度成功したが、その後、たったの三〇年足らずで、アメリカ社会では所得格差の拡大と、それに伴う中流階級の消滅、そして、医療や福祉の後退が起こったのである。

トーマス・ピカティとエマニュエル・サエズの著名な研究によれば、二〇〇五年のアメリカでは上位一パーセントの富裕層が、国の総所得のなんと一七パーセント以上を受け取っていた。

これだけでも驚くべき所得格差の拡大だが、この富裕層の中でも実は大きな格差があるのだ。

というのも、アメリカ全体で上位〇・一パーセントの超富裕層の人々が、アメリカ全体に占める所得シェアは、なんと全体の七パーセントに達するという。ちなみにレーガ

ン登場以前においては、上位一パーセントの富裕層が占めていた総所得は八パーセント、同じく〇・一パーセントの超富裕層の総所得はわずか三パーセントだったのだから、格差社会もここに極まれり、である。

さらに、この三〇年間の格差拡大については、アメリカの大企業トップの年俸金額の推移にも明確に現われている。

クルーグマンの前掲書によれば、一九七〇年代、アメリカの代表的大企業一〇二社の経営トップの年俸は、それら企業で働く労働者の平均給与の「わずか！」四〇倍であったが、それが二〇〇〇年には三六七倍にも達したという（クルーグマン前掲書、一〇二ページ）。しかもこの間、所得税の最高税率は大きく引き下げられている（一九五〇年代末には最高税率九一パーセントまで上がったが、現在では三五パーセント）から、手取りベースの所得格差は当時よりもはるかに大きくなっているはずである。

他方、平均的な労働者の所得はどうなったか。クルーグマンはこの三〇年間に、アメリカの「平均所得」は上昇したが、「所得の中央値」（所得金額が多い順に並べてちょうど真ん中に位置する人の所得）は「わずかに上がったか、実質的には下落している」と述べている。

これはどういうことかといえば、ビル・ゲイツのようなスーパー・リッチの出現によって、所得の平均値は底上げされたけれども、所得の中央値近辺の人々、要するに中流層の個人所得はこの三〇年間でほとんど変わっていないか、下手をすれば下がっているということなのである。

アメリカの中流層が我々の視界から消えてしまったように感じられる真の理由はこのあたりにありそうである。かつて豊かな生活の象徴であった中流層はどちらかといえば低所得層に吸収されていったからである。

このような格差の拡大は、アメリカ社会の一体性をも完全に損なっていると言っても過言ではあるまい。

というのも、ビル・ゲイツやマイケル・デルのようなスーパー・リッチは、普通の人々の目につくようなところに居を構えているわけではない。何十万坪というような、川もあり、滝もあり、丘もあるような広大な土地に大邸宅を建て豪華な生活をしていて、同じアメリカにいても、庶民とは隔絶した遠い世界に暮らしているからである。

そこまでいかなくても、最近では金持ちの多くは、一般庶民とはフェンスで隔絶された高級住居地に住むことが多くなったらしい。こういった飛び地のような高級住宅地では、守衛によって厳重に出入りがチェックされるようになっていて、彼らが一般庶民と融合する機会はほとんどない。

かつてのアメリカにおける豊かさの象徴的存在として我々のイメージの中にある中流階級のうち、一部はスーパー・リッチに首尾よく上り詰めることに成功したかもしれないが、大部分は低所得層に吸収されていった。そのため、彼らの豊かな家庭は人の目につかなくなっていったのである。

その結果、世界中の憧れの的であった豊かなアメリカ社会のイメージは消えてしまった。

政府の介入が「豊かなアメリカ」を作った

レーガノミックスによって、アメリカ社会の中核的存在であった中流階層の存在感が失われていったことがこれらのデータから読み取れるが、実は今のような格差社会がアメリカに生まれたのはこれが最初ではない。

大恐慌が起きる直前の一九二七年ごろのデータを見ると、所得上位一パーセントの人々の所得シェアは何と二〇パーセントにも達していたのである。戦前のアメリカは実は今よりひどい格差社会（いわゆる「金ぴか時代」のアメリカ）だったのである。

ところが、こうした格差は一九四〇年前後から急速に縮小する。その理由は先に述べたように、大恐慌の教訓から、アメリカの歴代政府が経済活動をすべて市場に委ねるという古典派的な考え方を捨て、政府自らマーケットに介入し、総需要管理政策や所得再分配政策を行なうようになったからである。

フランクリン・ルーズベルト大統領のニューディール政策がアメリカ経済を立て直ら

せるのにどの程度効力を発揮したかはともかく（第二次世界大戦勃発による軍需の拡大が恐慌状態のアメリカ経済を救ったという見方が支配的であるが）、公的部門が景気安定化や所得再分配に積極的な役割を果たすようになる傾向は第二次大戦の勃発によってさらに加速した。この結果、二〇世紀半ばには米国の産業のおよそ一五パーセントが政府による直接的な規制を受け、残る八五パーセントの産業に対しても、ゆるやかな統制が行なわれるようになったという（ライシュ前掲書、三二ページ）。

こうした政府による経済統制は、既存の大企業にとってはそれだけマーケットでの競争リスクが減ることを意味する。新規参入のライバルが現われないとなれば、安心して長いスパンで経営戦略が立てられるわけだから、こうした統制はアメリカ企業が寡占《かせん》的な力を付けていくうえで大きなプラスになった。現在でもアメリカの多くの伝統的業界が寡占体質であるのはこのためである。

戦後の日本経済は官僚統制による「護送船団方式」だとさんざん批判をされたわけだが、実は戦後のアメリカ経済の強さもまた護送船団にあったというわけである。

アメリカにもあった「日本型経営」

さらにいえば、戦後日本の経済発展を支えてきたのは、企業の内部で労使協調の精神があったことや、あるいは終身雇用制によって労働者の地位が守られてきたおかげであると言われるわけだが、実はこの時代のアメリカにおいても、それは同じであった。戦後アメリカの労使関係というと、効率優先の経営者と過激な労働組合の対立といった図式が頭に浮かぶわけだが、実はそうではなかったというのがライシュやクルーグマンらの分析である。

たしかに一九世紀末から二〇世紀初頭にかけて、アメリカの労働組合と企業は対立関係にあったのだが、その後、一九三五年に集団交渉を合法化するワグナー法が成立してからは、労働組合がアメリカではどんどん成長していった。第二次大戦中には全米の組織労働者の数は一四〇〇万人にも達したというが、こうした労働組合の成長は企業にとってもむしろ歓迎すべき事態であった。

なぜなら、組合によって労働者が団結するということは、企業にしてみれば労使交渉の窓口が一本化することに他ならない。つまり、労使紛争が起きても話し合いで解決ができる余地が増えるのだから、経営者にとっても労働者の団結はありがたい話であった。

かくしてアメリカにおいても日本と同じように、労使関係の蜜月状態が生まれるようになった。大恐慌までは収奪一方だった大企業の経営者も、「ストライキで巨大な損失をするくらいならば、さっさと組合に譲歩して賃上げしたほうが得策だ」と考えるようになったから、アメリカの産業界では労使対立は次第に起こらなくなった。

それに加えてアメリカの経営者たちは、労働者の待遇を上げれば、それだけマーケットの購買力も上がって最終的には企業の業績に好影響を与えるということを学んだ。かくして賃金上昇と並んで、企業における福利厚生も充実するようになった。

我々は「常識」として、アメリカには日本のような国民皆保険の制度もないし、公的年金もないという話を聞いているわけだが、実はライシュによれば、一九五五年には中堅規模以上の企業の四五パーセントが年金を提供し、七〇パーセントが生命、損害、医療などの各保険を提供していたという（ライシュ前掲書四六ページ）。ちなみに、米国企業の福利厚生費の総額が米国経済に占める比率は、他の先進諸国の政府が公的社会保険に支払った金額の比率とほぼ等しかったという。

もちろん、こうした企業年金や保険の掛け金の多くは、実際には労働者が負担するわけなのだが、こうした年金や保険に対する企業からの補助は所得税ほど厳しく課税されなかった。だから福利厚生の充実は、労働者にとっても得をする仕組みになっていた。つまり、アメリカには公的社会保険はなかったけれども、企業が仲介に入る形での「間接的な公的社会保険」が実質的に創出されていたというわけである。

人間は先入観に騙される

さて、こうやって見ていくと、私たちが抱いていた「アメリカは自由競争の国、自己責任の国だから世界一豊かになったのだ」というイメージは、実は真実の半分しか語っていないことに気がつく。というのも、経済活動を自由競争に委ねているだけでは格差拡大が進むなど、社会の安定性が損なわれ、結果的に豊かな社会は作れないからであり、社会全体の「豊かさ」を作り出すためには、政府の「適切な」介入が必要になるからである。

しかし、この点については、私が最近まで誤解していたのと同様、アメリカ人自身も誤解していると思われる。彼らの多くは、戦後アメリカ経済が発展してきたのは、アメリカが自由の国であり、誰にでも成功のチャンスがある「アメリカン・ドリーム」の国であるという神話を信じてきたからである。

この「アメリカン・ドリーム」神話は今でも多くの人たちに信じられているが、それはビル・ゲイツやタイガー・ウッズのような大成功者がときどき輩出するからである。彼らのような華々しい成功者の輩出が「ひょっとしたら自分もできるかもしれない」という夢を抱かせ、世界中から人々を引き寄せるのである。

しかし、圧倒的多数は敗北者となって、惨めな生活を強いられる結果に終わる。アメリカ社会がすごいのは、たとえ確率は小さくても、とてつもない成功者を輩出できることを見せ続けることに成功しているということであろう。しかし、このような万に一つの「アメリカン・ドリーム」だけでは、アメリカを真に豊かな社会にすることはできない。

先入観とは怖いものである。こうやって実際のデータを見ていけば、誰の目にも明らかなことでも、「アメリカは自由の国」という固定観念をいったん持ってしまうと、専門家であっても「アメリカは自由な国だからここまで発展したのだ」と信じ込んでしまい、事実が見えなくなってしまうのである。

しかし、彼らが誇る豊かさ、ことに戦後アメリカの豊かさとは、自由な経済活動の成果という面に加えて、政府が積極的に経済に関与して、適切な社会福祉政策、適切な所得再分配政策を採ってきたためであり、さらには、日本と同様に労使協調の精神が醸成されたからこそ、社会も安定していたというわけなのである。

なぜ、ケインズ経済は後退し、新自由主義の春がやってきたのか

しかし、前にも書いたが、何ごとにもほどよいバランスというものがある。戦後、隆盛を誇ったケインズ経済政策による政府介入が一九七〇年代に入ってついに行き過ぎる事態が発生したのである。

どういうことかというと、ケインズ経済学は景気の安定化という仕事が政府の仕事であると主張するのだが、それならば、景気の良いときには政府はむしろ介入しないで、様子を見るほうに回らなければならないはずである。景気が過熱してきたならば、逆に引き締め政策を採らなければいけないであろう。

ところが、そうはならなかった。なぜならば、景気が良いのに、議員たちは「引き締め」どころか、有権者の歓心を買うために、誰もが喜ぶ公共事業や福祉政策を推進するための計画をぶち上げたからである。ケインズ経済学はそういった議員たちにとって格好の理論的支柱になった。

こうなると、ケインズ経済学が言うところの「景気の安定化」は機能せず、逆に景気過熱と公的部門の肥大という副作用をアメリカ経済にもたらすことになる。実際、アメリカ経済は景気過熱によるインフレと、巨大な財政赤字、さらには、公的部門の肥大という「先進国病」を抱えるようになっていった。

一九六四年の大統領選挙で「地すべり的勝利」を収めたジョンソン大統領は、議会における民主党の圧倒的優位を背景に「偉大な社会」実現のための一連の社会改革立法を次々と成立させ、ニューディール以来の画期的業績を上げたと評されている。

だが、対外的にはジョンソン政権時代にはベトナム戦争がエスカレートし、戦費も急速に増大した。高齢者医療補助制度（メディケア）などの福祉政策の拡充もあって、アメリカの赤字財政はいよいよ深刻なものになっていった。その後、追い打ちをかけるように石油ショックが起こったため、インフレが激しくなる。その結果、一九七〇年代後半に入ると「大きな政府」批判が徐々に強くなった。

それに伴って、一九七〇年代後半のアメリカ経済学界の主流は、ケインズ経済学や新古典派総合から「小さな政府」「市場原理」「自己責任」を軸とするマネタリストや、合理的期待学派に変わっていった。

マネタリストや合理的期待学派の考え方とは、一言で言って、ケインズ的な景気対策は役に立たないばかりか、公的部門を肥大させ、経済のダイナミズムを喪失させるのでかえって有害だというものであった。この考え方は次第に有力となり、ついに一九八一年にレーガン政権が誕生するに至る。

こうやって見ていけば、アメリカの歴史も循環を繰り返してきたことが分かる。戦後アメリカの豊かさを産み出したのは、所得格差の「大圧縮」と社会福祉政策の拡充のためであったが、それが行き過ぎたために、「小さな政府」を標榜《ひょうぼう》するレーガノミックスが登場し、アメリカをふたたび戦前型の格差社会に逆戻りさせたのである。

このように、少し長期的な視点で歴史を追いかけるとその流れはひじょうに単純明快であり、自由放任政策の追求がアメリカ社会を安定させ、「豊かな社会」を作り上げたわけではないことが分かるのだが、近視眼的に世の中の動きを追っかけているだけでは、本当のところ、社会で何が起こっているのかはなかなか正確に読み取れないものらしい。

しかし、最近の研究によって、アメリカの経済政策は三〇年から四〇年ごとの循環を繰り返し、その中でも「適切な」政府介入が行なわれた時期にアメリカは真の意味での黄金時代を謳歌したのだということが確認できるようになった。

そういった循環論から言えば、アメリカにおける経済政策は、早晩、個人の自由を優先する新自由主義から、所得格差や社会保障制度の拡充など、公共の利益により大きな配慮をする民主党的な政策に移行していくことになるだろう。

実際、二〇〇八年十一月、アメリカは中堅層への減税による所得格差の是正を政策の柱に掲げた民主党のオバマ氏を大統領に選出した。その結果、二〇〇九年以降のアメリカは共和党の「個人の自由」優先の政策から、民主党の「公共の利益」優先の政策に転換していくものと思われる。これはアメリカにとっての福音であろう。

市場原理の「教義」に違和感を覚えた日本の学生たち

さて、ふたたび私の経験談に話を戻すことを許していただこう。

一九七四年に帰国し、教壇に立つことになった私はハーバードで叩き込まれた近代経済学、中でも「マーケット・メカニズムのすばらしさ」を学生たちに熱心に教え込もうとした。また、それと同時に、日本がマーケットをいかに有効に活用していないか、日本がどれだけ規制と保護主義に守られた「閉ざされた国」であり、政治面では「政・官・業」の鉄の三角形が社会をだめにしているかを説き、それゆえに、これからの日本経済発展のためには、構造改革と規制撤廃、市場開放が不可避であると主張しつづけた。

ところが、そうやって意気込んで話す私の講義の中身も学生たちの腑《ふ》にはなかなか落ちないようであった。私は「近代経済学ほど論理が明快きわまりない学問はないのに、なぜ日本人学生はこんなに物分かりが悪いのだろう」といぶかった。

しかし、今にして考えれば、学生たちが腑に落ちない表情をしていたのにはそれなりの理由があった。学生たちは直感的に、近代経済学の持っている「明快さ」に何らかの「うさんくささ」を感じたのではないか。日本人の持つ伝統的な価値観とは相容《あいい》れないものがあるということを直感的に嗅《か》ぎとっていたのではないか。しかし、学生たちはそのうさんくささを指摘するだけの言葉や論理を持っていなかったから、釈然としない表情をするしかなかったのではないかと思うのである。

どんな点に「うさんくささ」を感じたのか。それは第一に、その前提があまりにも個人主義的である点ではなかったか。

たとえば、アダム・スミス以来の経済学では、人間を「ホモ・エコノミクス（経済人）」として定義する。すなわち、近代経済学に登場する人間は、自らの満足を最大化する目的を持って合理的に行動する存在であり、「社会」という概念は入り込む余地がない。社会がどうあるべきかに関しては、マーケットが最適な資源配分を実現するという観点が提示されているのみであり、所得分配や最適な公共財の供給などは投票によって決めればよいとしているのみである。どのような所得分配が「正しい」とか、どの程度の公共財が供給されるべきか、どのような社会が人を幸せにするかなどといった主観が入り込む問題に関しては一切、価値判断をしないのである。

個人は社会とは独立したアトム的な存在であり、こうした利己的な経済人がそれぞれ自分の満足や利益を最大限にすべくマーケットに参加することで、「見えざる手」が働いて資源の最適配分が行なわれるというのが、近代経済学の基本テーゼなのである。

しかし、常識で考えればすぐ分かることだが、人間は何も自分の利益のためだけに生きているのではない。むしろ、人間にとってより重要なのは自分の行為が社会的に評価されるかどうかということなのである。仲間を蹴散らして自分だけが金銭的に成功しても、そこから得られる満足は、仲間とともに苦しみ、共通の目的のために奮闘し、その目的がかなえられた場合の満足に比べれば、おそらくはそれほど大きなものではないであろう（もちろん、個人差はあるだろうが）。

過去の日本を見ても、江戸時代の武士は経済合理性などでは生きていなかった。「武士は食わねど高楊枝」とやせ我慢をし、それが心意気だと感じるのが武士道である。また、武士だけでなく、江戸時代の商人たちは「三方《さんぽう》よし」といって、自分だけが儲けるのではなく、相手を儲けさせ、しかも、世間にも利益を還元することが商売の理想だと考えていた。

それは江戸時代に限ったことではない。現代社会でも、客の喜ぶ顔を見るのが何よりの生き甲斐《がい》だとか、あるいはどんなに手間がかかっても、他人には真似《まね》できない優れた工芸品を作りたいと頑張っている人はたくさんいる。

しかし、こうした「利益は二の次」という考え方は、経済学ではすべて捨象されてしまう。

アリストテレスが「人間は社会的動物である」と言ったように、人間は本来、集団の中で生活をする生き物である。人間は家族や仲間といった他者とのつながりの中で、自分自身の生き甲斐を見出す、そういう存在なのである。どれだけ富を蓄え、生活が安定しても、家族や心を許せる友人もいない天涯孤独の環境に満足して一生を終えることができる人はめったにいない。

ところが、近代経済学の発想においては、他者のために尽くしたいとか、社会との絆を持ちたいというような、人間が本来、持っている「本能的な要素」は非合理なものとして排除されてしまうのである。

しかし、近代経済学にかぶれていた当時の私には、こうした「当たり前」のことが分からなかった。合理的に思考し、自己の利潤を最大化すべく行動するのが近代人であるという人間観こそが正しいものだと信じて疑わなかった。だからこそ、学生たちの不審そうな表情が理解できなかったのであった。

改革派の急先鋒として

　こうして私が大学の教室で近代経済学の講義を行なっている間に、日本社会の流れは大きく変わりつつあった。自民党政権が倒れ、細川内閣が誕生した。一九九三年のことだった。この政権交代の大激動の中、私のような「改革派」にもお声がかかった。いや「改革派」だったからお声がかかったのであろう。細川首相じきじきの諮問委員会である「経済改革研究会」（通称、「平岩委員会」）の委員として経済改革を進める提言を作れということであった。私は水を得た魚の如く「改革派」としての持論を展開、「経済的規制はすべて撤廃すべし」と声高《こわだか》に主張し、規制を守りたい官庁や業界と全面対決した。

　いつの時代でも、世間は「総論」を議論している間は一定の評価をしてくれるものだが、これが「各論」になると態度はがらりと変わる。平岩委員会においても、それは同じだった。いざ個別業界の規制改革の話になると、俄然反対論が強くなった。規制撤廃の対象になった業界が、官庁や政治家と組んで潰《つぶ》しにかかったのである。

　ある日、大学に出勤すると秘書が「辞めさせてほしい」と言う。驚いて理由を聞くと「電話に出るのが怖い」というのである。

　平岩委員会で活動をしはじめてからというもの、大学の私の研究室には、未知の人からの電話が頻繁にかかってくるようになった。多くは抗議であったり、あるいは「業界の事情をご説明したい」という電話である。多いときには一日に数十本の電話があったと記憶している。私が出勤しているときならば、直接、話ができるからいいが、留守のときには秘書が受けなくてはならない。「電話で怒鳴られるのには耐えられません」というのが、秘書の辞職理由だった。それほど、規制撤廃への「鉄の三角形」の抵抗は凄《すさ》まじかったのだ。

私があまり急進的なことばかりを主張したためであろう、私はやがて多くの業界に「危険人物」として目の敵《かたき》にされるようになった。

やがて細川内閣は首相の佐川急便による一億円の政治献金問題と、福祉税という名の消費税導入の混乱で瓦解することになった。わずか八ヶ月での総辞職である。これに伴って「経済改革研究会」も解散した。

その後、私が首相官邸にふたたび足を運ぶようになったのは、小渕内閣が政権を担当することになった一九九八年の夏であった。小渕内閣が発足してまもなく、高校の先輩である堺屋太一氏から電話がかかってきた。堺屋氏は小渕内閣の経済担当大臣に任命されていた。堺屋先輩は私に経済改革を推進するために設立される「経済戦略会議」のメンバーになれと言う。

堺屋氏から聞いた話だと、中谷巖という名前は政府審議会の委員として最もふさわしくない人物として官庁が作っている「ブラックリスト」の一番最初に挙げられているのだという。そんなリストが本当にあるのかどうかは知らないが、「指名していただくのは光栄な話だけれども、そんな事情ならば私を任命すれば、官庁との関係がまずくなるのではないですか」と固辞した。すると堺屋さんに「いや、官庁にそれだけ嫌われている人間だからこそお願いしたいのだ」と言われてしまった。

かくして、私は「経済戦略会議」のメンバーとして、構造改革の提言をまとめる作業に加わった。私はその議長代理に任命された。「経済戦略会議」では小泉内閣で大活躍をされた竹中平蔵氏もメンバーとして加わり、二百数十の項目から成る改革色の強い提言をまとめた。

その後、小渕首相は急逝され、森喜朗内閣を経て、「構造改革なくして成長なし」の小泉内閣に至る。小泉内閣では竹中氏が経済改革を引っ張って行く役割を担ったが、これを機に私は首相官邸に足を運ぶことはなくなり、少し離れた立場から日本社会のあるべき姿について考えるようになった。

構造改革は日本人を幸福にしたか

このように、私は学生たちにも「市場原理」の重要性を熱っぽく訴え、首相官邸のような政策形成の中枢に近いところでも構造改革、規制撤廃の必要性を訴え続けてきた。そして、そうした私の主張の一部は曲がりなりにも実現することになった。

このように、「構造改革」が少しずつではあるが進められ、また、日本経済が「グローバル・スタンダード」なるものを受け入れていくプロセスを間近で見ていくうちに、私の中にある種の疑念が芽生えてきた。今世紀に入ってからのことである。

それは、「構造改革やグローバル資本主義によって日本人は幸福になったのだろうか」という疑問であった。

たしかに構造改革によって、日本人の生活は大きく変わった。規制緩和によって、私たちの生活が便利になった部分はたしかに多い。また、市場開放によって、一〇〇円ショップに代表されるように世界中から安い消費財が輸入されるようになって、いわゆる「価格破壊」といった現象も起きるようになった。

小泉内閣の最大の課題であった郵政民営化は曲がりなりにも実現したが、最大の成果は、郵便貯金や簡易保険で集められる資金が自動的に財政投融資となって不要不急の公共事業に流れていくという仕組みにくさびが打ち込まれた点にあった。この功績はこれからも語り継がれることになるだろう。しかし、田舎《いなか》にあった小さくて便利な、村の人たちに愛された郵便局が民営化され、採算が合わないという理由で次々に廃業していくことにどれだけの意味があったのだろうか。さぞかし、日本の昔懐かしい風景がひとつ消えて、さびしい思いをした人たちが大勢いたことだろう。

小泉改革を経て、日本社会は他人のことに思いを馳せる余裕がなくなり、自分のことしか考えないメンタリティが強くなったのではないか。地域はいっそう疲弊し、所得格差は拡大した。医療改革によって老人たちの心は穏やかさを失った。異常犯罪が増え、日本の社会から「安心・安全」が失われた。こうした人心の荒廃や、貧富の差の拡大は、経済環境の変化がもたらした一時的・過渡的な現象などではなく、グローバル資本主義やマーケット至上主義そのものにビルト・インされたものではないか。日本で進められてきた「構造改革」にはこれら日本社会の変化にほとんど関心を寄せることはなかったのではないか。

もちろん、日本社会の変質と小泉構造改革の間に、どの程度の関係があったかは厳密に立証はできない。おそらく、グローバル化の進展という不可避の要因も社会の変質に大きく寄与したに違いない。しかし、アメリカでこの三〇年に起こったことと、日本社会で今起こりつつあることを併《あわ》せて考えると、単純な構造改革路線では社会がますますおかしくなるのではないかという疑念を消し去ることはできなかった。

たしかにアメリカ流の近代経済学はエレガントな理論体系を持っていて、学問としての完成度は高いかもしれない。しかし、すでに述べた「ホモ・エコノミクス」のように、近代経済学の前提となっているさまざまな仮定は、日本社会の現実からは遠いし、逆にそのあまりにも個人主義的な発想が日本社会の伝統的価値を破壊しているのではないか。市場原理をモットーとするグローバル資本主義には「社会的価値」を無視し、社会の安心・安全を喪失させ、人々の間の信頼関係や安らぎを奪っていくという本質的な欠陥が潜んでいるのではないか。

民主主義という「隠《かく》れ蓑《みの》」

だが、よくよく考えてみれば、人間は何も自己の満足のためだけで行動するのではないとか、ホモ・エコノミクスという経済学の前提はおかしいとかいったことなど、私が今さら述べるまでもない話であり、経済学を勉強したことのある人なら誰でも分かっている話である。とくに、頭のいいはずのハーバード大学などのノーベル賞クラスの経済学者たちならば、その「うさんくささ」にとっくに気づいていてもおかしくない。ところが、そうした議論がなされないままに、新自由主義思想があたかも人類普遍の真理であるかのように語られるのはなぜだろうか。

おそらく、新自由主義思想というのは単に学術的に、あるいは論理として「正しい」ということで支持を集めたというよりも、一部の人々、はっきり言ってしまえばアメリカやヨーロッパのエリートたちにとって都合のいい思想であったから、これだけ力を持ったのではないか。新自由主義思想の「個人の自由な活動を公共の利益よりも優先する」ことが経済活性化には有効だという理屈自体は間違っていないとしても、一方では、それは格差拡大を正当化する絶好の「ツール」になりうるからである。

私事で申し訳ないが、一九九九年、私はソニーの社外取締役に誘われたのをきっかけに一橋大学を辞め、実業の世界と関わりを持つようになった。

その中で、欧米の経営者たちや政治家とも親しく話す機会を持つようになったが、そこで改めて感じたのは、欧米は日本と違う階級社会であるという事実である。彼らは良い意味でも、悪い意味でも、エリートとしての自覚を持って議論をしている。そこには「社会をリードする人間」としての責務の自覚と、「エリートは一般大衆と違うのだから、高い報酬を受け取るのは当然だ」という意識が混在しているように見受けられた。

経営陣の報酬のあり方は、社外取締役が多数を占める取締役会の中に設けられた「報酬委員会」で議論されるのだが、そこで決定される報酬額は（特にアメリカでは）天文学的なものになることも多い。それは彼らの「階級意識」がそうさせているのだと思う。

ついでに言えば、報酬委員会という経営者の報酬額を決める委員会の制度も民主主義の「隠《かく》れ蓑《みの》」として機能している。どんなに高額所得でも、自分たちが身内で好き勝手に決めたわけではなく、社外の人たちが民主的なプロセスを経て決めていることだから、正当化できるということになる。コーポレート・ガバナンスという美名の下に社外の客観的な判断を求めるという理念は素晴らしいが、コーポレート・ガバナンス改革が進むにつれて実際に起こったことは、実は未曾有の「高額報酬の常態化」ということであった。

民主主義も近代経済学も、エリート支配の「ツール」だった

日本社会にも階級や階層の差というのは存在しないわけではない。しかし、日本の場合は、そうした階層の壁、階級の壁というのは努力次第、才能次第で乗り越えられるというイメージがある。また、しょせん「どんなに偉い人であっても同じ人間だ」と日本人は何となく思っている。毎朝、満員電車で会社に出勤するけっして金持ちとは言えない女性たちがブランド品を買いあさる姿は階級社会の色彩が濃い欧米社会から見ると異様に映るらしいが、日本はそれだけ階級意識が希薄な社会だということでもある。

だが、欧米の場合はそうではない。欧米ではエリートと一般大衆との間では、意識も違えば、生活のスタイルも違う。そして、エリートが創り上げている社会と一般大衆が生息する社会はけっして重なり合わない。住宅地を見てもこのことは分かるだろう。大きな邸宅が並ぶ郊外の裕福な階層が住む地域と、貧困層が住むハーレムはたがいに遠く離れた別世界である。まさに「住む世界」が違うのである。

アメリカは「わが国こそが民主主義の総本山」と誇っているし、「アメリカン・ドリーム」は「一生懸命に努力すれば家柄や人種に関係なく誰でも億万長者になれる」という夢物語を提供してくれる。

たしかにアメリカは、肌の色が違っても大統領にさえなれる国である。そして、そう

いったケースはたしかに数多く存在する。イチローだって、松井秀喜だって、松坂大輔だって、日本にいたときに比べて何倍もの所得を稼ぎ出している。実力さえあれば、それに見合うだけの報酬が得られるアメリカという社会はすごいんだという印象をたしかに多くの人が植えつけられている。

しかし、アメリカは実際のところは、それほど機会平等の国ではない。例外的な成功例を常時出しつづけることに成功しているため、アメリカには「アメリカン・ドリーム」があるという印象を持たれているが、そういった例外的な成功者たちを除けば、貧困家庭に生まれ育ったほとんどの人はやはり生涯、同じような運命を辿っている。

また、アメリカはいまだに平等社会などではない。つい三〇年くらい前までは白人と黒人の公衆トイレは別に作られていた。今でも、名門ゴルフクラブの多くは黒人が入会できない。アメリカはWASP（白人、アングロ・サクソン、プロテスタント）によるエリート支配の階級社会から徐々に変質してはいるが、それでも、日本などに比べるとはるかに階級社会の要素が強い。階級支配という言葉はきつすぎるとしても、頭の良いものが頭の悪いものを支配し、搾取するのは当然だという思想が、自由競争、マーケット・メカニズムの名の下に正当化されている。

近代になって、西洋では市民革命が起こり、民主主義が定着したとされる。しかし市民革命といっても、王侯貴族や教会勢力を駆逐することで最も得をしたのは、当時、勢力を伸ばしてきたブルジョワジーであった。言い換えるならば、ブルジョワジー階層が王侯貴族の権限を奪うために起こしたのがヨーロッパの市民革命であった。

この市民社会の成立と時を同じくする形で生まれたマーケット・メカニズムの思想も、その延長線上で考えるべきものである。

アダム・スミスが『国富論』の中でマーケットに資源配分を委ねれば、「見えざる手 Invisible Hand」によって最適な資源配分が達成されるとしたのは、イギリスで新興ブルジョワジー層による産業革命が起こる、ちょうどその時期にあたる。王権や貴族の既得権から市場を開放することによって誰が得をするかを考えれば、その「仕掛け」がはっきりするであろう。

やや過激すぎる表現になるかもしれないが、エリートたちが上手に一般大衆を支配し、搾取することが可能な、もっともらしい制度や仕組み、ルールを作ること、それこそ階級社会におけるエリートたちの暗黙の思惑なのではないだろうか。

実際、マーケット・メカニズムや自由競争という制度的枠組みは、装いはきわめて民主的である。マーケットで売り買いするのは個人の自由裁量に任されており、誰も強制するわけではない。奴隷制度ではもはやないのだから働きたければ働けばよいし、働きたくなければ働かなくてもよい。それは個人の自由に任されている。そうした自由な個人の判断がマーケットの調整機能を通じて社会全体の最適な資源配分を決めるのであるから、マーケットは経済活動における「民主主義」そのものなのである。そうした見事な民主主義の装いを持ったマーケットの仕組みがあるから、結果的に不平等なことが起こってもそれは民主主義的なルールに基づいて起こったことなのだから仕方がないということになる。

これは根の深い資本主義社会の根本問題である、実際、マルクスは、「労働の商品化」と「自由契約」という概念が資本による労働の搾取の実態を見えなくするとしたが、たしかに労働者は自由意思で雇用契約を結ぶのであるから、その結果、不平等な配分が起きても文句を言えないということになる。マーケットという制度はその意味で見事な「支配のためのツール」として機能しているのである。

このような民主主義的な装いを持ったマーケット・メカニズムという仕組みは、多くの場合、エリートにとっては有利な仕組みである。

なぜなら、一般的にエリートのほうが情報をより多く持っているからであり、より多くの情報を持ったほうが取引を有利に遂行できるからである。サブプライム・ローンを借りて住宅を建てれば将来どうなるかということは、おそらく、多くの低所得者層にははっきり分からないことであったろう。他方、サブプライム・ローンの仕組みを開発したウォール街のエリートたちは、このローンを借りた人たちの運命ははっきりと分かっていただろう。だが、彼らはこれによって大儲けができることを知っていたので、そのことについては口をつぐんでいた。

つまり、いかに民主主義の世の中であっても、情報は平等ではない。経済学的にいえば、情報に非対称性があって、情報をより多く持つほうがより大きな利益を上げることができる。この当たり前の事実があるにもかかわらず、マーケットは平等で民主主義的なルールで運用されているから、「正しい」とされてきた（このことについては後に詳述する）。

このように考えていくと、結局のところ、マーケット・メカニズムや自由競争、あるいは、グローバル資本主義の仕組みとはエリートが大衆を搾取するための「ツール」あるいは「隠れ蓑」として使われているだけではないか。あるいは、それらは「民主主義的な装い」によって固められているけれども、実は、支配のための便利な道具になっているのではないか。

もし、この考え方がおおむね正しいとすれば、どれだけ自由競争をさかんにし、グローバル経済を拡大していったとしても、それでアメリカ人や日本人の一般庶民が幸福になれるとは限らない。おそらく、単に世界の能力あるエリートたち、資本を自由に操れる人たちがさらに豊かになるだけのことである。

ではどうすればよいのか。

それは結局のところ、グローバル資本主義をどうやって制御すればよいのかという問題に帰着する。あるいは、「改革さえすれば世の中は良くなる」というナイーブな考え方を改め、国家が自由主義経済にどのような制限を加えるのか、どのような社会的価値を重視し、それを実現するためにどのような政策を打ち立て、実行していくのか模索するしかない。それを実現するための「改革」は依然として必要である。しかし、目標のない改革、個人のさらなる自由を確保するためだけの改革では世の中はさらに混迷を深めていくであろう。それがグローバル資本主義という怪物の正体だからである。

日本人として「グローバル資本主義」を再検討する

こうした問題意識を持つようになって、私は「もう一度、まったく新たな目で近代経済学、そしてグローバル資本主義を再検討してみる必要がある」と考えるようになった。それは言い換えるならば、欧米的な価値観で経済を捉《とら》えるのではなく、日本人として新自由主義やグローバル資本主義の本質をもっとしたたかに読み取るということである。そして、そこで得られた知識をもとに、我々はグローバル資本主義を逆手に取るくらいの視座を持たなくてはいけないのではないか。なぜなら、日本は幸いなことに欧米社会と違ってエリート支配の階級社会ではないからである。

日本は歴史的に見て、世界でも類を見ない平等主義的な社会であった。鎌倉時代から農民出身の武士が政権を握ったため、何もしないで支配するだけの特権貴族階級が幅を利《き》かす余地は小さかった。二六〇年の平和を享受した江戸時代は日本社会の平等性をさらに強化した。江戸時代の町民は、物質面のみならず、文化的にも社会の担い手として、あるいは社会の主人公的存在として生きてきた。支配階級であった武士は「武士は食わねど高楊枝」と達観し、庶民を食い物にするような真似はあまりしなかった。これは世界史の中でも稀有な例なのではなかろうか。もしそうだとしたら、この事実は日本が世界に誇れる大きな歴史的財産であると思う。

こういう平等主義的な社会的背景を持つ日本社会に、エリート階級の支配のためのツールであるかもしれないマーケット・メカニズムをそのままの形で鵜呑《うの》みにして導入することは問題がある。マーケット・メカニズムを使うことはある程度当然であるし、社会主義を選ぶなどというのは笑止千万である。しかし、日本人が「幸せになる」ようにマーケット・メカニズムやグローバル資本主義を使いこなすにはどうすればよいのか、このことを我々はしかと見極めていかなければいけないのではないか。

アメリカやヨーロッパの学者たちの耳触りのいい話に騙され、軽薄に「構造改革なくして成長なし」だとか、「規制改革こそ日本を活性化する」「グローバル資本をもっと積極的に取り入れないと日本経済は元気にならない」などと常套句を並べ立てるのは、思考停止と言ってもけっして言い過ぎではないし、むしろ日本の社会を破壊することにもつながりかねない。

もちろん、世の中を良くするために必要な改革はまだまだたくさん残されている。具体的に何をすればよいのかについては、第七章で詳しく述べる予定であるが、むしろ、日本に残された既得権の構造にメスを入れると同時に、マーケット・メカニズムやグローバル資本主義の持つ「暴力性」を冷徹に見極め、それを逆手にとって、日本や世界が良い方向に進むことができるように改革を進めなければならないと考えているのである。したがって、私が「転向」したといっても、それは私が既得権を擁護し、特定の人たちの利益を守るために改革に反対するということでは毛頭ない。これまでの改革が新自由主義の悪い側面に目を向けず、グローバル資本主義の暴力性を増幅させるような方向を向いていたということを反省し、そのような改革であってはならないと主張したいのである。

私がアメリカ流の経済学、市場原理を疑うようになり、「構造改革」だけでは人は幸せになれないと考えるに至った理由の一部は、これまで述べてきたとおりであるが、しかし実際には事情はもっと複雑であり、一言では言いつくせないものがある。アンチ市場主義だと言うと、マルクス経済学やケインズ経済学に宗旨替えをしたと誤解する向きもあるだろう。あるいは「中谷巌は反米右翼になった」と思う人もあるかもしれない。しかし、話はそんなに単純なことではない。私はマーケットの持っているしたたかな部分、その民主主義的な装いの裏に隠されている部分、マーケットが作り出す人々の精神構造（マーケット・メンタリティ）の変化や社会の変質などにもっと注意を払うことによって、「マーケットをうまく使いこなす」という心構えが必要なのだと言っているにすぎない。そういったことを考えないで軽々しく「改革」を叫ぶのはもうそろそろ卒業してもよいのではないか。そう考えているにすぎない。

あくまでも私は一学徒として、マーケット・メカニズム、それの進化形としてのグローバル資本主義が本質的に持っている限界や欠陥を本書の中で明らかにしたいと思う。アダム・スミス以来の経済学はたしかに人間社会の一面を捉えることに成功した。しかし、その発見はあくまでも一面的なものであって、人間社会はそれだけで語りつくせるものでないことは自明であろう。私たちの暮らしている社会は長い歴史伝統の中で作られたものであり、そうした背景を抜きにして、単純な経済モデルにのみ依拠して社会の諸問題を解決しようというのは、あまりにも安直な考え方ではないのか、というのが、私の現時点での率直な意見なのである。

そこで、次章では、グローバル資本主義の本質はどこにあるのか、近代経済学の限界はどこにあるのかを概説していきたいと思う。

第二章

グローバル資本主義はなぜ格差を作るのか

グローバル資本主義の「恩恵」

グローバル資本主義、あるいはグローバリゼーションという言葉が現実味を持って語られるようになったのは、一九九一年に起きたソ連崩壊からであった。

第二次大戦終結後、およそ半世紀近くにわたって地球を二分していた東西冷戦体制がソ連崩壊とともに終結し、ロシアや東欧圏と西側諸国との間に立ちふさがっていた市場の壁（そういえば「鉄のカーテン」という言葉があった）が消え去り、東側にも資本主義原理が導入されるようになったことで、世界経済は急速に一体化していった。この動きを受けて、中国やベトナムといった社会主義国家でも、経済の「改革・開放」が行なわれるようになった。

この結果、ついに人類は「グローバル・マーケット」の時代に突入することになったのだが、こうした動きに拍車をかけたのは、コンピュータとインターネットによるIT技術の本格的普及だった。世界中をカバーする情報網を簡単に、そして安価に構築することが可能になったことで、これまで投資をためらっていたような遠い地域や辺鄙《へんぴ》な場所であっても、西側諸国の企業が進出できるようになったというわけである。

もちろん、それと並行して、新自由主義の思想が広い支持を集め、各国で貿易障壁が撤廃されたり、あるいは政府による市場統制が緩和されたこともグローバル資本主義の発達を促《うなが》すことになった。

さて、こうしてグローバル資本主義が現実に動き始めたことを当初、人類は諸手《もろて》をあげて歓迎した――と表現してもそれはけっして大袈裟《おおげさ》ではあるまい。

たとえば西側先進国の消費者にとっては、グローバル資本主義とは「価格破壊」の到来を意味した。一〇〇円ショップやユニクロが象徴するように、これまでの常識を破るような低価格で消費財が大量に販売されるようになった。

アメリカでもウォルマートのようなディスカウント・ストアが急成長をしたわけだが、こうした低価格戦略が成功を収めた背景には、先進資本主義国の企業が中国やベトナム、あるいは東欧といった低賃金の労働市場に自由にアクセスできるようになったことがあった。先進国の数十分の一という賃金で、ある程度の教育レベルを持っている労働者がいくらでも集められるのだから、先進国の企業はこぞって中国をはじめこれらの国々に生産拠点を移すことになった。

わが世の春を謳歌した世界経済

その結果、先進国の消費者は驚くような安い価格で商品を手に入れるようになっただけでなく、投資家たちも収益機会が増え、高いリターンを手に入れることができた。

不良債権処理に手を焼いていた日本はともかく、グローバル展開のおかげでアメリカやイギリスは最近に至るまで長期にわたる景気上昇を享受した。レーガノミックスに基づく改革を推進したアメリカは、一九九三年以来、二〇〇一年のITバブル崩壊の際の六ヶ月を除き、最近に至るまで、連続して景気が上昇した。サッチャー政権の大胆な改革でよみがえった英国は、その同じ期間、実に一四年間にわたって景気上昇を続けることができた。

英・米両国とも国際的に金融業界の競争力が強く、グローバル資本主義を引っ張る主導的な立場の国であることは注目してよい。いずれにせよ、英米両国によって牽引された世界経済はきわめて順調な成長を遂げ、先進国の消費者と投資家の多くは「わが世の春」を謳歌したのであった。特にアメリカ系投資銀行の高度の金融工学を駆使した「レバレッジ経営」が金融市場の飛躍的拡大をもたらし、それが世界経済の活性化につながった。

一方、安価な賃金で「先進国の工場」となった旧社会主義圏の諸国にとっても、グローバル資本主義の到来は福音であった。

西側からの投資が怒濤のように押し寄せたことで、これらの国々の経済は急激に拡大した。

中国は毎年、一〇パーセントにも達する高度成長を遂げ、今やGDPで見て世界第四位の世界経済の主要プレイヤーとして認知されるに至った。沿海部と内陸部の格差はますます拡大しているが、内陸部の人たちの生活水準はゆっくりながら少しずつ上昇している。ただ、そのスピードが沿海部の富裕層に比べるとあまりにも遅いというところが大きな問題であり、中国共産党もそれが成功するかどうかは予断を許さないが、「和諧《わかい》社会（調和ある社会）」政策によって所得分配の不平等是正に乗り出した。

さらに、インドはＩＴ産業、特にソフトウェア開発の一大拠点として台頭してきた。ブラジルは世界経済の高成長に支えられ、鉄鉱石などの原材料価格の高騰をきっかけに急激な工業化を遂げつつある。ロシアは資源価格の高騰でオイルマネーが流入し、財政危機を乗り越えることに成功した。いわゆるＢＲＩＣｓがグローバル経済の表舞台に登場したのである。グローバル資本主義がなければ、彼らの生活水準がここまで上昇してくるということはまったく期待できなかったであろう。この意味で、アメリカ主導のグローバル資本主義の「功」の部分については過小評価すべきではないと思う。

また、先進国の企業経営者たちにとって、中国やロシア、インドといった国々はまさに「フロンティア」であった。そこには何十億人もの安い労働力が待っていたし、また同時に、西側の消費財を売り込むための未開の広大なマーケットがあった。そして、西側の消費者にとっては、グローバリゼーションとは「プライス・ダウン」に他ならなかった。メイド・イン・チャイナの食品や衣類がこれまでの常識では考えられないほどの価格でスーパーに並ぶようになったし、また国際競争の激化で電化製品や自動車、PCといった商品もどんどん低価格化していった。一方、新興国の人々にとっても、グローバル資本主義の拡大は彼らの収入を拡大し、生活レベルを向上させ、成功のチャンスを与えるものだと考えられていたわけである。

顧みられなかったグローバル資本主義の副作用

アダム・スミス以来の近代経済学では、人々が自由な市場で競争をしていけば経済はダイナミックに成長していき、「見えざる手」によって「最適な」資源配分が達成される。しかし、自由競争が産み出す不公平や環境破壊は政治がこれを是正しなければならないというのが「根本教義」である。

この線に沿って、新自由主義を唱える人たちは「規制緩和を行ない、政府の干渉をできるかぎり減らして、自由競争を行なうための環境を整えることが大事であり、そうすることが経済のパイを最大にするための最善の方法だ」と主張してきた。日本において「構造改革」が声高に主張されたのも同じ論理による。

こうした新自由主義、あるいは近代経済学の主張が世界経済を活性化させ、経済にダイナミズムを持ち込むことに成功した可能性は低くはない。少なくとも、社会主義の実験が失敗した今となっては、グローバル資本主義がいくら世界経済を混乱に陥《おとしい》れたからといって社会主義体制にもう一度戻るべきだなどという安易な主張は受け入れられるはずもない。しかし、問題は、自由競争がもたらす副作用（経済の不安定化、格差拡大、環境破壊など）についてはあまりにも考慮が足りなかったということである。

こういう議論に対しては、新自由主義者は、経済が活性化し、パイが大きくなれば、その恩恵がやがては世の中全体に浸透し、やがて誰もが豊かになると主張する。格差拡大や金融危機などの現象は時として起こるが、それはあくまで「過渡的な現象」であるということになる。つまり、今は辛《つら》い冬かもしれないが、この時期を乗り越えれば、民主主義とマーケットの調整能力によって自然に副作用も是正され、地球に暮らす人々がみなそれぞれに幸せに暮らせる春がやってくるというわけである。

これは鄧小平《とうしょうへい》の南巡講話《なんじゅんこうわ》と同じ論理である。鄧小平は一九九二年、深圳《しんせん》や珠海《しゅかい》、上海《シャンハイ》、武漢《ぶかん》などを訪れ「白猫でも黒猫でも鼠を捕る猫は良い猫だ」「先に豊かになれる所から豊かになれ」と発破《はっぱ》をかけた。この路線は、改革開放を加速し中国経済発展の原動力となったが、周知のように、格差拡大や環境破壊という大きな社会経済問題を生んだ。このまま突っ走れば、中国における格差拡大や環境汚染が危機的なレベルに達することはほとんど確実であり、いずれマーケット・クラッシュが起こるか、政治的揺り戻しが起こるか、農民の暴動が起こるかして、中国社会に大きな変化を引き起こすに違いない。

新自由主義やグローバル資本主義も同じ結末に向かって進んでいるように見える。いや、この原稿を執筆中に、金融恐慌が先にやってきてしまった。それより先、世界的な原油価格の上昇、食糧価格の暴騰があり、それが世界の貧困層を直撃している。新自由主義やグローバル資本主義は中国と同じく、軌道修正の時期を迎えたのである。

はたして、これは「市場の失敗」なのか

経済学では、政府による規制などの要因によって市場メカニズムが適正に働かず、望ましい資源配分が実現できない状態のことを「市場の失敗」と呼ぶ。たとえば、一部の大企業が価格カルテルを結んだりすることによって、商品やサービスの価格が人為的に操作されると、マーケット・メカニズムは働かなくなってしまうし、もちろん政府によって市場価格への介入が行なわれれば、それもまた市場の働きを歪《ゆが》めてしまう。

それと同じことが、今のグローバル資本主義にも起きていると見る経済学者は少なくない。その代表的なひとりが、ノーベル賞経済学者であるスティグリッツである。彼は著書『世界に格差をバラ撒いたグローバリズムを正す』(徳間書店、原題"*Making Globalization Work*")の中で、地球上に格差社会が出現しているのは、アメリカをはじめとする先進国の利己主義によって市場原理が歪められた結果だと主張している。

スティグリッツが主張しているのは、まさに「市場の失敗」に他ならない。先進国が

政治力を発揮して、自分たちの都合のいいルールを作ったりするのを止め、もっと適切なルールをグローバル経済に導入すれば、現在の格差は最終的に解消するというのがスティグリッツの考えである。

同書の巻末に掲げられた文章をここで引用してみよう。

「世界の大多数の人々は、現在までのグローバル化の手法を、悪魔との契約だと捉えているにちがいない。恩恵に浴すのは一握りの富裕層だけ。（中略）これはグローバル化のあるべき姿ではない。金と力をもつ人々のためではなく、最貧諸国をふくむ全世界の人々のために、われわれはグローバル化をうまく機能させることが可能なのだ」（スティグリッツ前掲書、四一三〜四一四ページ）

この文章からすると、どうやらスティグリッツは「グローバル資本主義によって資本の最適配分は十分実現可能なはずだ」と本気で信じているようである。

しかし、はたしてそうなのだろうか。今の状況はけっして資本主義の「あるべき姿」ではなく、グローバリゼーションが正しく機能するようにすれば（"Making Globalization Work" スティグリッツの原著のタイトル）、「見えざる手」が働き、万事は解決するのだろうか。

残念ながら、スティグリッツの見方にはいささか問題があるように思われる。

すなわち、世界中でグローバリゼーションが急速に進展していく中で格差が拡大していくのは、「市場の失敗」というより、むしろ、グローバル資本主義そのものに内在しているる本来的な機能ではないのかというのが私の見方である。

収穫逓増《ていぞう》型産業が景気を牽引した

この十数年に及ぶ夢のような経済発展を牽引したのは、アメリカ金融資本だった。もっと詳しく言えば、アメリカ東海岸ウォールストリートの金融業界とアメリカ西海岸シリコンバレーの情報通信産業だった。

金融も情報もグローバル化にはうってつけの産業である。これら産業は製造業や農業のように、特定の土地に縛られることなく、ビジネスチャンスを探り当てては国境をいともたやすく超えて活動できる「身軽な産業」である。

同時に、地道に努力してコツコツとよいものを作るといった「動きの遅い」製造業と異なり、頭脳明晰なエリートがイノベーションによってこれまでになかったようなユニークな商品を開発し、それによって世界のマーケットを一挙に手にすることができる「収穫逓増《ていぞう》型産業」である。「収穫逓増型産業」とは、マーケットの規模が大きくなれば なるほど、利益率が高くなる産業のことであるが、金融も情報通信産業も基本的に原材料を必要としないから、その傾向はさらに強固なものになる。基本となる商品設計さえ優れていればそれがグローバル・スタンダードになり、たちまちグローバル・マーケットを手にすることができ、うまくすると無限大の利益にもつながる夢のような産業なのである。

特に、金融とＩＴが結びついた金融工学の発展により、数々の新しい金融商品が生まれた。その多くは、安い金利で調達した資金を何倍にも膨張させることができるレバレッジ経営を可能にするものであった。サブプライム・ローンはその代表的な例である。サブプライム・ローンについては、すでに周知の読者も多いと思うが、念のためその概略を解説しておく。

サブプライム・ローンとは、信用力の低い、往々にして返済能力がないような借り手（低所得層）を対象とする住宅ローンである。信用がないのだから、当然ローン金利は高くなる。しかし、金利が高くてもそのような人たちに住宅ローンを組ませる巧妙な仕組みがあった。すなわち、当初二、三年は元金・金利返済がきわめて低位に抑えられ、以後、返済額が急増するという内容のローンにしたのである。当然、借りるほうからすれば、将来の支払金利が一〇パーセントも超えるような金利の高いローンは敬遠したくなるが、それでも「借りてみよう」と思わせる巧妙な仕組みがあったのである。

なぜ、人々はサブプライムに騙されたのか

そのひとつは、アメリカにおける住宅ブームである。今回のクラッシュが起こる前ま

でのアメリカの住宅市場はバブル状態で、住宅価格がどんどん上昇していた。そこで業者は次のような言葉で低所得者を説得したのである。

「将来の返済金利が高くなることをご心配なんですね。大丈夫です。金利が上がる三年先、四年先には、お買い上げいただいた住宅の値段はかなり上がっているでしょう。その価格が上がった住宅を担保に借り換え（リファイナンス）をされればよいのです。そうすると、あなたが支払う金利は、担保となる住宅価格が十分上がっているのでサブプライムではなく、プライムレート（優良貸出先に適用される安い金利）になるでしょう。将来を見通しても、アメリカでは住宅価格が上昇しつづけると見込まれますので、必要ならばさらにリファイナンスすることで、きっと貴方様には今後ともいっそう豊かな生活が保障されることでしょう」

しかし、それでもまだ慎重な顧客がいたら、次のように言う。

「それでも何らかの事情で借金の返済ができなくなったとしましょう。たとえば、住宅価格が下がってリファイナンスができなくなった場合などです。そうなって返済計画に無理が生じた場合には、購入された住宅を手放していただくことになりますが、そのときの住宅価格がどれだけ値下がりしていようとも、それですべて借金は返済されたものとみなします（このようなローンをノンリコースローンと呼ぶ）。ですから、最悪の場合でも、お買い上げいただいた住宅さえ手放していただければ、債務は一切残らないということになります。ですから、心配ないのです。それより、これまでの推移を見ていただければ、これからも住宅価格が上がり続けることは間違いありませんから、ご心配は無用というものです」

このような甘い誘惑の言葉に多くの人がサブプライム・ローンに手を出し、住宅を購入したわけだが、これによってたしかにアメリカの住宅需要は増え、現実に住宅価格を引き上げることになった。また、低所得層の持ち家保有が進んで、建築のみならず自動車や家具などの需要まで増えたので、アメリカの景気持続に貢献した。

結果的に見れば、サブプライム・ローン業者のセールス・トークは、一時的にせよ的中したことになる。バブルは、このような「予言の自己実現」的現象によって維持されるものであるが、今回もその例外ではなかった。

かくしてローンの借り手たちは「夏の夜の夢」に酔ったのだが、住宅ローンを貸し出す側（モーゲージ・カンパニー）はきわめて現実的であった。彼らは貸し出したローン債権を手元に置かないで、即刻、銀行や証券会社にそれを売却し、現金化した。リスクの高い住宅ローンの貸出しをしてもすぐにそれを他の金融機関に売却すれば、彼らには滞納リスクや貸し倒れリスクは発生しない。その結果、モーゲージ・カンパニーの貸出しは甘いリスク判断によるものになった。

さらに、サブプライム・ローン債権を住宅ローン会社から買い取った金融機関はそれを「証券化」した。「証券化」とは債権の塊《かたまり》を分割し、小口の金融商品（証券）に変えてマーケットで売り出すやり方のことである。

しかし実際の仕組みはもう少し複雑である。サブプライム・ローンはもともとリスクが大きい商品なので、小口に分割したからといってリスクがなくなるわけではない。リスクが大きいと認識されるとマーケットではなかなか良い値段では売れないことになる。

そこで、商業銀行や投資銀行はサブプライム・ローン債権のリスクを「見えなくする」ために、他の優良な証券化商品（たとえば、国債や超優良会社への貸出債権、社債など）とサブプライム・ローンから証券化された商品を混合させた新たな金融商品を作り出したのである。

これをCDO（Collateralized Debt Obligation　債務担保証券）と呼ぶが、CDOのミソは、サブプライム・ローンのリスクを優良証券化商品と混ぜ合わせてしまうことで、サブプライム・ローンのリスクを見えなくするという点にあった。

「レバレッジ経営」崩壊への道筋

CDOについては、格付け会社ですらそのリスクを見過ごし、しばしばAAA（トリプルA）の最高格付けをつけたりしたから、ヘッジファンド、機関投資家など投資家は喜んで大量にこれを購入した。

そして、ＣＤＯを購入した投資家はこれを担保に金融市場から安い金利でさらなる資金を調達し、それをさらに資産運用に使う（レバレッジ投資）という形で、金融市場における取引高はどんどん膨れ上がっていったのである。詳しく触れる余裕はないが、このような複雑な仕組みに深く入り込み、大きな利益を得ていたのがアメリカの投資銀行であった。

「レバレッジ経営」は市場が上向きのときには、面白いほど、シナリオどおりに事が進む。巨大に投資が行なわれれば、それに煽《あお》られて市場はさらに上がっていくのだから、自分が期待したことはかならず実現するという、「予言の自己実現的」な結果が得られるのだ。

それが何年も続くと、アメリカ型ビジネスモデルは正しいという確信に変わり、ますます勢いがつく。それがアメリカ経済のみならず、世界経済の繁栄に大きな貢献をすることになった。

しかし、この「自己実現的」な繁栄は徐々にバブル的な様相を呈していくことになる。ここ数年、実物経済の成長に比べ、金融経済の成長は数倍にも上ったといわれている。それはまさに「レバレッジ経営」の結果であったが、それがバブルに変わっていくことは宿命的でさえあった。

しかし、このようなレバレッジ経営は、歯車が逆方向に動き出した途端、負の連鎖が働きはじめる。巨大な損失が弱気を呼び、さらに新たな巨大な損失を生むようになる。バブルの崩壊である。

株式や外国為替などの信用買いを経験した人なら周知のことであるが、かりに一〇倍のレバレッジをかけて投資したとすると、投資対象が一割減価するだけで元本部分は吹き飛ぶのである。現在のように、CDOの値段がつかないほど値下がりしてしまうと、レバレッジ投資に伴う損失は天文学的な数字に膨れ上がり、そこから発生する負債を清算するために、まったく関係のない資産までも次々に手放さざるを得なくなる。

また、そのような状態に陥ったところには、誰も資金を融通しなくなる。その結果、資金繰りがつかなくなって倒産が多発するのである。倒産が多発すると、そこに融資していた銀行の不良債権が膨らみ、金融危機へとつながっていく。

クレディット・クランチは起きるか

以上のプロセスは何も理屈だけ、教科書だけの話ではない。

この数年間、金融取引の規模は実体経済に比べて急激に膨らみ、それがバブルとなっていったのだが、二〇〇七年七月頃から歯車が逆方向に動き始めた結果、今回の金融恐慌が起こった。甘い誘惑に乗って住宅を購入した人たちの多くは、住宅価格の下落でリファイナンスができず、返済不能に陥った。

彼らは住宅を手放し、ふたたび持ち家のない階層に戻ってしまったわけだが、彼らは単に以前のような持ち家のない状態に戻ってしまっただけではない。

住宅バブルで担保価値が上がったことをよいことに、彼らの多くは自宅の抵当評価をやりなおす、つまりリファイナンスをすることで借入枠を増やした。その増えた信用枠を利用して、自動車や家具などを買い込んだから、その結果、彼らの多くは過剰な負債を抱えるようになっていった。

バブルが破裂すれば当然、これら高額商品の購入に充てられた借金を返済できなくなる。このようにして、つかの間の夢に酔った低所得者たちはサブプライム・ローンを借り入れる以前の生活よりもさらにひどい状況に追い込まれていったのである。

もちろん、被害を受けたのは低所得者層だけではない。CDOや関連金融商品が軒並み暴落したため、投資家は巨額の損失をこうむった。投資会社に出資したり、融資していた投資銀行や商業銀行には大きな不良債権が発生し、資本が毀損《きそん》する事態となった。どの金融機関が倒産するか分からないという疑心暗鬼から、インターバンク市場が凍結状態となり、多くの金融機関の資金調達は著《いちじる》しく困難となった。そして、ついにアメリカで四番目に大きい投資銀行であるリーマン・ブラザーズは倒産してしまった。

その後、欧米の中央銀行は銀行の不良資産買い取りや資本の毀損を補うための公的資金注入などを相次いで発表した。この比較的早い決断には、一九九〇年代の日本の不良債権処理の経験が参考になったと思われるが、世界の金融市場がこれで落ち着くかどうかはまだまだ予断を許さない状況が続いている。

これから懸念されることは実体経済がどれだけ悪化するかである。金融市場の混乱から銀行の資本が過小となり、かつ、不況の深刻化に伴って貸し出しリスクが大きくなるため、いわゆる貸し渋り（クレディット・クランチ）が起こることである。

クレディット・クランチはすでに欧米では相当深刻になり、サブプライムとはあまり関わりのないはずの日本でさえ起こりはじめているが、これがどの程度、実体経済に影響を与えるのか予測がつかない。

自動車や家電製品などへのローンがつきにくくなると、当然これら商品の売れ行きは悪くなる。企業にも投資資金が回らなくなるため、景気は一層悪化していく。こうなると失業が増え、ますます景気は悪くなる。ローンの不払いが増え、銀行はますます貸し出しに慎重になり、ついには経済は恐慌状態に陥る。資金が回らない状態が長引くと倒産する企業が続出し、最悪の場合には大恐慌につながっていく。本書執筆の段階ではこれ以上のことを言うことはできないが、世界経済の実情が相当深刻であることだけは間違いない。

「金融立国」戦略が破綻したアメリカ

そもそもアメリカ経済は規模が大きいこともあって輸出依存型ではなく、国内経済だけで自己充足的に動く経済体質を持っていた。一九七〇年代までは、アメリカ産業の中心は製造業であり、国際展開をすると言っても、せいぜい海外に製造拠点を移してそれぞれの国で実績を上げるという形態でとどまっていた。

しかし、一九八〇年頃までにアメリカ産業の中心であった自動車産業や家電産業など主要な製造業が日本やドイツなどに追いつかれ、競争力を失っていった。このため、日本に対しては通商摩擦が引き起こされ、日本市場は閉鎖的でアンフェアだと断定されることになったが、これは製造業が競争力を失うとアメリカ経済が成り立たないという危機感が強かったからである。

しかし、一九九〇年頃になって、アメリカ産業の中心はデトロイトなど中西部から東海岸の金融業と西海岸の情報通信産業にシフトしていく。アメリカの戦略としては、東西冷戦が終わり、東側諸国がグローバル経済に参画してくる中で、金融業と情報通信産業に活路を見出したのであった。一九九〇年代に入って飛躍的に発展を始めたグローバル資本主義がアメリカを中心に進んだのは、グローバル化に適した金融と情報通信で競争優位を確立することに成功したからである。

情報通信については多くの言葉を必要としない。マイクロソフトやインテルなどがデファクト・スタンダードを作り上げ、世界市場を席巻した。今世紀に入ってからはグーグルのようなネット企業が信じられないほどの大成功を収めた。他方、GMやフォードなど、かつてのアメリカ経済を支えた巨大製造業企業が経営危機に陥っているが、金融や情報通信の分野で圧倒的な優位を築いたアメリカはかつてのように通商摩擦を仕掛けることもしなくなった。アメリカの産業構造が製造業中心から、金融と情報通信産業中心に大きくシフトしたからである。

一九九〇年代後半になると、ニューエコノミー論が台頭した。つまり、アメリカ経済は金融と情報通信産業の産み出す継続的イノベーションの結果、かつての資本主義経済の宿命であった景気循環を克服し、長期にわたる持続的成長が可能になるという学説である。そのニューエコノミー論の一翼を担ったのがアメリカの金融業界、特にゴールドマン・サックス、モルガンスタンレーなどの投資銀行の「レバレッジ経営」ビジネスモデルであった。

結局、レバレッジ経営でわが世の春を謳歌してきたアメリカの投資銀行は、巨大な金融商品のマーケットを作り、巨大な利益を得たが、しかし、肥大化したマーケットを支配していたつもりが最終的にはモンスター化したマーケットに翻弄される結果となった。

アメリカは製造業中心の経済から、金融とＩＴに立脚した「金融立国」への脱皮を目指したわけだが、それがついに挫折したのである。バブルに浮かれ、借金を重ねて身の丈以上の消費に走った国民も、今やその被害者となった。アメリカ主導の金融資本主義

――グローバル資本主義――は、ついに「破綻」したのである。

拡大する格差社会

前章で私は「グローバル資本主義や新自由主義が所得格差の拡大を正当化するためのツール、もしくは隠れ蓑の役割を果たしているのではないか」という点を指摘した。

実際、現実世界を見れば、この二〇年ほどの間に、世界中で格差は拡大した。すでに述べたように、ビル・ゲイツのような企業家やウォーレン・バフェットのような投資家に代表される、ごく一部の成功者たちは常人には想像もつかないほどの富を得るようになった。第一章でも述べたように、アメリカでは所得の総額はかなり増えたが、中流や下流の生活は少しも向上していない。日本でも非正規労働者の数は増える一方であり、年収二〇〇万円以下の人が一〇〇〇万人を突破するようになった。

これはアメリカや日本といった資本主義の先進国だけの話ではない。中国やロシアなどといったBRICsと呼ばれる新興国でも似たような状況が起きているのはご承知のとおりである。

改革開放政策を採用した中国の沿海部、たとえば上海などではベンツを一〇台も保有するスーパー・リッチ層が生まれているが、そうした景気の良い話が内陸部までに波及しているかといえばそうではない。いまだに内陸部では電気や水道もない生活を送っている人々が数億人の単位でいて、沿海部との所得格差、生活格差は開く一方である。

このように、グローバル資本主義の結果、世界各国で出現したのは、一握りの「スーパー・リッチ」と、圧倒的多数の「ワーキング・プア」という二極化構造であった。また、世界中で急速な開発が行なわれたことで、環境破壊や資源の争奪戦が深刻化した。それればかりか、欧米資本、ことにアメリカの資本が世界中を席巻したことに対する反感は高まり、それがついには九・一一という形での「文明の衝突」(ハンチントン)にもつながった。

さて、そこで繰り返しになるが、もう一度考えてみたい。

新自由主義経済学の大前提にあるのは、マーケット・メカニズムこそがすべてを解決するという思想である。アダム・スミス言うところの「見えざる手」だ。乱暴に言ってしまえば、誰もが参入できる、規制のない自由な市場で競争が行なわれれば、企業にとっても、消費者にとっても、そして労働者にとっても「最適解」がおのずから達成されるというのが新自由主義のドクトリンである。

この思想に立てば、ソ連の社会主義経済が破綻したのはマーケット・メカニズムという、いわば「自然の摂理」に従うことなく、人知によって経済をコントロールできると考えたところに大きな誤りがあったということになる。そして、モノやカネが何の規制もなく、国境を超えて自由に移動できるグローバル・マーケットを実現することこそが、社会主義を打ち破った資本主義経済の「最終形態」になるはずであった。フランシス・フクヤマに至っては、リベラルな民主主義と資本主義が勝利を収めた今、歴史は終わったのだとまで言ったほどであった（フランシス・フクヤマ『歴史の終わり』三笠書房）。

ところが、実際にグローバル資本主義が成立しても「見えざる手」は働かなかった。そこに生まれたのは「市場経済とリベラルな民主主義」が適度に組み合わされた「新古典派総合」でもなく、一握りの「スーパー・リッチ」と、圧倒的多数の「ワーキング・プア」という二極化構造であった。いったんワーキング・プアになってしまえば、そこからはい上がることなど絶望的に思えるような過酷な格差社会であった。

なぜ、こんな社会が生まれてしまったかといえば、従来の資本主義と、グローバル資本主義は同じ「資本主義」という名を冠していても、そこには大きな質的な違いがあることが見落とされていたからである。

戦後の日本が典型的な例であるが、一つの国の中で資本主義経済が発展していけば、たしかに貧しい人たちにも所得配分が行なわれるので、そこで生活もよくなっていく。

マルクスは「資本主義の本質は搾取にある」と言ったわけだが、しかし、ローカルな資本主義では資本家は労働者を一方的に搾取・収奪するわけにはいかない。なぜかといえば、企業が作るモノやサービスを買ってくれるのは、他ならないその労働者であるからだ。収奪一本槍で、労働者を貧しいままにしておけば、マーケットは拡大せず、企業は自分自身の首を絞めることになる。

戦後のアメリカの経済界では労使協調路線が優勢になったという話はすでに述べたが、労働組合の賃上げ要求を呑むことは一見、経営者にとって損に思えるが、しかし、賃金を上げれば、それだけ消費者の懐も豊かになるわけだから、結局は企業自身も得をする。だからこそ、労使協調は経営者にとっても合理的選択であったというわけだ。

「生産と消費の分離」が産み出した格差

この意味においては、まさに資本主義はリベラルな社会体制を担保していたわけだが、しかし、こうしたリベラルな効果をもたらすのは、あくまでもローカルな資本主義においてのことで、グローバル資本が跋扈《ばっこ》するグローバル・マーケットにおいては通用しない。

というのも、すでに述べたように、グローバル資本主義においては労働者と消費者が同一人物である必要はないからである。

中国や東欧といった賃金の安い地域で作られた商品を買うのは、その土地の労働者ではない。日本やアメリカにいる豊かな消費者たちである。このように「生産と消費の分離」が可能になったからこそ、ウォルマートや一〇〇円ショップは低価格でも大きな収益を上げることのできるビジネス・モデルを構築できたわけだが、そこで得られた収益が中国などの労働者たちに還元されるかといえば、かならずしもそうではない。買うのはあくまでも先進国の消費者なのだから、中国などの労働者に収益を再配分して彼らに購買力をつけさせるメリットはない。

むしろ、人件費の上昇はコストにそのまま跳ね返ってくるのだから、企業にとっては競争力を失うことでしかないのである。だから、できるかぎり企業には人件費を抑えようとするベクトルが働く。

しかし、そうはいってもやはり中国などの現状を見れば分かるように、先進国の資本が積極的に投資をすればその国の経済は活性化していくわけだから、物価も高くなり、それにしたがって労働者側からの賃上げ圧力が高まってくる。以前のような安い賃金ではもう働きたくないし、暮らしていけないと訴える労働者が増えてくるのは当然のことだ。

だが、そこで企業が労働者からの賃上げ要求に従うかといえば、けっしてそんな保証はない。中国沿海部の景気がよくなって、人件費が高くなれば、内陸部から安い労働力を調達すればよい。その内陸部から来た労働者の賃金水準が上がりはじめたら、中国に見切りをつけて、もっと労働力が安く調達できるところ――たとえば、ベトナムなどに生産地を移転するまでのことである。こうした動きは何も先進国の企業だけではない。新興の中国企業などの中にも、自国での生産に見切りをつけ、ベトナムなどに進出しているところが次々と現われているそうである。

プレカリアートの登場

かくして新興国、途上国の労働者の賃金はグローバル資本主義が発展してもそれほどは上がらず、二極化構造は是正されていないが、一方、先進国の労働者にとってもグローバル資本主義は「福音」につながらない。いや、福音どころか、ことに非熟練労働者たちにとっては大打撃である。

先進国では、消費者と投資家がグローバル資本主義の恩恵を受けることができたが、他方、先進国の労働者と市民は被害を受けた。ロバート・ライシュはこのことを『暴走する資本主義』の中で見事に描いている。

私たちは消費者であると同時に投資家であり、また労働者でありながら、市民でもある。同じ人間の中に四通りの異なる価値を追求している主体が同居しているのである。先に述べたように、グローバル資本主義は過激な競争を持ち込むことによって、企業が死にもの狂いで競争した結果、消費者と投資家には十分に報いたかもしれないが、労働者と市民はひどい目に遭ったのである。

東側世界が競争に参加した結果、安い労働コストを求めるグローバル資本は生産地をどんどん東側世界に移していった。その結果、アメリカや日本では「空洞化」が進み、先進国の賃金は切り下げられざるをえなかった。東側諸国の労働者と同じ仕事をする先進国労働者に対する需要が減ってしまったからである。あるいは、日本では労働コストの高い正規労働者を減らし、パートや派遣などのコストの安い雇用形態が急速に増えた。正社員になれない人の中には、ネットカフェを渡り歩く「ネットカフェ難民」も現われた。すでに日本の労働者の三人に一人が非正規労働者になっている。これらの雇用改革によって、企業の労働コストは削減されたが、労働者は労働条件の悪化に苦しむことになった。また、企業内における労働の「分断」によって、日本企業の企業一家的な温かい雰囲気は徐々に殺伐としたものに変質を遂げていった。全体としてみた場合、グローバル資本主義は先進国労働者には過酷な仕打ちをしたといえるだろう。

アメリカ、日本のみならず、こうした動きはヨーロッパでも起きていて、イタリアでは「プレカリアート」という言葉までできた。プレカリアートというのは、プロレタリアートをもじった言葉で「不安定な立場に置かれた無産階級」というような意味を持っている。

グローバリゼーションによってたしかに安い商品が先進国に洪水のように流れ込むようになった。しかし、その流れは同時に大量の貧困層をも作り出したのだから、これほど皮肉な話はない。

ここまでの話をまとめるならば、グローバル資本主義においては、資本はつねに安い労働力を求めて移動しようとするわけだから、いかに経済がそれによって活性化したところで、かつてのような利益の再分配は行なわれない。「規模の経済」によって企業のCEOや大株主のような「持てる人たち」は巨額の利益を獲得するかもしれないが、しかし、その「おこぼれ」はいっこうに労働者にまで回ってこない。徳川家康がそう言ったと伝えられるように、労働者は「生かさぬように、殺さぬように」留めておくというのがグローバル資本主義の論理なのである。

ついでに言えば、「市民」である我々も被害を受けた。グローバル化によって利益を得たグローバル資本は政治に対してこれまで以上の発言力を持つようになり、小さな政府、規制緩和、企業減税などを声高に要求するようになった。小さな政府を追求した結果、自己責任が合言葉となり、社会福祉が後退せざるをえなかった。救急医療を受けられない「救急難民」が生まれ、医療サービスの質が落ち、日本では「後期高齢者医療制度」のような高齢者にとってありがたくない制度が平気で導入されるようになった。また、環境破壊や食物汚染の広がりなども広い意味でのグローバル資本主義のコストであると言ってよいだろう。また、所得格差の拡大や人と人との連帯、絆が希薄になり、人心が荒《すさ》んだ結果、凶悪犯罪が目立つようになった。

このように、グローバル資本主義は消費者や投資家、あるいは途上国経済の発展には大きな恩恵をもたらしたが、先進国の労働者や市民には逆に大きな被害をもたらしたのである。

資本主義の原動力とは何か

そもそも資本主義のパワーというのは「高低差」（あるいは「差異化」と言ってもよいが）がその源泉になる。水力発電のタービンを力強く回すには、なるべく高いところから水を落としてやればいい。高低差があればあるほど、そこで発電されるエネルギーは大きくなる。中世期に西洋と東洋の国々の間で交易が盛んになったのは、東洋の胡《こ》椒《しょう》などの嗜好品《しこう》が西洋には存在しなかったからである。

資本主義経済でも基本は同じである。といっても、資本主義の場合、高低差とはもちろん物理的な高度の差ではない。資本主義経済においては「価格の差」は収益を作り出す大きな要素になる。もちろん、価格がついているのは商品だけでなく、労働にも価格があって、それを「賃金」と呼ぶ。大きな価値を産み出す人間には高い値段が付くし、それほどの価値を作り出せないと判断されれば、賃金は安くなる。

さらに言えば、資本主義経済ではカネにも価格がある。それを「利子」と呼ぶ。経済が上向きになっている国や地域では、カネの持つ価値はそれだけ大きくなり、利子率は概して高くなるから、資本は利子の高い国に流れていく。不況の国や地域では利子率は低く、それに応じて利潤も低くなる。このような利子率に高低差があると、グローバル資本は利子率の低い国で資金を調達し、利子率の高い、景気の良い国に投資することになる。

かように資本主義経済というのは、一部の公共財と呼ばれるもの（たとえば水や空気）を除いて、ありとあらゆるものに「値札」が付いている。グローバル資本はそれぞれの値札を比較し、どこに動くのが有利かを決めるのである。しかし、かつては政治的もしくは技術上の制限があって国境を超えて資本やモノ、あるいは人間が自由に移動することができなかった。さらに二〇世紀後半においては東西冷戦があったせいで、資本主義が活動できる地域は西側世界に限られていた。

ところが、東西冷戦の終結を機に、東側世界が一挙にグローバルマーケットに入り込んできた。また、その頃から始まったIT革命によって、世界を結びつける情報通信技術が花開いた。その結果、グローバル・マーケットが現実のものになり、ヒト・モノ・カネの「高低差」が一気に拡大することになった。先ほど述べたように、先進国が安い賃金の労働者を雇って、大きな収益を上げられるようになったのもその一つだし、また利子の低い国で調達した資金を高利回りの国に投資することもできるようになった。

かくして、資本主義というタービンはグローバリゼーションによって、人類史上、かつて例を見ないほど高速に、そしてパワフルに回転するようになったわけである。グローバル化で国境という「くびき」がなくなったことで、資本主義は制御不能のモンスターになってしまったとも言える。

かつて、資本主義が狭い国境の中に押し込められていたときには、資本主義は高低差を徹底的に利用するというわけにはいかなかった。すでに述べたことだが、たとえば賃金一つをとってみても、ローカルな資本主義においては資本家が労働者を徹底的に搾取することは、労使双方の共倒れを招いてしまう。地域に限定されたマーケットにおいては、生産と消費が一致しているのだから、消費を拡大するためには賃金をそれなりに上げないと、企業の収益も増えない。

マルクス経済学では「資本主義は労働者を搾取、収奪するメカニズムだ」とされていたわけだが、グローバル経済以前の資本主義では、それは間違いであった。むしろ資本主義にとっては、過度な搾取や収奪はむしろマイナスに働く。適切な再配分を行なうことのほうが、資本主義の成長にとっては有利であったのである。

しかし、グローバル資本主義の時代に入ると、資本主義はその様相をすっかり変えてしまったと言えるだろう。グローバル資本主義はつねに高低差を探し求め、作り出し、それ自身を維持しようとするようになった。かくして、グローバル資本主義は世界中で格差を拡大し、貧困層を作り出していくようになっていった。

「完全情報」という仮定

すでに述べたように、アダム・スミス以来の近代経済学では、マーケット・メカニズムという「見えざる手」に委ねれば、資源の再配分はうまく行なわれ、失業もなくなるというのがその基本主張になっていた。マーケットの規制を緩和し、小さな政府を目指すべしとする新自由主義思想もまた、その延長線上にある。

そして現代の経済学はこの思想を土台として、多くの経済学者たちによって精緻に組み立てられた「知の体系」であると言える。スティグリッツが「現代のグローバル資本主義で『見えざる手』が作動しないのは、市場原理の働きを阻害する要因があるからだ」と主張しているのも、「経済学の理論体系に間違いがあるはずがない」と心から信じているからであろう。

だが、はたして本当に経済学の理論体系は文字どおり信じてよいのであろうか。前述したように、私はかつてハーバード大学で経済学を学んだとき、その理論の整合性や複雑さに驚嘆した。しかし、近年の資本主義経済のあり方を見るにつけ、「この理論を鵜《う》呑《の》みにするのは危ない」と考えるに至った。もっと正確に言うと、近代経済理論の「前提条件」を疑ってみる必要があると考えるようになった。いくら、ロジックが正しくても、その前提に無理があるならば、そこから導かれる結論の有用性はなくなるからである。

経済学における最も重要な前提の一つは「完全競争」という考えである。「完全競争」とは以下の四つの条件が同時に満たされている状態のことである。

①経済主体の多数性
②財の同質性
③情報の完全性
④企業の参入・退出の自由性

①の「経済主体の多数性」とは「マーケットに参加する売り手、買い手が十分なだけ多いこと」であり、マーケットが寡占や独占状態になっていないこと、②の「財の同質性」とは同じ品質のモノやサービスについて、同じ価格で取引される、つまり「一物一価の法則」が成立することを意味する。さらに③の「情報の完全性」とは、マーケットの参加者が同じ情報を共有していること、そして最後の「企業の参入・退出の自由性」とは、新規参入に対する規制がなく、また、いつでも競争から離脱することができる自由があることを指す。
もちろん、この四つの条件はあくまでも「理想型」であって、現実にはほとんど充足

されることがない。そのことは経済学も認めているわけだが、しかし、より理想に近づけば、それだけマーケット・メカニズムが適切に働くようになると考えてもいるわけである。

こうした論点を踏まえて、「グローバル・マーケットが成立したことと、IT革命が進展したことによって、この四条件が現実に成立するようになった」と唱え、だからこそ、今まで以上にマーケット・メカニズムを使うべきだと主張したのが、他ならぬ新自由主義であった。

その論理をここで詳しく紹介する余裕はないが、ここでは③の「情報の完全性」を例にとって、グローバル・マーケットの成立とIT革命の進展によって、「情報の完全性」という前提が満たされるようになったのかどうかという点を検証してみたい。

結論を先に言えば、答えは明白に「ノー」ということである。

素人が株で儲けるのが無理な理由とは

たしかに、インターネットの普及によって、誰もがリアルタイムで世界中の情報にアクセスすることができるようになったことは、市場経済にとって朗報であった。

インターネット以前の世界では、たとえばニューヨーク証券取引所（NYSE）の最新株価にしてもロイターなどの通信社と情報配信の契約を直接している人たちがまず速報に接し、一般の投資家や消費者がニュースを知るのはその後であった。しかし、IT技術はそうした「情報格差」を解消した。インターネットを使えば、世界中のストック・マーケットの情報を即時に、しかもほとんど無料に近いコストで知ることができる。

だが、そうやって情報へのアクセスがどれほど平等になったとしても、その情報は言語化、もしくはコンピュータに乗せることのできる（デジタル化できる）「形式知」に属する情報でしかない。言語化ができない、いわば文脈的な「暗黙知」に属する情報はインターネットには乗らない。

別の言葉で表現するならば、ネットで入手できるような情報は世界中で共有化されているのだから、その情報価値は限りなくゼロに近い。逆に本当に価値がある情報は、ネットではけっして語られないし、手に入れることはできない。そして、そうした「本当に価値ある情報」にアクセスできるかどうかが、しばしば利益を得るうえで決め手になるのである。

次のような例を考えてみよう。

一部の人々や企業にとっては、情報とは単に受け取るだけのものではない。彼らにとって情報とは「創り出すもの」でもある。そして、情報を創り出すパワーを持った人たちは、その情報によってマーケットに影響を容易に与えうる。だが、マーケット参加者の大多数にはそういうパワーはないのだから、自分たちに有利な情報を創り出せる人たちにより多くの利潤機会があることは当然である。そういう意味で情報はけっして完全性を持ちえないのである。

今でこそ見る影もなくなってしまったが、金融危機が起きる前のアメリカの投資証券会社リーマン・ブラザーズやゴールドマン・サックスで働くトレーダーや経営陣は、我々の一般常識では理解できないほどの高給を得ていた。二〇〇七年におけるゴールドマン・サックスの全世界で働く従業員の「平均年俸」は、何と七〇〇〇万円にも達することが同社の年次報告で分かるが、いかにゴールドマン・サックスに一流の人材が集まっているとしても、この年俸はちょっと高すぎると考えるのは筆者だけではないだろう。おそらく、そのような高い報酬が支払える背景の一つには、彼らに「情報を創る」パワーが備わっているからであろう。

有力な投資銀行が「〇〇社の妥当な株価水準はXXである」という情報をマーケットに流すだけで、その会社の株はXXの水準に向かって修正されていくことはしばしば観察できる。このような形でマイナスの情報を流されたために株価が大幅に下がったといって憤る経営者に何度も出会ったが、有力な投資銀行や証券会社であればあるほど、彼らが提供する情報の影響力は大きいだろう。こういった、日常しばしば観察される現実を垣間《かいま》見るだけで、「情報の完全性」という仮定は満たされていないことに気がつくだろう。

私の友人Aさんの息子さんは、著名な外資系投資銀行に勤めているが、あるとき、Aさんに、その息子さんが「お父さん、素人が株で儲けようなんていうのはもともと無理だよ。だって、我々プロが先に上澄みをすくいとってしまった後を、一般の投資家が分け合ってるようなものだからね」と言ったという。これなど、情報が「非対称的」であることの立派な傍証になるのではないだろうか（もっとも、その当の投資銀行も、いまやマーケットに翻弄されてしまっているわけだから、グローバル・マーケットはプロにとってても手に負えないモンスターになってしまっていると言えよう）。

情報の完全性など、ありえない

しかし、断わっておきたいが、私は彼らプロがインサイダー取引のようなイリーガルなことをやっていたと批判しているわけではない。私が言いたいのは。たとえ市場のルールに従っていても、彼らのような「ビッグ・プレイヤー」はつねに他のプレイヤーより有利な立場にあるという事実なのである。

完全競争のモデルでは、市場に参加するプレイヤーはみな平等であると仮定する。そこでは売り手も買い手も対等であり、新規参入者も古株も同じ条件で売り買いできるというわけだが、そんなことは現実にありえない。先にも指摘したとおり、一部の人たちにとって情報は受け取るだけではなく、創り出すことができるからである。

たとえば、かつて投資ファンドの「風雲児」として世界中に名を馳せたジョージ・ソロスのような有名人であれば、彼の一挙一動は市場の参加者の注目の的になる。彼はどこの国に投資をするだろうか、どこの国の為替で売りポジションにつくだろうか――マーケットの参加者にとって、「ソロスが何をするか」は重要な情報であるわけである。このようなとき、ソロスははたして他のプレイヤーと対等で、平等だと言えるだろうか。もちろん、そんなことはない。ソロスは彼自身が望みさえすれば、マーケットに好きな風を吹かせることができるわけである。彼は情報を創り出せる、特権的なプレイヤーなのだ。

ジョージ・ソロスのように、個人の行動が市場を動かすという例は、たしかにレア・ケースであろうし、注目を浴びすぎれば世間から叩かれるかもしれない。日本でも、村上ファンドの村上世彰氏や、ホリエモンこと堀江貴文氏のような「スター」たちはみな塀の内側に落ちてしまった。

だが、同じことでもこれをスタンドプレイとして行なうのではなく、複数の人間がもっとエレガントに行なったとしたら、どうだろうか。

たとえば、富豪ばかりが集まるような社交の場――それはたとえば、大学の同窓会でも、ゴルフのカントリー・クラブでもいいし、フリーメーソンのような秘密集会、あるいは国際会議後のパーティでもいい――で、ある有力者が新興国であるA国経済の話題を持ち出し、「今、自分はあの国に注目しているのだ。諸君も注意深く、かの国の株式市場を見ることをお奨めするよ」と口にする。そうすると、それを受けて別の有力者が「実は私もA国経済の潜在力には興味があってね」と答える。それを聞いた他の富豪たちは内心、(彼らがそれほど言うのならば、私の資産の一部をA国市場への投資に振り向けることを検討しよう)と考える……。

さて、このパーティの参加者がこぞってA国に投資をしたことで、この国の株式市場が高騰したとしても、それは別にインサイダー取引に触れるわけではない。彼らが行なったのは単なる世間話であって、共謀が行なわれたというわけではない。まったく適法なのである。だが、こうした「インサイドな情報交換」に加われるのは、一部の特権的人物や企業だけであり、他のプレイヤーはその結果に翻弄されるしかない。現実の市場においては「情報の完全性」など、最初から存在しえないのである。

厚生経済学の二つの原理

新自由主義は「自由競争の下では、ヒト、モノ、カネの適切な配分が自動的に行なわれる」という論理によって、規制を緩和し、市場原理を作動させることを主張するが、これで公平な所得や富の分配が保証されるわけではない。「公平な」所得や富の分配を実現するためには、民主主義的な政治メカニズムが働くことによって、適切な税制や社会保障制度が構築されなければならない。しかし、新自由主義は「公平な」所得や富の分配については、できる限り政府は関与しないようにすべきだと考える。それが「小さな政府」「自己責任」「減税政策」といった主張になって表われている。

「完全競争」の下で市場原理を利用すれば、資源や資本を最適に配分できるが、分配政策はマーケットの仕事ではないというのが経済学の基本スタンスであるが、もう少し詳しく言えば、経済学は「まず自由競争を貫徹させよ。しかる後に再分配政策を考えよ」という立場をとる。この主張を支える根拠となっているのは厚生経済学の二つの基本定理である。

ちなみに、厚生経済学とは、社会の厚生水準を最大にするにはどうすればよいのか、を分析する経済学の一分野である。

厚生経済学の第一定理とは、簡単に言ってしまえば「マーケット原理に任せれば、資源は無駄なく、効率的に配分できる」ということである。

かつてのソ連や現代の北朝鮮のように、国家が資源の配分を統制し、コントロールしようとすると、そこにはかならず造りすぎ（不良在庫）や品不足のような無駄（需給の不一致）が生まれる。ソ連時代のロシアでは、せっかく収穫されたキャベツもそれを運ぶ貨物列車に乗せられたままで放置され、誰にも食べられないまま腐っていたというような話がいっぱいあった。こんな無駄が生まれるのはマーケット原理を利用していないからであり、自由な経済活動（＝完全競争）が行なわれて、適切な価格形成が行なわれれば、キャベツの売れ残りはなくなる。つまり資源は無駄なく生産されるというのが、厚生経済学の第一定理の教えるところである。

このように資源がすべての市場で需給が一致するように配分されることを経済学では「一般均衡」と呼ぶ。一定の条件下で、効率的な資源配分は実現される、というわけである（これらの点について詳しく知りたい読者は標準的なミクロ経済学のテキストを参照されたい）。

「公正な政治」を仮定する経済学の欺瞞性

さて、このように完全競争が行なわれれば――この仮定そのものがおかしいことはすでに述べたが、あえて話を続けよう――、たしかに資源は無駄なく配分されるかもしれない。しかし、これは社会の厚生水準を最大にするものではない。金持ちばかりがキャベツを買ったために、貧困層がキャベツを買えないということもありえる。

そこで出てくるのが厚生経済学の第二定理である。

この第二定理が言わんとするところを簡潔に述べれば、「税金や補助金、社会保障給付などを通じて人々が納得する所得の再配分が行なわれれば、社会的に見て人々の厚生水準が最大化されることが可能になる」ということになる。

これを具体的に言い換えるならば、「貧しい人たちにもキャベツが手に入るようにするには、政府がわざわざ価格や出荷の調整をして市場に介入する必要はない。所得税などで金持ちから税金を取って、それを貧しい人たちに再配分するシステムだけを政府が用意してやれば、貧しい人もキャベツを買えるようになる。それさえちゃんとやれば、あとは市場任せで自然にうまく行く」という話である。つまり、「マーケット・メカニズムに政府は手をつけず、自由競争ができるだけ広範に行なわれるようにし、所得再分配は政治が別個に考えればよい」ということである。

この話を聞いて、読者はどう思われるであろうか。

厚生経済学は「人々を幸せにするには政府が川下＝市場に関わる必要はない。川上＝所得再配分さえきちんとやれば十分である」というわけで、要するに「小さな政府のススメ」を言うのだが、ここにも「もっともらしい欺瞞《ぎまん》」あるいは「虚妄」がある。

というのも、この厚生経済学の第二定理は「政府は、人々が納得するように政治を行なう」という仮説を暗黙の前提として成り立っているからである。

新自由主義を唱えた人たちが、たとえばフクヤマの議論にも出てくるが、「リベラルな民主主義と、自由な資本主義があれば、もうそれだけで十分なのだ」とさかんに説いてきたのも、実はこうした厚生経済学の議論が念頭にあったからに他ならない。

つまり、「たしかに市場原理だけでは、金持ちだけが得をするかもしれないが、我々には誇るべき民主主義があって、選挙を通じて公正な政治が担保され、誰もが納得のできる所得分配をすればいいのだから、社会的弱者や貧困層は何の心配も要らない」というわけなのである。

だが、誰もが納得するような政治など、はたして存在するか——その答えは「言うも愚か」というものであろう。

実際のところ、アメリカの大統領選などを見ても分かるように、政治家たちを動かしているのは巨額の資金を使ってロビイストをワシントンに送り込んでいる大企業であったり、多額の献金をしてくれる一部のエスタブリッシュメント階級なのである。これでは新自由主義の唱えるような、あるいは厚生経済学が唱える定理が現実に成り立つはずがない。

それどころか、所得再配分ということでいえば、この三〇年間ほどの期間をとってみると、アメリカでも日本でも高額所得者に対する所得税の大幅な減免が行なわれているわけだから、ますます不公正な所得分配に拍車がかかる一方である。新自由主義で格差がますます拡大したのは、まさに理論どおりであったということもできる。

もう一つ、付け加えるならば、現代世界にはまだ「世界政府」が存在しないということも問題である。

世界が今以上に不平等化し、国別の格差がさらに著しいものになっていったとしても、国ごとの所得再分配をする実行主体は存在しない。食糧価格が暴騰すれば、最貧国は食糧を買う資金がなく、大量の飢餓が発生するだろう。わずかに、国連のような国際組織があり、政府開発援助（ODA）による途上国援助の仕組みはあるが、国際的な不平等を是正するという意味においてはひじょうに限定的なものにすぎない。

一国内の所得分配がそれほど平等ではないといっても、それは国際的不平等に比べれば、多くの場合、はるかにその度合いは軽いのである。グローバル資本主義がいくつかの途上国にとって経済的恩恵を与えてきたことは間違いないが、それだけで国際的な貧富の差がなくなるわけではないのである。

地球環境を破壊するグローバル資本主義

これまで、グローバル資本主義が一方では世界経済をバブル化させ、世界を不安定化させるという本来的な機能を持ち、他方では、所得格差を拡大する機能が内包されているのではないかという議論を展開してきた。もう一つのグローバル資本主義がもたらす深刻な現象は地球環境の破壊である。

資本主義がローカルな場所に閉じ込められていた場合には、企業活動によって環境汚染が激しくなれば、周辺住民＝消費者の反発を招く事態が起きて、企業の評判が悪くなるなど、かえって収益を減らすことにもなる。

したがって、企業にとって公害防止や環境保護のためにコストを支払うことはむしろ自らの利益を守る、合理的な選択にもなったわけである。また、ローカルな環境汚染であれば、それなりの規制もかけやすいし、規制の効果も検証しやすいだろう。

ところが、グローバル資本主義では、そうした「自制」を行なう必要がなくなった。どれだけ環境を汚染し、資源を無駄遣いしようとも、それが直接に企業の経営にマイナスに働くとは限らないからである。

中国で著しい環境破壊が行なわれていることは近年、広く知られるようになった。そうした環境の破壊や汚染をしているのは中国の地元企業であるかもしれないが、しかし、そうした環境問題は欧米や日本からの投資が中国に対して行なわれているからに他ならないし、また同時に、そうやって環境を汚染しながら作られた商品を買っている先進国の消費者がいるからこそ、中国など新興国への投資は止まらないわけである。

グローバル資本はいうまでもなく利益追求が最大の使命である。したがって、できることなら環境コストを支払いたくないと考える。いうまでもなく、地球環境破壊は、適切な環境コストがどの経済主体によっても負担されていないために起こる現象である。地球環境破壊を止めるためには、環境破壊を地球の自浄能力の範囲内にとどめなければならない。それ以上の環境破壊は地球環境をますます悪化させるからである。

どうすれば地球の自浄能力の範囲内に環境破壊をとどめることができるだろうか。そのための一つの有力な方法は、環境汚染に対して適切な価格を付加することである。もしくは、直接、環境破壊を止めるために規制をかけることである。

すでにヨーロッパなど、環境問題に熱心な国々ではこういった環境規制が強化されつつあるが、グローバル資本から見ると、そのような規制が行なわれると収益に影響するから、同等の環境で、より環境規制の緩やかな地域があれば、そちらに資本を投下しようとするだろう。だから、今のような枠組みだと、どこかの国が環境規制を強化しても、地球全体では見るべき成果は期待できないということになる。

この意味で、グローバル資本主義を無制限に認めると、それは地球環境にとって取り返しのつかない打撃を与えることになるだろう。この観点から、地球環境保護のためには、グローバル資本にどのような活動の網をかぶせるのかという視点が重要になるのである。

支配のツールとしての新自由主義

近代経済学の論理は、まず、完全競争の仮定のところで無理があり（情報は平等に配分されていない）、所得再分配のところでは、民主主義による再配分機能を過大に評価していると言えるだろう。また、地球環境破壊のような「外部性」の制御についても有効な手立てを提供することに失敗している。

だが、こうした手品のタネが分かれば、誰が勝者になり、誰が敗者になるのかはあらかじめ予測できる。情報優位に立てるマーケットプレイヤーが、勝つべくして勝っていたと言えるからである。

一方、こうした一握りの成功者に憧れて、「自分も株で儲けて一山当てよう」と思った人たちはどうなったか。そのほとんどの人たちは、おそらくは損をしたはずだし、かりに多少勝つことがあったとしても、今回の金融危機で虎の子の資産を失うことになってしまったのではないか。これに対して、ゴールドマン・サックスやリーマン・ブラザーズのCEOたちはたしかに職を失ったかもしれないが、それまでに巨額の給与を得ているわけであるから生活に困るわけではない。

このようにグローバル資本主義なるものの背後には、情報優位に立つエリートやロビー活動で政治に影響力を持つ一部勢力が勝てる「格差拡大機能」が内包されているのである。これは推測にすぎないが、おそらく新自由主義の旗を振っていたアメリカのエスタブリッシュメントたちは、最初からグローバル資本主義が人々に対して平等に機能することなどありえないことが分かっていたのであろう。そして新自由主義的な言説が広まれば広まるほど、自分たちに有利に働くことに気づいていたのではないか。

これは後の章で詳しく触れるつもりでいるが、生き馬の目を抜くような投資の世界で勝ち残るためには、経済学が想定する経済人（ホモ・エコノミクス）として目的合理的に振る舞うことが求められる。自己の利益を最大化することで、かりに他者が不幸になったとしてもそれに何の道徳的責任を感じたりしない「合理精神」こそが、自由競争の勝者に求められる資質であると言っても過言ではないだろう。

その点において、共同体としての歴史が浅く、それだけに個人主義的気風の強いアメリカ社会のほうが歴史や文化伝統を持つヨーロッパや日本よりも、ずっと自由競争の熾《し》烈《れつ》さに適応していることには誰もが賛成するのではないだろうか。

自由競争こそが正義であるとする新自由主義の震源地が他ならぬアメリカであり、またアングロ・サクソンという点においてアメリカと文化的、社会的親和性のあるイギリスであったことは、けっして偶然ではあるまい。

新自由主義がこれだけ力を持ち、グローバル資本主義が実現したのは、それが「歴史の必然」であるからではない。私はいわゆる「陰謀史観」に与《くみ》するものではないが、政府の干渉が減り、規制が緩和されたマーケットが実現すれば得をする勢力がいたからこそ、これだけ「自由競争の神話」が広がることになったのだと考える。新自由主義思想は金融や投資の世界に暮らす人々にとっては、まさに歓迎すべき思想であったのである。

その意味においては、アメリカ経済学や市場原理主義とはエリートたちの「支配のツール」にすぎないとさえ言えるのではないだろうか。

もっとも、マーケット・メカニズムや民主主義が「最善のシステム」でないということはすでに多くの人々が指摘してきたところである。

ウィンストン・チャーチルが述べた次の言葉はあまりにも有名である。

「民主主義が完全で賢明であると見せかけることは誰にもできない。実際のところ、これまでに試みられてきた民主主義以外のあらゆる政治形態を除けば、民主主義は最悪の政治形態と言うことができる。だが」

「マーケット・メカニズムについても同じことが言えそうである。

実際のところ、マーケット・メカニズムが完全で賢明であると見せかけることは誰にもできない。これまでに試みられてきたマーケット・メカニズム以外のあらゆる経済システムを除けば、マーケット・メカニズムは最悪の経済システムと言うことができる。だが」

重要なことは民主主義も、マーケット・メカニズムも大きな限界を抱えているということ、それを謙虚に認めることである。我々に課せられた責務は民主主義も、マーケット・メカニズムも（あるいは、グローバル資本主義も）きわめて不完全ではあるが、それ以上のものを持たない人類としては、それらをうまく機能させるように工夫していくという地道な努力を続けることしかないのである。

岩井克人東大教授は次のように述べている。「アダムとイブのたとえでいうと、資本主義の中で、人々は自由という禁断の果実の甘さを知ってしまった。その甘さの中には、もちろん〝原罪〟的な不安定さが含まれている。でも自由は手放すべきではないし、もう手放せないだろう」（二〇〇八年十月十七日「朝日新聞」）。

自由を手放したくない我々としては、自由の制御の仕方を学ばなければならないということである。自由を適切に制御することを怠るならば、結局はより多くの自由を失う羽目に陥るからである。

第三章

「悪魔の碾《ひ》き臼《うす》」としての市場社会

はたして資本主義は人間を幸福にするのか

さて、前章ではアメリカ主導の新自由主義やグローバル資本主義が支持されてきたのは、その論理の正しさゆえというよりも、市場原理主義がエリート階層、富裕階層にとって都合のいいものであったからではないかという仮説を述べてきた。

資本主義は人類が考案した素晴らしい体制であることは認めざるを得ないとしても、それは自由放任に任せておくととんでもない「暴力性」を発揮してしまうので、我々としてはそれをうまく制御する知恵を身につけなければいけない。

一人一人の人間が自分の欲望を際限なく膨張させても、それはマーケットが調整してくれるという予定調和的な考え方はもはや通用しない。このことは今回の金融危機で再認識させられたはずだ。

かりに、民主主義やマーケット・メカニズムという、地球上のほとんどの国が大なり小なり受け入れている政治経済体制（グローバル資本主義）がどのような問題を抱えるようになってきたかについてはこれまでの議論で明らかになったと思うが、今度は逆の視点から同じ問題を議論してみたい。

すなわち、民主主義やマーケット・メカニズムという政治経済体制に組み込まれず、グローバル資本主義の恩恵も受けていないが、その被害も受けていない国がどういう状態に置かれているかを考えてみたいのである。

今の地球上に、民主主義やマーケット・メカニズムという政治経済体制に組み込まれていない国を探すのはなかなか容易ではない。北朝鮮はその代表的な例になるのだろうが、この国は強烈なイデオロギー、強烈な独裁体制など、あまりにも特殊な要素が多くて議論の対象にはなりにくい。ほかに、我々の問題にとって参考になりそうな国はあるのか。

そこで私が紹介したいのが、ブータンとキューバである。

なぜ、彼らの顔は満足感に溢れているのか

はたして資本主義とは本当に優れた経済体制なのか。人間は資本主義によって、本当に幸福になれるのであろうか。

実は、私がこのような疑問を抱くようになった直接のきっかけは、このブータンとキューバという「民主主義やマーケット・メカニズムを拒否した国家」を訪問したことにある。立憲君主の仏教国であるブータンと、独自の社会主義体制のキューバは、社会システムこそ違うが、ともにグローバル資本主義のネットワークに入ることを主体的に拒否して、独自の道を歩んでいる貴重な国である。

富を産み出す資本主義のネットワークに参加していないのだから、当然のことながら、この両国はけっして豊かだとは言えない。いや、日本人の感覚からすれば、豊かではないどころか、むしろ貧しい、気の毒な国であるということになろう。

実際、ブータンの一人当たりGDPは約一〇〇〇ドル、世界全体で一二二位（二〇〇五年）、一方のキューバは正式なデータが公表されてはいないが、推計では数百ドルないし二〇〇〇ドル程度であろうと言われている。いずれにせよ、日本（三万五〇〇〇ドル）やアメリカ（四万二〇〇〇ドル）とは比較にならないほど、貧しい国であることは間違いない。

だが、これらの両国を訪れて驚かされたのは、人々の顔が実に「明るい」ということである。これは単に「先進国の人間のノスタルジー」ゆえの勝手な思い入れではないことは、この両国で実際にインタビューを行なってヒアリング調査をしてみると、ほとんどの人が「今の自分の生活に満足している」と回答したことからも分かる。

ブータンもキューバも物資はけっして豊かではないし、インフラも先進国とは比較にならないくらい貧しい。だが、そこで暮らしている人たちは自分たちの今の生活を肯定的に捉え、日々をゆったりとした気持ちで暮らしているように見えた。なんといっても、人々の気持ちが荒《すさ》んでいないということが私にとっては最大の驚きだった。

江戸時代末期、日本にやってきた多くの欧米人が日本の庶民の生活や人に接する態度、表情などを観察し、驚きを隠すことができなかった。日本の庶民はなんと穏やかなんだろう、何と好奇心旺盛なんだろう、なんて親切なんだろうと驚いたのであった（渡辺京二『逝きし世の面影』平凡社）。

もちろん、その伝統は今でも日本に残っているが、グローバル資本主義の悪影響を受けつつあることは否定できない。秋葉原の無差別殺人事件のようなことが起こり、親子が平気で自分の都合で殺し合うなどの報道を見るにつけ、日本社会も昔のよき風習がだんだん損なわれていると考えざるをえない。

その殺伐としはじめた日本からブータン、キューバを旅行で訪ねて（ブータンは二〇〇六年、キューバは二〇〇五年）、筆者は幕末の欧米人がおそらく当時の日本の庶民に対して持ったのと同じような驚きを感じてしまったのである。彼らの明るさ、およそ人を騙して何か目論《もくろ》もうといった雰囲気がまったくない社会の安定感、そして何よりも、貧しくはあってもそれによって精神までは蝕《むしば》まれていないという社会の健全さ——それらが私に強烈な印象を与えたのである。

貧困でも心が荒まない社会

私は外国旅行中、置き引きに遭った経験が何度もある。

四年ほど前だったか、フランスのリヨン駅で汽車に乗り込み、スーツケースを棚に上げているわずか三〇秒足らずの間に、足元に置いておいた手提げカバンが消えてしまった。周りを見渡しても誰もそれらしい人はいない。パスポート、現金やカード類が入った財布、飛行機のチケット、携帯電話など、すべてを一瞬にして失ったのだ。ひどく惨めな経験だった。

だが、無頓着に荷物を置き、一瞬でも目を離せば、ただちに置き引きに遭う。それが世界の「相場」なのだ。そういう現実から見ると、ブータンやキューバはまさに桃源郷に見えるほどの「安心・安全社会」であった。

先進国であれ、途上国であれ、多くの国にはニューヨークのハーレムのような貧困地域がある。そして、そこに住んでいる被搾取階級の精神状態はたいていの場合は相当惨めである。「精神が荒んでいるな」と思わせるケースもひじょうに多い。しかし、そのような状態に置かれている人たちが非行に走るのは、その人たちの責任というよりは、おそらく社会経済システムに原因がある。

ところが、ブータンやキューバも貧しいことは変わりないのに、不思議なことにそのような人たちにはどこに行っても出会わないのであった。どこに行っても、みんな明るい、人なつっこい表情で挨拶《あいさつ》してくれる。また、いわゆる物乞いにも出会わなかった。国家によって規制されているせいなのか、そんなことをするのは恥ずかしいと思う風潮のせいか、物乞いがいない理由までは分からなかったが、いわゆる「途上国」でこうした人たちに出会わないということはかなり珍しいと言わねばならない。

もちろん、これらの国にも、旅行者には見えないさまざまな問題があるはずだ。たとえば、キューバは社会主義国だから、競争というものがあまりない。その結果、資源配分も非効率であり、物資の不足も目立つ。国民は国家からの食糧の配給によって暮らしていて、賃金はエリートから農民までみな同じで、せいぜい月に十数ドル程度の現金収入しかない。

印象的だったのは、ハバナ大学の教授をやっていた人が日本大使館でスペイン語・英語の通訳をしていたことである。

失礼を承知で「なぜわざわざハバナ大学の教授という要職を抛《なげう》って、大使館の通訳をしているのか」と聞いてみた。それに対して彼は、「ハバナ大学教授では月給が一〇ドルだから、食っていけない。大使館で通訳の仕事をやると月に二〇〇ドルも貰えるんです」と答えたのであった。

いくら食糧や医療、教育費がすべてタダだといっても、さすがに一〇ドルでは生活が厳しいらしいことは、社会主義国特有のいろんな「副業」が発達している事実からも窺《うかが》えた。

一緒にキューバを訪問した仲間と、レンタカーを借りて郊外へ繰り出したのだが、一〇〇キロくらいの道のりを行くのに三回ほど警察にストップをかけられた。検問である。

何かと思って車を止めると、スピード違反だという。この検問を素早く切り抜けるには一〇ドル程度の袖《そで》の下を使うとよいということをあらかじめ聞いていたので、近寄ってきた交通警察官にそっと一〇ドル札を手渡すと、お咎《とが》めなしですぐに通してくれた。こんなことは本当はいけないのだろうが、急いでいた我々としては致し方なかった。このことを地元の事情に詳しい人に聞いてみると、レンタカーはナンバープレートを見ればすぐに分かるので、狙《ねら》い撃ちにされるのだという。地元の人が乗っている車はまず止められることはないらしい。

もうひとつ、キューバで結構金回りが良いのは国際ツーリストが泊まるホテルのメイドさんだという。部屋の清掃をする人たちは旅行客が枕銭をおいていってくれるので、一日、一〇ドルくらいは稼げるという。月給が一〇ドルの国では、一日一〇ドル稼げる人は大変な金持ちということになるのである。

このように、子細に見ていけば、社会主義体制であるがゆえの――あるいは、マーケット・メカニズムが存在しないがゆえの――さまざまな歪みがあちこちで起きており、それがこの国の生産性を低くとどめていることは間違いない。事実、キューバはGDPでみると貧困国である。

しかし、その代わり、社会が何とも温かいのである。これはいったいどういうことであろうか。

もちろん、日本も社会主義にすべきだとは思わないが、「自分自身の居場所がない」「誰も自分をかまってくれない」というだけの理由で大量殺人が起きるような、殺伐とした日本やアメリカなどとは明らかに違う、ある種、幸福な社会があるという印象を受けたのである。

なぜキューバ医療は成功したのか

もちろん、私の主観的な印象を述べただけでは、読者は納得しないだろうから、具体的なデータでこの両国の「幸福さ」を簡単に説明してみたい。

まずは社会主義のキューバから述べていこう。

すでに述べるまでもなく、キューバはその建国当初からアメリカによる経済封鎖を受けており、外貨を稼げる産業もサトウキビを中心とした農業か、葉巻の生産、それに加えて、せいぜい観光しかない。それでも冷戦中は旧ソ連からの援助もあったが、九一年にソ連が崩壊してからはそれも途絶えることになる。こうした流れだけを見れば、キューバは北朝鮮と同じ道を辿っても不思議ではないように思えるわけだが、ところが現実にはそうはならなかった。

もちろん、すでに述べたように経済そのものはけっして豊かではない。だが、その一方で国民の平均寿命や乳児死亡率は欧米先進国とまったくひけを取らないほど、高い健康水準を維持しているのである。

社会主義国の医療というと、欧米先進国の医療水準よりもずっと低いものを想像してしまいがちだが、たとえば乳児死亡率で見れば、近年のアメリカでは一〇〇〇人に七人であるのに対して、キューバでは一〇〇〇人当たりわずかに五・三人。アメリカよりもキューバのほうが乳児にとっては安全ということになる。またキューバの平均寿命は七七・五歳で、これはアメリカやカナダに匹敵する数値である。社会主義国のキューバでは医療費は当然のことながら全額無料であって、さらに幼稚園から大学まで教育費は無料である。

こうやってみていくと、少なくとも医療や教育面だけを見るならば、アメリカとキューバどちらのほうが住みやすい国だろうかと考え込んでしまう。

なるほどアメリカのほうが「カネさえ出せば」、キューバでは得ることができない超高度な医療サービス、教育サービスを得ることはできるだろう。しかし、それはあくまでも富裕層のものであって、貧しい人たちが得ることはできない。

よく知られていることであるが、アメリカ人が受けられる医療サービスの質は、かなりの程度、それぞれの収入によって決まってしまう。高等教育についても、アメリカでは私学が中心なので元々学費は高かったのだが、近年は市場原理が導入されたせいでさらに学費が高騰し、今では年間数万ドルにまでなっていて、大変な社会問題にもなっているほどだ。

もちろん、キューバでは医療費、学費が無料だといっても、その資金は国民全体で負担しているわけではある。しかし、「みんなが貧しい」キューバの人々が、日本やアメリカに暮らす我々よりも不幸かといえば、そうとは断言できないところに、今の資本主義の根本的な問題が潜んでいる。

なぜならば、競争社会に暮らして、他人との絆がどんどん薄れつつある日本やアメリカなどの先進国の社会に比して、キューバ、そして後に述べるブータンには、間違いなく「社会とのつながり」「人と人との信頼関係」があるからだ。

人間は社会的動物である

ギリシアの哲学者アリストテレスは「人間は社会的動物である」と述べた。人間は元来、他の動物たちよりもずっとひ弱な存在であり、だからこそ社会を作らなければ大自然の中でサバイバルできなかった。しかし、そうやって群れを作ったことで人間は文明を発達させ、「万物の霊長」と言われるほどになった。

人間が他者と絆を結ぶことはいわば、一種の本能のようなものであり、他人とのつながりを絶って孤独のうちに一生を終えることができる人はほとんどいない。人間は社会の中にいてこそ、安心を覚え、心の安定を得るようにできている。

ところが資本主義が発達していく過程で、私たち人間は「自分たちは社会的動物である」という事実を軽視するようになったのではないだろうか。

富とテクノロジーさえあれば、他者とのつながりなど必要ない。ありとあらゆるモノがインターネットを通じて取引・決済できるようになり、メールなどによって簡単に遠隔地の人間とのコミュニケーションが取れるようになった現在、他人との直接的な触れ合いやつながりを大事にすることなどは非効率で、感傷的なことである――こうした一種の「理性万能主義」が蔓延《まんえん》しているのが今のグローバル資本主義社会ではないだろうか。少なくとも、グローバル資本主義によって我々の社会には格差が広がり、社会全体の一体感が失われているのは間違いない。

マーケット・メカニズムが効率的であるとする論理の前提には、一人一人の人間は独立したアトム的存在であるという仮定がある。そして、この独立した人間（ホモ・エコノミクス）は、社会の旧弊や癒着などに流されることがない。彼/彼女は知性に基づき、自主的に意思決定を行なう、合理的な主体であるというわけだ。

しかし、現実には、人間は非合理的と思える行動をする。

たとえば、人間はときとして「自己犠牲」の精神を発揮することがある。家族を守るため、同胞を守るために命を投げ出す人は古来、少なくない。そこまで行かずとも、貧しい人、不幸な人に対して同情の念を抱き、行動を起こす人は珍しくない。すべての人間が自分自身の利害のためだけに行動する生き物でないことは今さら言うまでもあるまい。

しかし、「すべては自己責任」という新自由主義の思想においては、貧しく不幸な境遇にある人たちに対する同情は不要なものであり、むしろ有害なことである。

そもそも彼らが貧しいのは自助努力の精神が足りないためであり、そうした人たちに手を差し伸べるのはかえって彼らを甘やかすことに他ならない。また手厚い福祉制度やセーフティネットを用意することは、努力をしないことへのインセンティブを与えることになり、社会全体の効率を低下させるというのが新自由主義者たちの主張であった。

たしかに、こうした「自己責任論」を強く主張したことで、新自由主義はある程度の経済的成功を収めることに成功した。英国病によって著しく停滞していたイギリス経済はサッチャー改革によって長期景気回復を実現したし、レーガノミックスによってアメリカの金融やIT産業は未曾有の隆盛を極めることになった。

しかし、これまで何度も指摘してきたように、こうした新自由主義の思想は人々から社会的連帯感を奪った。「自分さえよければそれでよし」とするミーイズムが蔓延するなど、そのマイナス面が露呈し、社会的疲弊が目につくようになったのである。

ファミリー・ドクター制度が作る「社会の絆」

そこでキューバに話を戻せば、キューバ社会が貧しいながらも一体感を持ち、キューバの人々が生活に満足を覚えている背景には、医療制度などを通じてキューバが社会的なつながりを維持していることが関係しているように思われる。

冷戦終結、そしてソ連の崩壊後にキューバを襲った経済危機、食糧危機の中、当時のフィデル・カストロ政権に課せられたのは、少ない国家予算の中で国民福祉をどのように維持するかという命題だった。

この同時期、アメリカ、そして日本などの先進国では、新自由主義の唱える「小さな政府」路線を実現するために社会福祉を削減し、医療や介護に市場原理を導入するという方向に向かいつつあったわけだが、キューバはあえて逆の道を選ぶことにした。もちろん、キューバにとっても医療費の削減などは重要課題ではあったが、それを市場化によって解決するのではなく、プライマリ・ケアを徹底的に行なうことで、医療費の抑制を図ろうと考えたのであった。

具体的にはおよそ一〇〇世帯ごとに一人のファミリー・ドクターを配置し、日常的な健康管理や生活指導をし、軽い病気はファミリー・ドクターが解決する。そして、ファミリー・ドクターだけでは解決できないような病気や怪我は地域の診療所に任せ、それでも対応できない場合はさらに大きな病院に——というシステムを作ったのである。

もちろん、このような制度が機能するためには、医師や看護師を大量に養成する必要もあるし、また医療関係者の人件費を抑制する必要もある。その点、社会主義であるキューバではドクターであっても、事務職、あるいは工場労働者も給与は基本的に同じであるから、その実現は資本主義国よりはずっと容易であったのは事実だろう。

医療立国を目指すキューバ

この結果、今ではキューバは中南米諸国の中でも突出した医療水準を持つようになり、周辺国の難病患者などを積極的に受け入れる代わりに、たとえばベネズエラなどの産油国からの経済援助を受けるという互恵関係を構築することに成功したという。

だが、そこまでしてキューバがいわば「医療立国」をしようと考えたのには、単に有力な地場産業がないということだけではなく、やはり根底には草の根レベルでの医療体制を作り上げることで、キューバ社会全体の一体感、さらには幸福感を高めるという目的があったのではないかと思われる。たとえ病気になっても、あるいは老齢のために生活に支障を来すようになっても、社会から見捨てられることがないというのは、人間に大いなる安心感を与え、社会の安定性を増すのではないだろうか。

近年公開されたマイケル・ムーア監督のドキュメンタリー映画『シッコ』は、市場原理が幅を利かせるアメリカの医療制度のおかしさを批判した作品だが、そのアメリカの医療制度の対極にあるものとして取材対象に選ばれたのが、このキューバだった。

キューバの何十倍もの一人当たりＧＤＰがありながら、アメリカには国民皆保険制度がないために、中流の労働者であっても満足な治療を受けられない人がたくさんいる。中流の労働者たちは自前で医療保険に入っているが、保険会社の提示する保険料があまりにも高くて（とくに病歴のある人など）、保険に入れない人が数多くいるし、保険に入っている人でも、保険会社はあれやこれやの理屈を付けて、なかなか保険金を払おうとしないケースもあり、その結果、なかなか十分な医療サービスを得ることができないことが多いのである。

そういった、アメリカでちゃんとした治療を受けられない人たちを、映画の中でマイケル・ムーア監督はキューバの首都ハバナの病院に連れて行く。

もちろん、キューバにとっては国策宣伝になるからでもあろうが、これらのアメリカ人は外国人でありながら全額無料で高度な治療を受けることができる。作品の中では、彼らが感激する姿が紹介されている。

マイケル・ムーア監督のメッセージは明確である。

いったい、なぜ世界一の経済大国アメリカよりも、カリブ海に浮かぶ貧しい社会主義の小国のほうが、人々に高度な医療サービスを提供できるのか――近年、「救急難民」

などの問題がクローズアップされてきた日本人にとっても、このマイケル・ムーア監督の問いかけは実に重たいものを持っていると言えるだろう。

「国民総幸福量」を提唱したブータンの理念

このキューバと並んで、私にとって印象深かったのはヒマラヤ山脈にある立憲君主国ブータンの姿であった。

グローバル資本主義の流れの中で急成長した中国とインドに挟まれた小国ブータンは、一種の「鎖国状態」を維持していることで広く知られている。

キューバと同様、ブータンには農業のほかには産業らしいものは何もない。また資源といっても手つかずの森林資源と、ヒマラヤ山系から流れ出る水資源しかない。そこでブータンはもっぱら隣国のインドに、水力発電で作った電力を売ることで外貨収入を得ているのだが、これが「普通の国」ならば積極的に外資を誘致し、安い労働力を提供することで経済のグローバル化を図るところであろう。

ところが、ブータンはそうした資本主義化の道を歩むことをあえて拒否しているユニークな国家なのである。

たとえば、ブータンは先ほども記したようにヒマラヤ山系の中にあり、雄大な自然に恵まれている。またチベット仏教の寺院もたくさんあって、古くからの信仰が今なお生きている。

こうしたブータンを観光のために訪れたいと考える人はたくさんいるのだが、ブータン政府はあえて観光客を制限している。観光客が増えれば、それだけ外貨を稼ぐことができるわけだが、そうやってむやみに観光客を受け入れることは、ブータンの社会的な価値観に悪影響を与えたり、西洋流の浪費文化が入り込むことを嫌っているのである。そこで、ブータン政府は旅行者の入国に一定の条件を付けているのである。

たとえば、ホテルの予約もしないでいきなりこの国に入ろうとしても入国は許可されない。たいていの場合、ブータンに観光客として入るには、政府が指定した旅行業者を通じて、ホテルを予約してもらい、一泊につき二〇〇ドルを前払いしなければならない。バックパッカーなどのカウンターカルチャーがブータンの伝統的な文化と相容《あいい》れないという思惑もあるらしい。

このような入国制限があると聞くと読者の中には、北朝鮮のような国家を連想する人もあるかもしれない。しかしブータンは欧米資本に敵愾《てきがい》心や反感を抱き、時代に逆行するファナティックな専制国家なのではない。

たしかにこの国はつい先頃（二〇〇八年）に王制から民主制に移行した。それだけを聞くと、ブータンには反動的な王室があって、民主化運動が起きたのだろうと即断しがちだが、事実はまるで違う。むしろ開明的な王室が率先して国民を説得して、選挙制度を導入し、民主体制へ移行したという経緯があるのだ。

ところが、驚いたことに、国王の説得にもかかわらず、国民の九〇パーセントは政治の民主化に反対した。その理由は、次のようなものであったという。

自分たちは国王をお慕いし、敬愛している。そして、国王のために働いている。しかし、選挙によって選ばれた政治家が国王よりも良い政治をするとは思えないし、自分たちは、そのような人のために頑張ろうとは思わない。ぜひ、今までどおり、王制を維持していただきたい――これが多くの国民の声だったというのだから驚かされる。

だが、先ほども書いたように、ブータン王室はそういった多くの国民の反対を押し切って、国王主導で立憲君主制に移行した。

前章で書いたとおり、チャーチルは「民主主義は最悪の政治形態だ、これまでのすべての政治形態を除いては」と述べ、民主主義はあくまで次善の政治形態だと述べた、ブータンの王制はひょっとしたら民主主義を凌駕《りょうが》する政治形態であったのかもしれないと思うほどである。

では、なぜ世界中の人々が自己の利益を追求するグローバル資本主義の時代にあって、ブータンの人々は市場原理や西洋型民主主義から一定の距離を置く生き方をあえて選択するようになったのか。

それは一九七二年、当時の国王が「国民の幸福はけっして経済発展では測れない」という観点から、国民総生産（GDP）の追求よりも国民総幸福量（GNH、Gross National Happiness）の向上を目指すという国家理念を掲げ、その方針を多くの国民が支持したからに他ならない。

経済学では自然も社会も守れないわけ

ブータン国王が今から三十数年も前に「国民総幸福量」という概念を発表した、その先見性には驚かされてしまうが、しかし、数量で測定することが可能なGDPに対して、いったいGNHの尺度となるのは何なのか。人間の幸福の形を客観的な数値に換算するのはむずかしいし、そもそも「幸福とは何ぞや」という哲学上の解のない大問題が立ちはだかっている。

それではブータンの人々が考える「幸福」とは何か。私なりに要約してみれば、精神的にはチベット仏教に基づく伝統的な生活を守りつつ、それと同時に豊かな自然と調和して生きていく——これを言い換えるならば、ブータンの人々は資本主義の「市場」の中で生きていくのではなく、社会や自然とともに生きていくことを選んだということになろう。

経済学では、市場での経済活動が社会にもたらす影響のうち、金銭に換算できないものを「外部性」と呼ぶ。

たとえば、資本主義が発達して、消費生活がさかんになった結果、伝統的な生活習慣が失われたとする。伝統が消えたことはその社会にとっては損失ではあるかもしれないが、その損失を金銭で表わせないのであれば、それは経済学の対象とはならない。まさに「外部」性なのである。

こうした経済学が持つ限界が、今や世界中で伝統文化を破壊し、社会のつながりを破壊していると言ってもいい。

文化には「価格」はつかないから、文化的な価値を市場活動が壊していっても、それは経済的損失としてはカウントされない。文化損失のコストは計算できないから、どんどん伝統文化は破壊されてしまっても、経済学においては問題にされない。

本書で繰り返し述べてきたように近代経済学が想定する「世界」とは、合理性に基づいて自由意思で行動する「経済人」によって構成されるマーケットに他ならない。このマーケットは、「価格」のつく商品のみを取り扱う。

価格がつかないもの、たとえば文化伝統や自然環境といった「外部性」について、基本的に経済学は取り扱わないし、ましてや人々の心の荒廃などというのも、もちろん経済学の対象外である。たとえば「自己犠牲の精神」にしても、経済学が扱う場合には「利他的な行動をすることによって、その人が一定の利益を得るからであろう」という解釈に立つ。すべては利益、コストによって換算するのが近代経済学の基本なのである。

人間の豊かさよりも鶴との共存を選ぶ社会

このことを敷衍《ふえん》して言うならば、もし、資本主義社会において文化伝統を守りたいとか、あるいは自然環境を守りたいというのであれば、そういった運動が「利」を産み出す仕組みを作り出せというのが資本主義の論理なのである。

しかし、ブータンの唱えるGNHの思想ではそうした発想はない。

文化はそれ自体、重要なのであり、人々の幸福感と直結しているから大事なのだというのがブータンの考え方である。また、自然と調和のとれた生活をすることは、それ自体が金銭に換算できない価値があるのだから、自然を破壊することによって所得を増やす場合には慎重な判断が必要という考え方なのである。

つまり、たとえ経済的に豊かになれるとしても、それによってブータンの伝統社会が破壊されるのは望まないし、また他の多くの国々のように、人間の都合のために（つまり、ヒューマニズム〈人間中心主義〉に基づいて）自然を破壊するのも避けるべきであるというのが、ブータンのナショナル・ポリシーなのである。

実際、ブータンの憲法では森林面積が国土全体の六割を下回らないこと、また自然環境の維持や野生動物の生存を脅かすような商業活動・工業活動をすることが禁じられているのだが、こうした規定が単なる「スローガン」でないことは、近代国家としての必要不可欠なインフラである舗装道路や送電施設の建設であっても、それが豊かな自然を破壊することにつながるのであれば行なわないということにも現われている。

ブータンでは有名な話が語り継がれている。それは電気の通じていないある村に電気を通すODA案件が持ち上がった。たいていの国なら飛びつくようないい話である。

しかし、その村には昔から鶴が飛来してきて、巣作りをするという事情があった。もし電気を通すために高圧電線を張り巡らすことになれば、飛来してきた鶴がその高圧電線に衝突し、鶴は巣作りのためにこの村には来れなくなるのではないかという議論が巻き起こった。結局、村人たちは「それでは鶴がかわいそうだ」と考えて、村に電気を通す計画を撤回してもらうことにしたという。電気のある文化的な生活よりも、鶴との調和的な生活を選択したということになろうか。それのほうが、GNHが高いということなのである。

といっても、先ほども述べたようにブータンはけっして近代科学や近代文明を否定した宗教的な反動国家などではない。

すでに述べたように、ブータンは水力発電所を建設し、そこから供給される電気をインドに売っているし、また高山に生息する貴重な薬草なども輸出していて、そこで得られた外貨によって、ブータンは「必要に応じて」国内インフラを整備している。しかし、先ブータンの人たちが大切だと感じる社会的な価値を壊す恐れのある社会インフラは、先進国から無料で提供されるものであっても拒否するだけの明確な価値観があるのである。つまり、ブータンでは自然環境の保護が経済に優先する課題であるわけだ。

したがって、ブータンでは国内全土に送電線や電話線を張り巡らせることはできないし、原始林を切り開いて産業道路を造ることについても慎重な態度をとっているわけだが、その代わりに、ブータンでは積極的に太陽光発電が導入され、また通信網についても衛星通信や携帯電話が活用されている。その意味では、むしろ諸外国よりも先進的な部分が少なくないとも言えるわけである。

さらに、このような社会的インフラを建設するにしても、ブータンではチベット仏教を中心とした文化伝統、農業を中心とした産業構造を維持するのが優先であるから、建設や工事にブータン人を雇うことは極力避けている。そのようなことをすれば、現金収入を求めて離農する人々が増えて社会構造が変わってしまうという考えから、そうした「3K労働」はインド人の出稼ぎ労働者に任せるというしたたかさぶりなのである。

アジアで最も幸福な国

このようにブータンでは市場原理、経済効率性よりも社会や伝統、あるいは自然環境を維持することを優先する政策が行なわれているわけだが、これに対してブータンの人々はどのように感じているのであろうか。

そこで驚かされるのは、このような施策がかならずしも国王や政府によってトップダウン式に行なわれているわけではないことである。

たとえば、ブータンには自動車道路が走っていない地域がいまだにあるのだが、そうした地域はけっして政府から見放され、取り残されているわけでもない。むしろ、自動車道路ができることによって生態系が壊されたりすることで、伝統農業が続けられなくなったり、あるいは先述のとおり、鶴が生息するような貴重な自然が失われることを地元の住民が恐れて、自主的に建設を取りやめたという例がいくつもあるというのだから驚かされる。

また、国民は昼間は原則、民族衣装を着ることを義務付けられている。また、喫煙は全国的に禁止され、同時に、仏教を手厚く保護している。

経済優先ならどんどん、国民に新しい洋服を買わせたほうが良いに決まっているし、宗教についても、世俗化をするほうが経済発展のためには望ましい。だが、ブータンという国では、経済的な豊かさを追求する前に、自分たちの文化的伝統を守るということが「国是」になっているのである。

しかしながら、いかに理念は立派であっても、当の国民がいやいやながら国王の方針に従っているだけで、彼ら流の幸福を実感していなければ意味がない。幸福度や満足感を数値化するのはなかなかむずかしいことであるのだが、ここに注目すべき統計がある。

イギリス・レスター大学が発表したレポート（Adrian G. White, University of Leicester "*A Global Projection of Subjective Well-being*", 2006）によれば、さまざまな指標を使って、世界の人々の「幸福感」（主観的な充足度）を国ごとに調査したところ、福祉の行き届いた北欧諸国に並んで、ブータンは世界全体で八位、アジア圏ではなんとトップという結果になっているのである（ちなみに、この統計によれば日本人の幸福感は世界で九〇位という結果に終わっている）。

実際、私自身がブータンを訪れて街頭などで人々にインタビューしてみると、現在の生活に満足しているという答えがほとんどなのには驚かされた。ブータンは文化伝統の保護を重視しているとは言っても、マスメディアもちゃんとあるし、インターネットを使う人たちも増えている。したがって人々は先進国の情報にもそれなりに通じている。たとえ多少不便で、他国よりも物質的には豊かではない生活を送っていることを知っていても、欧米や日本の物質文明を追いかけるよりも、伝統的なブータン社会の生活を守るほうがいいと考える人がそれだけ多いのである。

もちろん、こうした社会的コンセンサスが生まれるうえでは、国王みずからが国民にGNHの精神を説いて回るという、地道な努力をしたことは大きいだろう。しかし、すでに述べたとおり、国王の肝煎《きもい》りで君主制を廃して、立憲制度に移行したことにも現われているように、あくまでも「国民の総意」という形で独自の政策を推進している点で、ブータンの政策を支持・評価する人は世界的にも多い。

ブータンは人口六〇万人ちょっと、面積は四万七〇〇〇平方キロ、しかもそのほとんどは高山という、まさに文字どおりの小国にすぎないわけだが、その存在感は現実の領土や経済力よりもずっと大きい。この点、キューバが自国の医療制度を積極的に世界にアピールし、ことに中南米の患者を無料で治療したりすることで、世界に大きな存在感を与えていることにも通じる部分があると言えるだろう。

もっと即物的な言い方をするならば、ブータンやキューバは独自の存在感をアピールし、国際社会において支持者を増やすことで、ソフトな国家防衛をしているとも表現することができる。こうした国家を侵略したりすることは、国際社会の反発を招くことにもなりかねないわけだから、周囲の大国とても行動に慎重にならざるをえないというわけだ。そう考えると、彼らの国家戦略の「したたかさ」には脱帽せざるを得ない。

資本主義が破壊する「社会のつながり」

さて、話が長くなってしまったが、こうしてキューバやブータンの人々の生活ぶりに直接触れたことで、私はマーケット・メカニズムに任せておけば世の中は良くなるという単純な改革思想には大きな疑問を抱くようになった。小泉内閣の「改革なくして成長なし」というスローガンにも素直にうなずくことができなくなってしまったのである。

たしかに資本主義は人類に富と繁栄を用意したかもしれない。しかし、そうした資本主義の進歩は同時に、人間同士のつながりや文化伝統、さらには私たちの生存そのものを支える自然環境をも破壊しつつある。そして、グローバル資本主義の時代に入って、その傾向には拍車がかかる一方である。

インターネットによって、たしかに「地球は一つ」になった。しかし、それは単にグローバルな規模で情報のやり取りができるようになっただけのことで、人間同士のつながりはかえって稀薄なものになってしまったのではないか。

ネットの発達で、フェイス・トゥ・フェイスのコミュニケーションの必要がなくなったことで、地域コミュニティの持つ意味はどんどん軽くなっている。ボーダレス時代になり、国境をヒトやモノが自由に超えられるようになったことで、国家の存在感もどんどんなくなりつつある。たしかに、このようなグローバリゼーションの進展はある意味で、人間を「自由」にしているのかもしれない。しかし、それは同時に人間と人間との連帯、社会のつながりを喪失させることになってはいないだろうか。

事実、格差社会の拡大によって、一握りのリッチな人々とワーキング・プアとでは、文字どおり「住む世界」が違う時代になってしまった。かたや日雇い派遣労働などをしながらネットカフェや個室ビデオで寝泊まりする人がいる一方、気軽に何百万円もする腕時計やジュエリーを買う人たちがいる。この両者の世界が重なることは、ほとんどないというのが実情だろう。

　このような現代資本主義の実態を見るときに「はたして資本主義イコール進歩」と軽々しく信じていいものだろうか。資本主義は本質的に暴力性を持ったものである。そして、このモンスターを上手に手なずけないかぎり、資本主義は社会を破壊し、人間という社会的動物の住む場所を奪い取っていく——その事実を我々は改めて認識する必要があるのではないだろうか。

痛烈な資本主義批判をしたポランニー

　資本主義批判と言うと『資本論』を書いたカール・マルクスを連想する人が圧倒的に多いだろう。たしかにマルクスは古典派経済学を鋭く批判し、資本主義には根本的な矛盾があると指摘した思想家であるが、ここで私が紹介したいのはカール・マルクスではない、もう一人の「カール」である。

　そのカールとは経済人類学の創始者の一人であるカール・ポランニー（ポラニーとも）である。

　ポランニーは一八八六年、ウィーンに生まれ、ハンガリーのブダペスト大学で学び、一九三三年、ファシズムから逃れるためにイギリスに渡り、第二次大戦後にはアメリカのコロンビア大学に招かれたという略歴を持つ人だが、そのポランニーは第二次大戦中に『大転換』（カール・ポラニー『大転換』野口建彦／栖原学訳・東洋経済新報社）という注目すべき著書を書いている。

この大著の中で、ポランニーが繰り返し強調しているのは「資本主義とは個人を孤立化させ、社会を分断させる悪魔の碾《ひ》き臼《うす》である」ということである。

「悪魔の碾き臼」とはなんともセンセーショナルな表現だが、ポランニーはけっして「鬼面、人を驚かせる」ためにこのような言葉を使っているのではない。私たちが当たり前だと思っている市場経済、あるいは貨幣経済というのは、本来、人類の歴史の中ではごく最近になって登場した「特異なシステム」であり、人間が本来持っている社会的動物としての側面を破壊するものだというのが、ポランニーの指摘なのである。

このようなことを書くと「近代資本主義が発達する以前から貨幣はあったし、市場での交易もあったではないか」という反論がただちに起きるであろう。たしかに、その反論は間違いではない。ポランニーとて、貨幣や交易が有史以来行なわれてきた事実は認める。

しかしながら、ポランニーは歴史的な事実を引き合いに出しながら、貨幣や交易といったものが必要とされたのは、あくまでも異なる経済圏が接する「周縁部」でのできごとであり、たとえば農村などの日常生活においては、農民は貨幣など使わない暮らしをしていたと指摘している。たしかに、これはそのとおりである。

現代流にいえば「地産地消」の生活をしている中世の人々にとっては、貨幣などはめったに必要がなかった。税金や地代は農産物や労働力で納めていたし、生活に必要な物資は自前で作るか、おたがいに融通しあえばよかった。本当に貨幣が必要だったのは、たとえば遠い中近東やアジアから来た珍しい物産を、時折訪れてくる行商人から買うときくらいであったわけで、「交易」も「貨幣」も非日常の出来事であったというのが彼の指摘である。

経済学では「価格は多くの人たちが参加する日常的な市場取引の中で需要と供給がバランスするように決定される」と説くわけだが、そもそも、そうしたマーケットそのものが近代以前には特異な現象であって、日常的にはほとんど存在しなかった。私たちは古代エジプトやバビロニア、あるいは隋《ずい》や唐《とう》といった古代にも、現代流のにぎやかなマーケットがあったかのように考えてしまいがちだが、それは現代の常識を過去に遡《さかのぼ》って当てはめているだけにすぎないというのが、経済人類学者たるポランニーの指摘なのである。

これは言われてみれば当然なことで、たとえば江戸時代の農民たちを考えてみても、彼らはほとんど貨幣とは関係のない生活を送っていたに違いない。現代日本でさえ、人里離れた田舎暮らしをしている人たちの中には、ほとんど現金を使う必要がない生活を営んでいるケースがあるが、近代資本主義が成立する以前の農村部では、現金でモノを売ったり買ったりする必要はほとんどなかったのである。

たしかに江戸時代、大坂などでは米会所《こめかいしょ》があってコメの先物取引なども行なわれてはいたが、そうした商業活動は全体から見ればひじょうに限られたものであった。商業活動の行なわれていた都会があった一方で、貨幣や交易とは無縁な農村社会もあったのが江戸時代の日本であり、地方の農民まで現金を使うようになったのは明治以後、つまりポランニーの言うように、近代資本主義が成立してからの話である。

日本の場合は、明治になって地租改正が行なわれた。この結果、それまで物納だった地代を今度は税金として、貨幣で国家に納めることになったから、農村でも貨幣が必要になってきたという事情がある。それ以前の農村には、貨幣はほとんど存在しなかったし、したがって貨幣を媒介とする交易もなかったというわけだ。

なぜ、市場経済は人々を不幸にするのか

さて、「現代人は経済学者をはじめとして、マーケット・メカニズムをまるで自然現象のように考えているが、実はマーケットそのものが歴史的に見ればひじょうに特異な、新しいものなのだ」というポランニーの指摘は、それだけでも傾聴に値するが、そこからさらに踏み込んでポランニーは著書『大転換』の中で、近代資本主義そのものに対して重要な批判を行なっている。

ポランニーの所論を簡単に要約すれば、次のようになる。近代になって登場した市場経済はやがては資本主義経済になっていくが、この資本主義の発展の中で人間は本来、交易の対象としてはいけないものに価格を付け、取引を行なうようになった。実はこれこそが市場経済が「悪魔の碾き臼」となって社会の仕組みを歪ませ、最終的には人間性をも破壊してしまう決定的な要素になった。これがポランニーの主張のきわめて重要な部分である。

では、いったい何を取引することが市場経済をおかしくしたのか――それは「労働」、「土地」そして「貨幣」そのものの取引であると彼は言う。本来、これらの三つのものは商品として扱われるべきものでなかった。言うならば「禁断の商品」であったのに、近代の資本主義ではこれらを市場で取引するようになった。それがすべての間違いの始まりであったというのである。

たしかに、現代の経済では労働や土地、あるいは貨幣を取引の対象にすることが当然のこととされている。

経済学で「労働市場」と表現するように、私たちの提供する労働には賃金という名の価格が付けられている。また、およそ近代国家であるならば、その領土の中で「誰のものでもない土地」は存在しない。そして、あらゆる土地には価格が付けられ、取引されている。また、貨幣についても、いまでは一般の人々でさえ為替取引を行なっているし、また有価証券などの金融商品は、一種の「疑似貨幣」として大規模に取引されている。したがって、ポランニーに「労働や土地、貨幣を商品にしたことが間違いの始まりである」と言われても、多くの人は「それのどこがいったい悪いのか」と戸惑うに違いない。

そこでさらにポランニーの説明を聞いてみると、彼はこのように語っている。すなわち、「そもそも商品とは何か。商品の本質とは何か。それは再生産が可能であるかどうかにかかっている」というのである。

すなわち、市場で商品が取引されるためには、もし、その商品に価格がついて売れたときに、それと同じものを再生産できることが暗黙の前提になっている。売り切れたときに同じものが二度と作れないというのであれば、それは「商品」になりえないというのがポランニーの定義なのである。なるほど、たった一回の取引しか行なわれない商品では、少なくとも相場の形成はありえまい。ポランニーの言うことには道理がある。

「労働の商品化」が問題の始まり

さて、ポランニーはそこからさらに議論を進めて、現在の我々が労働を「商品」として売っていることは大きな勘違い、間違いであるとする。

現代人は会社に対して労働力を提供し、その対価として月給や時給という形で報酬を得ている。給与というのは労働力の対価であるわけだが、このような形で労働力を売り買いするようになったのは、きわめて近代的な現象である。

それ以前の人間もたしかに「労働」はしていた。しかし、彼らは労働力を売ることで生活の糧《かて》を得ていたのではない。

たとえば、農民は自分が耕して育てた農作物によって、漁師は自分が網で捕らえた魚によって、生計を立てていた。町の鍛冶屋は刀を作ることによって、商人は自分が仕入れた商品を売ることによって稼いでいた。つまり、何らかの「商品」を売ったり作ったりすることで、近代以前の人は現金収入を得ていたわけである。

これに対して、近代以後の労働者は何かを作り、それで得た報酬で生きているか――もちろん、そうやって稼いでいる人もいるが、多くの人間は違う。工場労働者にしても、サラリーマンにしても、一日八時間、あるいは一〇時間、一二時間と割り当てられた仕事をすることによって、給料を稼いで暮らしを立てているにすぎない。つまり、現代の労働者は一定の時間を会社や工場に差し出すことで暮らしているわけである。

そこでポランニーは言う。

我々の得ている賃金とは自分の人生を切り売りして得たものにすぎない。だが、はたして時間は再生産できるだろうか、人生は再生産できるだろうか？――もちろん、そんなことはできない。人間は一回きりの時間、一回きりの人生を過ごしているのである。

そのような一回限りの瞬間を商品として売り買いするというのは、実に非人間的なことであり、倫理にもとることではないか、とポランニーは痛烈な批判を行なうのである。

さて、ポランニーによれば、このように労働そのものが商品として扱われるようになったのは、近代に入って産業革命が起きてからのことであるという。

ご承知のとおり、一八世紀のイギリスで産業革命が起き、それに伴って近代資本主義が誕生すると、ロンドンやリバプールなどの都市部で近代工業が発達するようになった。綿織物に代表されるさまざまな工場が作られるようになると、そこには農村部からたくさんの労働者が働くようになった。彼らの多くはエンクロージャー（土地囲い込み）運動によって土地を奪われたかつての農民のなれの果てであったわけだが、こうした人々が現金収入を求めて都市に大量に流れ込み、非熟練労働者になることで、はじめて「近代社会」が生まれたわけである。これらの土地を奪われた労働者たちは耕す土地を持っているわけでもないし、職人としての技術を持っているわけでもない。カネを得るための手段は、工場に通ってそこで一日、自分の人生を切り売りする以外に方法がなかったのである。

このような労働者の大量出現は人類史上初めての現象であり、これに象徴される近代社会の成立をポランニーは「大転換」（Great Transformation　彼の主著のタイトル）と呼んでいる。といっても、彼は他の知識人とは違って、こうした近代社会への出現をけっして「進歩」や「発展」と賛美するのではない。むしろ、こうした資本主義体制の出現こそが人間に不幸をもたらしたと考えるわけである。

では、その不幸とは何か——その象徴が「失業」であり、「貧困」であったのだというのがポランニーの考えである。

資本主義が貧困を産み出したわけ

もちろん、近代社会の成立以前にも貧困がなかったわけではない。しかし、近代になって生まれた貧困は、かつての貧困とはまったく質的に異なるものであった。

というのも、たしかに中世の農民たちも豊かとは言えない立場にあったわけだが、しかし、彼らには少なくとも耕すべき土地があったし、飢饉で食べ物がなくなれば野や山に食料を採集に行くことができた。さらに困窮すれば移住という手もあった。

だが、近代イギリスに登場した工場労働者にはそのような可能性さえない。彼らは雇い主からいつ首を切られるか分からず、いったん失業してしまえば、ただちに生活に困ってしまう。手持ちの現金がなくなっても田舎ならば何とか食いつなげるかもしれないが、都市の住民は現金がなければ死んだも同じである。

さらに悪いことに、近代的な都市ができた当初は、まだキリスト教会、あるいは行政当局が貧民救済の活動を行なっていた。しかし、こうした事業もアダム・スミス流の経済思想が普及して、市場原理主義が「常識」になると、「貧しいのは本人の責任であって、慈善事業などで助けることはかえって甘やかすことにつながる」ということから、貧民救済に対する風当たりは強くなっていく。

イギリスでは一六世紀以来、「救貧法」と呼ばれる法律によって貧民救済が行なわれていたのであるが、近代資本主義の成立によって批判にさらされるようになった。一七世紀後半には悪名高い「労役場 Working House」と呼ばれる施設が作られ、ここに収容された貧民は自由を奪われた生活の中で、強制的に働かされることになった。外出すら許されない、牢獄並みの環境で無理矢理に働かせることが「救済」と称されたのである。

さらにこれが一八三四年になると「新救貧法」が制定されるに至る。この法律では「貧困は個人の道徳的責任」と定義されたばかりか、行政は失業者を救済はするものの、その状態は「最も貧しい労働者以下にとどめなければならない」という規定まで作られた。

これでは何のための貧民救済か分からない。新救貧法の助けを受けたとしても、少しも生活は楽にならないからである。そればかりか、この法によって行政の救済対象になることは人権を失うことに等しく、一生を貧民として暮らすことを定められたようなものだった（ちなみに、この法律はなんと一九四八年まで廃止されなかった）。

かくして、チャールズ・ディケンズが『オリヴァー・ツイスト』で描いたような、そしてマルクスが『資本論』の中で憤ったような、ロンドンの悲惨な貧民街は生まれてきた。ここでは一〇歳にもならぬ子どもでさえ、一日一八時間もの労働をさせられ、働けなくなった人間はそれこそ汚辱の中で死んでいくしかなかった。

大著『大転換』の中でポランニーは、このような歴史的事実を述べつつ、「そもそも、こうした悲惨な貧困の原因は、労働力、すなわち人間の生活さえも商品としてしまった資本主義のメカニズムにあるのだ」と指摘している。

資本主義の下においては、人間もただの商品として取引される存在にすぎなくなった。マーケット原理の中では、人間の尊厳などはしょせん「外部性」にすぎない。資本主義は社会を破壊し、人間から自尊心を奪う悪魔的な力を持っているとポランニーは言うのである。

かくして、「労働の商品化」が人間から仕事の喜びを奪っていった。労働者は自分がしている仕事の意味を理解することなく、ただ、苦役としてひたすら耐えなければならなかった。人間は仕事から疎外されたのである。資本主義社会における「人心の荒廃」はこのあたりに根源的な原因があるといわなければならない。

土地は誰のものか?

かくして市場社会の形成、そして資本主義経済の発展によって、人間の尊厳は奪われるようになったわけだが、その害悪はそれだけにとどまらなかった。ポランニーは「市場経済の中で土地が売り買いされるようになったことで、社会的つながりが破壊されるようになった」と指摘している。

そもそもポランニーに言わせれば、土地は売れたからといって再生産できるものではないのだから、本来、商品として取引されるべきものではなかった。土地は有限なものであり、しかも、人間は土地なくして暮らしていけない。土地は生活の基盤であり、社会の土台になるものである。

だから、近代以前においては土地は商品として売り買いされることはなかった。ヨーロッパ中世の領主や国王が持っていたのは、その土地における徴税権であったにすぎず、土地そのものを所有していたわけではない。

これは江戸時代の日本においても同じである。五〇万石、一〇〇万石という言い方が示すように、幕府や各藩が持っていたのは農地が産み出す収穫物に対する徴税権にすぎず、所有権は持っていなかった。だからこそ、幕府は国替えと称して、自由に各大名の支配地を変えることができた。大名は領地の所有者ではないのだから、それを取り上げられても文句は言えないのである。

これは都市の土地についても同じことであり、大名の江戸屋敷でさえ、それは幕府から使用を割り当てられているだけのことにすぎなかった。土地は公のもの、天下のものであるという意識は洋の東西を問わないものであったわけだ。

だが、こうした土地に対する意識は近代の成立とともに崩壊する。

たとえば、フランスにおいては、ナポレオンが制定した近代民法（ナポレオン法典）の中に初めて土地の売買に関する規定ができた。それをきっかけにして、土地は「個人の私有財産」であるという思想が急速に一般化していく。

日本の場合においても、明治維新になって土地は公のものから私有物になった。先にも触れたが、その出発点となったのは一八七三年（明治六年）に行なわれた「地租改正」である。地租改正は一般的には、農地に対する課税が物納から金納になったのだと説明されたりするわけだが、もっと革命的であったのは、地租改正によって日本中の土地の「所有者」が公式に確定したということである。

しかし、こうした土地の私有財産化は時代の要請でもあった。

なぜならば近代資本主義とは、土地を自由に使用できなくては成立しないからである。たとえば「土地はご先祖からの預かりものである」とか「神様から与えられたものである」と考えるのであれば、農地を人間の都合で勝手に他人に売ったり、あるいは用途を変えるわけにはいかない。また、農村には共有地として使われている土地や林があったりするが、これも所有者がはっきりしないのでは再開発のしようがない。だからこそ、資本主義を発展させるためには、土地は個人の所有物であり、それをどのように使用・処分・契約しても、何の制限もないという体制に移行する必要があったのである。

土地私有化が社会や環境を破壊した

だが、こうした土地の私有化と商品化は何をもたらしたか――。

すでに述べたが、イギリスでは一八世紀から一九世紀にかけて「エンクロージャー」(囲い込み)運動が広がった。近代資本主義の成立に伴って、それまでの小規模な農業から大規模農業への転換が求められるようになったのだが、そこで大資本家たちが土地をどんどん買い上げ、そこに暮らしていた農民たちを追い立てた。

この結果、住む土地を失った農民は都市に流入せざるをえなくなり、工場労働者になったが、ポランニーは「ここにおいてイギリスの伝統的な社会は解体され、人々のつながりは失われるようになった」と批判する。

ポランニーによれば、人間は集団生活、定住生活を送るようになったからこそ、文明や文化を発達させることができたのだという。つまり土地と人間が結びつき、そこに地縁が生まれたことで人間らしい文化や文明が生まれたというわけである。

だが近代資本主義の出現によって、人間は文化の基礎となる土地を商品として売買するようになってしまった。これでは必然的に土地と人間の結びつきがなくなり、社会的な連帯が失われて、文化そのものも破壊されてしまう。かくして、近代の人間は不幸になったというのである。

こうしたポランニーの指摘は、現代では当たり前になった核家族や、地域コミュニティの崩壊などの問題を先取りしたものだと言えるわけだが、それとともに、近代資本主義が土地を私有物であると考えるようになったことが今日の環境問題をもたらしたことも強調しておきたい。

そもそも近代法における私有財産制度は、すでに述べたように使用・処分・契約の自由に基づいているとされる。つまり、所有者はそれをどのように使い、処分しても誰にも妨《さまた》げられないし、誰に売ったり、貸したりしようとも自由であって、それを国家や権力者がみだりに干渉してはいけない——これこそが近代民法の大前提である。

たしかに、このような私有財産の思想が近代社会を産み出したことは間違いない事実ではある。だが、こうした思想はそのまま「自分のものなら何をしようともかまわない」という考え方につながる。そして、土地さえも私有財産で、どのように使おうともかまわないとなれば、そこに生えている木を勝手に伐採しようともお咎めがあるわけではないし、そこを流れる川に何を捨てようともかまわないという話になる。また、地面の下の石油や石炭といった資源もまた「私有物」として勝手に処分・売買してもいい。豊かな森林を破壊し、海辺を埋め立てたとしても、それは立派な経済活動であり、誰の妨害も受けないという理屈ができてしまうわけである。

実際、今、地球上のあちこちで起きている猛烈な自然破壊、環境汚染は他ならぬ人間の経済活動、営利追求が産み出したものだ。「経済人」としての人間が利益を最大化するためには、自然を破壊しても許される――このような発想が生まれ、それが実践に移された原点には土地私有の自由化があるといっても、それは大袈裟ではないだろう。

環境問題については後でも触れるつもりだが、限られた自然や資源を市場原理に任せて売買することが可能だと考えたことに「近代人の傲慢さ」が現われているとするポランニーの指摘は、今こそ傾聴に値すると言えるのではないだろうか。

マネー・ゲームの愚

さて、ここまで労働力、土地の商品化に関するポランニーの論議を略述してきたわけだが、「貨幣」の商品化にまつわる問題についても簡単に述べたいと思う。

ここまで読み進められた読者にはすでに自明なことであろうが、ポランニーの思想に立てば、貨幣を商品として取引する近代資本主義のあり方は、取引における交換の手段にすぎない貨幣のあり方を根本的に歪めるものに他ならない。

貨幣とは単なる記号、シンボルであり、取引における道具（ツール）にすぎないのに、その貨幣があたかも商品のごとく市場で売り買いできるとするのは、まさに虚妄に他ならない。現代流に言うならば、まさにそれは「マネー・ゲーム」に他ならず、実体の伴わない投機そのものであるというわけだ。

それでも資本主義経済の初期においては、まだ貨幣は金《きん》に裏打ちされていた。つまり、それぞれの国が発行できる紙幣は、その国が保有している金の総額と対応していて、紙幣を銀行に持っていけば、それに相当する価値の金を手にすることができたわけである。これを金兌換《だかん》制度、金本位制と言う。

もちろん、この金にしても土地と同じく自然のもの、限られた資源であって、これを取引することは大きな矛盾を伴いかねないわけだが、しかし、それでもまだ金本位制が機能しているうちは、貨幣が独り歩きすることに対しては一定の制約条件になっていたと言えるであろう。

ところが資本主義という「悪魔の碾き臼」が回転しはじめるようになると、こうした金本位制では対応しきれなくなってしまった。二〇世紀初頭、第一次大戦の直後には金本位制を一時的にせよ停止する国家が次々と現われてきた。膨れあがった戦費を支払ううえで、金との兌換を維持することが不可能になったからである。それでもいったんは金本位体制は立て直されるのだが、今度はアメリカ発の大恐慌によって、ふたたび金本位制は停止されるわけである。

こうやってみていけば、大恐慌に続いて起こった第二次大戦とは、大混乱に陥った世界経済を再編するための戦いであったとも定義できるわけだが、戦前の反省を踏まえて大戦後には金本位制の理念を採用したＩＭＦ（国際通貨基金）体制が作られることになった。

しかし、このＩＭＦ体制も長くは続かなかった。一九七一年にアメリカが金との兌換を停止したことをきっかけに、各国が自由に貨幣を発行できる管理通貨制度に移行してしまったからである。

かくして貨幣はもはや金の裏打ちさえもない、実体のないシンボルになってしまっているわけだが、そのシンボル、あるいは記号をめぐってマネー・ゲームが繰り広げられるようになった。ことに二〇世紀末に金融工学が実用化されるようになると、ますます為替取引、証券取引は複雑怪奇なものになっていった。

そして挙げ句の果てには「サブプライム・ローン」などといういかがわしい商品までが作られるようになり、ついにはアメリカ発の金融恐慌が起きるようになったというわけだ。貧しい人たちに言葉巧みに不動産ローンを貸し付け、それを小口に分割して証券化するというのは、まさに「悪魔の知恵」に他ならない。近代人は貨幣を商品化することによって、まさにパンドラの箱を開いてしまったのである。

ブータンやキューバの「幸せ感」

労働・土地・貨幣の「商品化」こそ、資本主義制度の根幹であり、それが人間社会に「人間の労働からの疎外」「自然環境破壊」「マネー・ゲームと投機」をもたらしたことを詳しく見てきたが、読者は、本章初めに見たブータンやキューバが「牧歌的」であり、人々が陽気で明るいのは、まさにこれら弊害があまり出ていないためであることに気づかれたことであろう。

もちろんこれらの国々でも、大なり小なり、資本主義体制の影響を受けてはいる。しかし、その程度はまだきわめて原始的なレベルにとどまっており、人々の精神を荒廃させ、環境を著しく破壊し、投機的な金融取引がはびこるところまではいっていない。キューバでは誰でも、職業のいかんにかかわらず同じ給料という信じられないルールが依然として実践されている。

もちろん、規制の裏には規制をかいくぐるさまざまな工夫があり、不正もないわけではないが、人々は自分がしていることの意味は少なくても承知しているように見える。

ブータンは見たところ、恐ろしく平等な国である。国王が乗っている車はトヨタのランドクルーザーであり、住居はログハウスである。だから、国民が国王など支配階級に搾取されているという感覚はおそらくきわめて希薄なのではないだろうか。

土地については、キューバでは社会主義国だから私有はかなり限定されているはずであり、多くの資本主義国のように、私有した土地を思いのままに変形し、景観に大きな影響を与えるということはない。ブータンの自然保護の姿勢については先に詳述したとおりであり、土地という公共資産をみだりに処分したり、環境破壊してしまうようなことは許されていない。貨幣についても、もちろん両国とも貨幣経済ではあるが、投機的な貨幣の取引はほとんどないと考えてよい。

つまり、ブータンやキューバに行って、これら両国が社会的に疲弊していないこと、人心が荒廃していないこと、環境破壊がないことなどに私たち先進資本主義国の人間が感動させられるのは、これらの国がいまだにグローバル資本主義体制に組み入れられていないからに他ならない。もっと正確にいうと、マーケット・メカニズムと民主主義という近代社会の制度をまだ本格的に導入していないために、それらが人間社会にもたらす制度的問題を経験していないためである。

そのため、彼らの生産性は低い。所得も低い。家屋も自動車などの現代的商品もきわめて貧弱である。しかし、彼らは陽気で楽しげであり、人を欺《あざむ》こうといった卑しさがない。

しかし、歴史を逆行させることはおそらくできないだろう。資本主義社会にどっぷりと浸かり、その矛盾を嫌というほど経験している人間であっても、近代化の過程で獲得した「自由」を手放すことはできないし、しないだろう。しかし、人間が手にした「自由」は放置すればモンスターとなり、我々を脅かす。したがって、我々がやらなければいけないことは明らかだ。このモンスターを「手なずける」ことである。

第一次大戦がヨーロッパ人に与えた衝撃とは

さて、ここまで見てきたようにポランニーはその著書『大転換』の中で、今の私たちが生きている市場主義の世界、資本主義の世界が人類の歴史から見ればきわめて特異なものであることを豊富な実例を挙げながら、説得力豊かに説いているわけだが、彼が同書を執筆したのは、第二次大戦中のことである。

この事実がはしなくも示しているように、ポランニーが資本主義を「悪魔の碾き臼」にたとえて批判したのは、人間不在、社会不在の市場経済を野放しにしたことによって、二度にわたる世界大戦が起きたのではないかという問題意識があったからに他ならない。

一般的には近代文明とは人間理性が発達した結果、生まれたものであると考えられてきたし、今でもそう信じている人は少なくない。宗教がもたらす迷妄から自由になり、数学や物理学に象徴される近代科学の力を得たことで、人間社会はかつてない発展をし、人類は進歩した――こうした考え方は、ことに二〇世紀初頭までのヨーロッパの知識人の間には強かった。何しろ、西欧文明は世界中に広がり、白人の行くところ、敵なしであったのだから、そう信じるのは当然のことであった。

さらにヨーロッパでは一九世紀初頭のナポレオン戦争以来、大きな戦争は一度も起きていない。国際関係においても、すべては理性的な外交交渉によって解決できる「平和の時代」が来たと誰もが信じていたわけである。

ところが、そうしたヨーロッパ人の自信は、一九一四年に勃発した欧州大戦で深刻な打撃を受けた。

近代化・文明化した西洋においては、もはや大戦争など起きないと思われていたのに、オーストリア皇太子に対するたった一発の銃弾が引き金になって、ドミノ倒しのように欧州全土で戦争が起きてしまった。しかも、その戦争は当初半年もあれば決着が付くだろうと言われていたのに、戦線は膠着《こうちゃく》し、毒ガスや化学兵器の使用によって悲惨な死傷者を数多く出すことになった。ヨーロッパの繁栄そのものも大戦によって大きな打撃を受けたのは言うまでもない。

このような状況を目の当たりにして、ヨーロッパの知識人の中に「はたして我々の文明のあり方は正しかったのか」と自問自答する動きが生まれることになった。

「市場経済は平和と自由を作り出すことはできない」

そうした中で発表された著作の一つが、第一次大戦後に発表されたシュペングラーの

『西洋の没落』（一九一八～二二年）である。その題名が示すとおり、西洋文明の限界を考察した彼の本は当時のベストセラーになった。けっして平易な本でもないシュペングラーの本がベストセラーになるというのは、それだけヨーロッパ人の危機感が強かったことを示している。第一次世界大戦のさなかに起きたロシア革命（一九一七年）に対してヨーロッパに広い共感が生まれたのも、従来の社会体制に対する強い反省の感情が蔓延していたからに他ならない。

さらにヨーロッパ人の合理性神話に対して、大きな疑問を投げかけたのが、物理学における「不確定性原理」（ハイゼンベルク、一九二七年）、論理学における「不完全性定理」（ゲーデル、一九三一年）であった。知性をいかに研《と》ぎすませても、人間はすべてを知りえないということが証明されたことは衝撃的な事件でもあったのだ。

だが、このような反省にもかかわらず、ふたたび世界大戦が起きることになった。ウィーンに生まれ、ハンガリーで学び、第一次大戦を目の当たりにし、その後はファシズムから逃れてイギリス、さらにはアメリカに移住することになったポランニーにとって、「なぜ、このような惨禍が二度も起きることになったのか」という問題意識は強烈なものであったに相違ない。だからこそ、大戦のさなかにあって彼は『大転換』という大著を執筆し、そもそもの原因は市場原理にあったのだということを警告しようと考えたのではないだろうか。

ポランニーは実際、次のように書いている。

「自由も平和も、市場経済のもとでは制度化することができなかった。というのは、市場経済の目的が平和や自由を創造することではなくて、利潤や繁栄を創出することにあったからだ」（ポランニー前掲書、四六〇ページ）

まさに卓見と言うべきであろう。

なぜポランニーの警告は忘れられたのか

だが、残念なことにポランニーの警告はその後、活かされることなく現代に至ったと言わざるをえない。

今、世界では深刻な金融危機が広がり、社会の分裂も進んでいるが、これはまさにポランニーの言う「悪魔の碾き臼」の破壊力がもたらしたものだと言うべきだろう。我々は市場主義、資本主義というモンスターを放し飼いにしてしまった。そのツケが今、回ってきていると言っても過言ではあるまい。

しかし、そこで「素朴な疑問」が生まれてくる。

なぜ二度の惨禍を経ながらも、人類は、ことに西洋社会は資本主義原理に対して根本的な見直しをしようとしなかったのか。

シュペングラーやポランニーといった優れた思想家が現われていながら、なぜ「理性信仰は危うい」とか「資本主義は悪魔の碾き臼である」といった意識が共有できなかったのであろうか。

「後悔、先に立たず」とはよく言われることではあるが、こうして半世紀以上も前に書かれたポランニーの著書を読むにつけ、なぜ今のような格差社会や金融危機を事前に防げなかったのかという思いを深くするのは私だけではないだろう。

ことに冷戦終結後、我々はポランニーの警告を活かすどころか、資本主義をさらにいっそう無邪気に信じ、市場原理こそが唯一の真理であるとさえ錯覚してしまった。これでは第一次大戦前のヨーロッパ人と何ら変わらない。

ではいったいなぜ、こうした思想の断絶が起きてしまったのだろうか。

そこで我々は一つの「仮説」に思い当たることになる。

すなわち、それはアメリカという国家の存在である。

人類が二度の大戦を経ながらも、その教訓を自身の経験とすることができなかったのは、経済の中心、国際政治の中心がヨーロッパからアメリカにシフトしたからではないか。

ヨーロッパ人は二度にわたる戦争によって、理性の危うさを学び、資本主義の危険性を肌で知った。彼らはもはや「絶対に正しいこと」などはありえないし、人類の理性には限界があることも知っていた。そして、せいぜいできることは情理を尽くして相手を説得するくらいしかないと考えるようになった。

しかし、自国が一度として戦場にならなかったアメリカ人には、そうしたヨーロッパ人の苦い経験はしょせん「他人事」にすぎなかったのではないか。ポランニーが畢生《ひっせい》の大著『大転換』を著わしたのは大戦中のアメリカでであったが、その意味することが実感としてアメリカ人には分からなかったのだろう。そして、そのアメリカが世界の支配者になって、現代資本主義の矛盾がさらに拡大されていったのではないだろうか。

事実、現代経済学の理論体系の主要な部分は戦後のアメリカが産み出したものである。そこから新自由主義やグローバル資本主義が強力な経済哲学として世界に浸透していった。

ヨーロッパの諸国が、アメリカ型の新自由主義には一定の距離を置いてきたのにはこうした事情があるからだろう。およそ、ヨーロッパの知識人で、アメリカ型資本主義を手放しで礼賛する人に会ったことがない。彼らは大陸型の資本主義を温存しようと、EUを結成したりすることで抵抗しているわけだが、わが日本はどうかといえば、これまで無批判で自由主義の理念を受け容れてきた。まさに「アメリカかぶれ」である。

筆者が本書を執筆したのは、この「アメリカかぶれ」からいよいよ脱却しなければならないという問題意識があるからだが、そのために、まず我々はここで「アメリカという国」について詳しく考えてみる必要があると思う。

現代世界の経済危機や、環境破壊、安心・安全・相互信頼など社会的価値の崩壊など、世界を覆《おお》う深刻な問題を考えるうえで、そもそもアメリカとは何なのかということを考察することは、一見すれば迂遠《うえん》なことのように見える。

だが、結論を先に述べれば、アメリカという特殊な性質を持つ国家がなければ、これだけグローバル資本主義は拡大することもなかったし、市場原理をドグマとする新自由主義思想も生まれることはなかった。

その意味において、我々が未来を考えるうえで、まずは「アメリカとは何か」ということを考えることが鍵になってくるのである。

第四章

宗教国家、理念国家としてのアメリカ

変質したアメリカ社会

第二次大戦終結後のアメリカは、自他ともに認めるリーダーとして世界に君臨する覇権国となった。アメリカは日本とドイツという「ファシズム」国家に勝利を収め、戦争で焦土となったヨーロッパの諸大国に代わって「平和と自由の守護者」という立場を得るに至った。

もちろん、そのアメリカに対抗する形でソ連という大国が存在してはいたが、この当時のアメリカは世界中から憧れの眼でもって見られていた、まさに自由と平和の光り輝く国であった。

戦後のアメリカは好景気に沸き立った。ヨーロッパ大陸や極東地域の戦場から帰還してきた若者たちが、続々と郊外に新家庭を作ってベビー・ブームが起きた。テレビ、映画、ジャズといった大衆文化や、コカ・コーラや自動車に象徴される大量消費社会も戦後アメリカでさらに発展した。ハワイなど、ごく一部を除いて、自国の領土が戦場になることがなかったアメリカはまさに全身、自信と活力に溢れていた。

こうしたアメリカの繁栄ぶりを見て、当時の世界中の若者、ことに西側世界に暮らす若者たちはアメリカに憧れた。アメリカはまさに自由と繁栄の象徴であり続けた。それは戦後二〇年余り経った一九六九年に留学のために渡米した私にとっても同じであった。その後、アメリカはベトナム戦争の敗北という挫折を経験したりもするが、それでもなお、アメリカ社会は全体として健全さを保っていたと言えるだろう。

だが、そうした「輝けるアメリカ」は今や変質し、国際社会におけるモラル・リーダーシップはもはや失われてしまった——私がここでそう断言しても、異論を唱える読者は少ないのではないだろうか。

大義なきイラクへの派兵、サブプライム・ローン問題に象徴される「マネー・ゲーム」の横行と破綻《はたん》、あるいは格差社会の拡大などなど、現代アメリカ社会の矛盾については本書でもすでに取り上げたところである。事実、アメリカに本当の意味での豊かさ、あるいは自由・平等の国としてのイメージを感じられなくなってから久しい。

今や消えてなくなった「トクヴィルのアメリカ」

フランスの政治思想家トクヴィル（一八〇五〜五九年）は古典的名著『アメリカのデモクラシー』の序文冒頭でこう言っている。

「合衆国に滞在中、注意を惹かれた新奇な事物の中でも、境遇の平等ほど私の眼を驚かせたものはなかった。この基本的事実が社会の動きに与える深甚な影響はたやすく分かった。それは公共精神に一定の方向を与え、法律にある傾向を付与する」

「境遇の平等は、合衆国におけるほど極限に達してはいないにしても、日ごとにそれに近づいており、アメリカ社会を支配するデモクラシーはヨーロッパでも急速に権力の座に上ろうとしているかに見えた」（トクヴィル前掲書・松本礼二訳・岩波文庫・第一巻〈上〉）

トクヴィルはアメリカにおける民主主義研究でとりわけ有名な学者であるが、そのトクヴィルがアメリカに上陸して一番感心したのが比類なき人々の間の境遇の平等であった。

ヨーロッパの貴族や王侯による支配、教会の横暴などを逃れて自由・平等な理想の国家を創ろうとしたアメリカの若い情熱がトクヴィルをしてこのように言わしめたのであろう。これは合衆国独立からわずか、六〇年ほどしか経過していない、南北戦争すらまだ終わっていない若きアメリカの姿であった。

しかし、現代アメリカを訪問した人ならアメリカにはそのような境遇の平等など感じないのではないだろうか。スーパー・リッチと生活に追われる庶民、貧困層に分断されてしまったアメリカにはかつてトクヴィルを驚嘆させた境遇の平等はなくなってしまったように見える。いったい、アメリカはどうなってしまったのであろうか。

たとえば、二〇〇五年一月一二日付のニューヨークタイムズに寄稿したニコラス・クリストフはこう書いている。

「アメリカの乳幼児死亡率は〇・七パーセントでキューバよりも高い。世界で最も死亡率の低いのはシンガポールや日本だが、その率はアメリカの半分以下である」

「もし、アメリカの乳幼児死亡率がシンガポール並みなら、毎年、一万八九〇〇人の命を救うことができるはずである。これはアメリカ兵が毎年イラクで戦死する八〇〇人という人数よりはるかに多い」

「また、出産した母親の死亡率はヨーロッパより七〇パーセントも高い」

私は医学の専門家ではないが、アメリカの先端分野での医療技術の水準は、今でも文句なくナンバー・ワンの座を維持しているはずである。しかし、それはあくまでも最先端医療という意味において傑出しているということであり、「金に糸目をつけなければ」という限定付きの話にすぎない。日本人でも中国人でも、金に糸目をつけない人は、むずかしい手術を必要とする場合には、アメリカに行って手術を受ける。アメリカが誇る「高度な医療」とは、要するにいくらでも高い医療費を払う用意のある富裕層のためのものであって、万人に開かれたものではない。

それどころか、市場原理を積極的に導入した結果、今やアメリカでは「普通の人たち」は最低限の医療サービスすら受けられなくなりつつある。

今や無保険者が四七〇〇万人

すでに広く日本でも知られているように、アメリカには日本のような「国民皆保険制度」は存在しない。

六五歳以上の老人や身体障害者が対象のメディケア、低所得者対象のメディケイドという二種類の公的医療保険はあるものの、それを受けられるのはごく限られた人たちであって、大多数の国民には日本のような国民健康保険制度は存在しない。

国家が国民生活に介入することをいわば本能的に嫌うアメリカでは、他のヨーロッパ諸国や日本のような公的保険制度を作ることは歓迎されない。かつてクリントン政権でファーストレディであったヒラリー・クリントンが国民健康保険制度を作ろうとしたが、与野党双方から大きな反対を受けて、早々に挫折したことは記憶に新しい。アメリカの国是は自助努力であり、それはまた医療においても同じであるというわけなのである（もっとも最近では、日本のような国民皆保険制度は、良識あるアメリカ人の称賛の的になっているが）。

アメリカでは昔から、一般の人々が医者にかかる場合には一〇〇パーセント治療費は自己負担であった。もちろん、高額な医療費を自前で払える人はほとんどいないから、病気や怪我に備えて民間の医療保険に入るのが常識であったわけだが、ところがこのところ、その民間の医療保険に未加入の人たちがどんどん増えてきて、今では何と四七〇〇万人ものアメリカ人が「無保険」状態にあるのだという（二〇〇七年）。

なぜ、これほど多数の人が保険に入れないのか。

それはまず第一に医療現場に市場原理が積極的に導入され、病院経営も利潤追求を第一にせざるをえなくなった結果、かえって医療費が高騰することになったことによる。

堤未果『ルポ　貧困大国アメリカ』（岩波新書）によれば、盲腸の手術で一日だけ入院した場合の平均医療費は、ニューヨークでは二四三万円にもなっているという。東京ではたとえ自己負担であったとしても、四、五日入院しても三〇万円はかからないだろうというから、アメリカの医療費がいかに高額になっているかが分かる。

そういえば、日本にいる知人の医者が「医療点数が低くてやりきれない」とこぼしていた。たしかにこのデータを見るかぎりでは、日本の医療費はニューヨークに比べるとべらぼうに安いことが分かる。それだけ日本の医師は、薄給で長時間労働という過酷な環境で働いているということでもあろうが、その分、庶民は助かっているわけである。日本の皆保険制度はアメリカ人の保険未加入者から見ると天国のような制度なのだ。

これだけ医療費が高くなれば、当然ながら保険会社の査定はますます厳しくなるし、保険料はどんどん高くなる。過去の病歴がある人、健康状態が良くないとみなされた人の保険料率はきわめて高く設定されるから、保険会社の請求する保険料を支払えないという人がどんどん出てきたのである。保険会社にしてみれば、病気になるリスクの高い人の保険加入を許せば、それだけ経営を圧迫することになるのだから、当然の判断ではある。

また、かりに保険に加入したとしても安心はできない。保険会社にしてみれば、なるべく保険請求に応じないほうが利潤が上がるのであるから、いろいろな理由をつけては保険金を払わないという例がどんどん増えてきた。また、確実に治せる薬や治療法があると分かっていても、「それはこの保険ではカバーできない」と保険会社が拒否すれば、治療を受けることができない。

自己責任社会の悲惨な現実

こうした医療の民営化に伴って、病気になったせいで家計が破綻する人がどんどん増えてきているという。二〇〇五年にハーバード大学が行なった調査では、病気になって医療費負担がかさんだために自己破産した人のほとんどが中流階級の医療保険加入者であったという（堤・前掲書、六七ページ）。社会の中堅として地道に働いていても、ちょっとした病気になってしまったり、怪我をしたりすると、たちまちに破産の淵に立たされてしまう——それが「自己責任社会」アメリカの実態なのである。

アメリカの医療の世界では、こうした残酷物語が無数に生まれるようになった。日本でも保険制度の赤字抑制のために、近年、救急難民や無医村の問題などが出てきているが、アメリカではそれがもっともっと深刻になっているのである。

「医療にも構造改革や民営化が必要だ」という論者は、いまだに日本にも多い。しかし、民営化すれば医療効率がかならず上がるかというとそうとは限らない。それを明らかに示しているのが、こうしたアメリカの事例である。

医療、そして教育などの公的サービス分野で改革を行なうときには、それがどういう社会的結果をもたらすかについて十分な検討が必要であり、たんに民営化・株式会社化すれば効率が上がるといった議論だけで間違った構造改革を推進してしまうことは厳に慎まなければならない。

ノーベル経済学賞を受賞したクルーグマンは、西側諸国における医療保険の国際比較を行なっているが、アメリカ国民の負担している医療保険費は、実はカナダ、ドイツ、フランス、イギリスといった公的保険を有している国の約二倍、あるいはそれ以上にもなっている（クルーグマン前掲書、一六二ページ）。民営化し、市場原理を導入すれば、国民負担が減るというのは、一種の神話、伝説なのである。しかも、これらの各国に比べると、アメリカの平均寿命はどこよりも低い。実質的な国民負担は多いのに、それでいて寿命が短い――それがアメリカの「医療改革」の現実なのである。

「潮目」は変わった

さて、こうした矛盾は何も医療に限ったことではない。すでに序章でも述べたが、新自由主義が主流になり、市場原理を優先させた結果、アメリカでは以前にも増して貧富の差が拡大しつつある。しかし、このような現実を目の当たりにしながらも、アメリカ人はいまだに「自助努力」「自由競争」というドグマにしがみついているように思えてならない。

その最たる例が、二〇〇八年九月末、アメリカの下院で金融安定化法案が与野党双方の反対で否決された「事件」である。金融安定化法案とは、銀行が抱えているサブプライム関連の金融商品を国が買い取ることで、銀行の財務状態を健全化するための法律であり、そのため、七〇〇〇億ドル（約七〇兆円）を投入するという法案である。

サブプライム・ローン問題を発端にして、リーマン・ブラザーズが破綻したのをはじめ、アメリカの金融機関が続々と経営危機に陥り、アメリカ発の金融大恐慌が起きかねないと市場が戦々恐々としているのに、アメリカの下院議員たちは共和党、民主党を問わず、「民間の金融機関を税金で救済すれば、選挙民の支持が得られなくなる」として反対に回った。

これは、「このような事態に至ったのは自己責任なのだから、破綻するところは破綻すればよい」という自由放任主義の思想が多くのアメリカ人の心の奥底に根付いていることを図らずも示すことになった。それは火事が目の前で起きて、中で助けを求めている人たちがいるのに、消防士たちが「まずはこの家屋の持ち主の承諾を得ないと私有財産権の侵害になるのではないか」と議論しているようなものである。この意外な展開に、NYダウが一日で七七七ドルも下がったのは記憶に新しいであろう。

もちろんその後、事態の深刻さに気づいた議員たちは修正された金融安定化法案を賛成多数で可決したわけであるが、金融危機がすでに起きているのにもかかわらず、救済案をいったんは否決する側に回った下院議員たちの行動は、理解できないわけではない。ウォール街のエリートたちがマネー・ゲームに憂《う》き身をやつし、信じられないほどの高給を稼ぎ続けてきた挙げ句の果てに、国民の税金を使って救済するとは何事だという庶民の気持ちを無視することができなかったのである。

もちろん、こうしたアメリカ的な市場原理主義やグローバル資本主義のあり方は、今後、否応なく修正されていくことになるだろう。

実際、本書執筆の段階で明らかになっているのは、銀行から不良債権を買い取るだけでなく、主要銀行に資本増強のための公的資金を投入することが決定されたというところまでであるが、これは場合によっては資本が足りなくなった銀行をアメリカ政府が国有化するかもしれないということを予感させる。

おそらく、今回の金融破綻をきっかけにアメリカはいったん、新自由主義を後退させ、国家による経済への介入を厭《いと》わないというプラグマティズムの伝統に回帰しはじめたのである。その意味で「潮目は変わった」と言えると思う。

アメリカ流資本主義に潜む暴力性

すでに序章でも述べたことだが、今回のサブプライム・ローン問題が引き起こした影響があまりにも巨大なものになったことに世界中の市場関係者はショックを受けた。無制限に国境を超えて資本が移動することがもたらすグローバル資本主義の「負の側面」が、今回の危機で明らかになったからである。

金融取引は通常の財の取引に比べると振幅が大きい。というのも、近年の金融工学の発達によって、限られた資金であってもそれにレバレッジを利かせることが可能になった。すなわち元金の何倍、何十倍、いや場合によると数百倍もの「賭け金」で、金融取引に参加できるようになったのである。日本でも為替取引の一種であるFXに、主婦や学生までもがのめり込んだのも、元金の一〇〇倍以上もの信用取引ができるからである。

こうした金融取引は、上昇気流に乗っているときにはどんどん相場が上がっていくが、ひとたび下降気流に乗ってしまうと怖い。実体のない「バブル」が崩壊すると、最悪の場合には金融恐慌に至る。そこまで行かなくても、金融相場が振れすぎるために実体経済が大きく影響を受けてしまう。言い換えるならば、今やグローバル資本主義は実体経済に対して一種の「暴力性」を持つようになり、それだけ世界経済の安定性が根本的なところで失われてしまっているということなのである。

したがって、かりに今回の金融危機がいったんは回避できたとしても、グローバル資本主義を従来どおりに「放任」していれば、同じ問題がいずれ起きるのは間違いない。さすがにアメリカの金融当局、あるいは政府もそこまでは愚かではないと信じたい。

実際、今回の危機でリーマン・ブラザーズは破綻したし、メリル・リンチはバンクオブアメリカに吸収合併された。これまで大変な収益を上げてきた証券会社（投資銀行）上位二社、ゴールドマン・サックスとモルガン・スタンレーも金融持株会社化された。業界の再編が急ピッチで起きているというわけである。

しかも、二大証券会社が金融持株会社の傘下に入ったということの意味は大きい。というのも、これによって、これらの証券会社は間接的であれ、米連邦準備制度理事会（FRB）の規制下に入ったからである。つまり、これまでのような野放図ともいえる「自己資本を大幅に上回って資産を膨張させるレバレッジ経営」はできなくなることを意味する。これで権勢を誇ってきたアメリカ系の証券会社はすっかりおとなしくなるはずだ。

多極化する世界

さて、ここで今後の資本主義体制について私なりの観測を述べておきたい。

結論を先にいえば、世界の資本主義体制はアメリカ一極集中から多極化に向かわざるを得ないのではないだろうかということである。

後で見るように、二一世紀の世界におけるアメリカのプレゼンスは今後、相対的に低下していかざるを得ないだろう。一方、中国、ロシア、インド、ブラジルなどのＢＲＩＣｓ新興国やイスラム勢力がアメリカに代わって大きくのしてくるのではないだろうか。

これらの「新興勢力」に共通するのは、いずれもアメリカ流のグローバル資本主義や市場原理主義をそのまま採用していない点が挙げられる。一つには、これらの新興勢力にとっては、アメリカが定めた「ゲームのルール」に従わなくてはいけない理由はどこにもない。むしろ、アメリカのスタンダードに合わせれば、自国の権益が失われるという警戒心のほうが大きい。利用できるところは利用するが、彼らは歴史的経緯からしても、新自由主義という価値観を共有しているわけでもない。彼らはある程度西洋化はしているが、しかしあくまで非西洋の国々なのである。アメリカ的な新自由主義思想は根本のところでは受け入れられていない。

その結果、アメリカが主導するグローバル資本主義の方向性は大きく変わらざるを得ない。日本やヨーロッパ以外の、こうした新興勢力の力が今後ますます大きくなり、発言力を増していくからである。

すでに述べたように、サブプライム問題を契機にアメリカの証券会社がFRBの自己資本規制を受けるようになれば、アメリカ系証券会社による証券業務の一極集中体制が崩れる。この空隙《くうげき》を狙って、アメリカ型の市場主義に同調しない中国、ロシア、インド、ブラジルやイスラム勢力が政府系ファンドという形で力をつけてくるわけだから、グローバル資本主義の実態はアメリカ一極集中から多極化に向かう道筋はますます可能性の高いものになっていくだろう。

もう一つ忘れてはならないのが、アメリカの財政赤字の問題である。

イラク戦争のために、アメリカの軍事予算は約六〇〇〇億ドルにも達しているが（イラク戦争前にはその半分の三〇〇〇億ドルレベルであった）、金融危機回避のために今後巨額の公的資金が投入されることを考えると、アメリカの単年度財政赤字は一兆ドルの大台に達しても不思議ではない。

サブプライム問題とともに、これが引き金になってドルの信認が揺らぐことになれば、アメリカ主導のグローバル資本主義の流れは大きな打撃を受ける。ドルが売られ、基軸通貨としての役割を果たせなくなる可能性も出てくる。実はそうなった時こそ世界経済の本当の危機なのである。なぜなら、基軸通貨を失うということは、世界で通用する通貨を失うということであり、世界経済を奈落の底に突き落とす歴史的事件になるからである。

特殊性を排除するアメリカのロジック

はたして、これからの世界がどのように動いていくのかは予断を許さないが、やはりそこで重要になるのは、アメリカという国家の特殊性を理解することである。

しばしば指摘されることだが、アメリカとは世界史上、稀《まれ》に見る「理念国家」である。アメリカは独立から二三〇年余、白人の本格的入植から考えても、せいぜい四〇〇年足らずの歴史を持つ若い国である。国民の大多数は移民であり、文化的バックグラウンドを異にする人たちの集まりである。

ポランニーの言い方を藉《か》りるならば、社会や国家というのは土地の上に成り立つ。土地と結びついた人々が社会を構成し、そこから文化が生まれ、国家が形成される。ところが、アメリカは移民の国であり、自然に対する深い愛着、統一的な文化的伝統といったものが存在しない。つまり、人々を結びつける土地の力、歴史伝統の力がきわめて弱いのである。

二〇〇八年十一月の大統領選で勝ったオバマ氏は「白人も黒人もない。年寄りも若者もない。男も女もない。あるのはすべてのアメリカ人が統合されたユナイテッド・ステーツ・オブ・アメリカだけだ」と事あるたびに強調しているが、異なるバックグラウンドを持つ多様な人々の心をつなぎ止めることこそ、アメリカのリーダーにとって最大の仕事なのだと再確認させられた。

文化的バックグラウンドも違えば、出身階級も違うような人々が集まってできた人工的な国家を統合していくためには、普遍的な理念が求められる。アメリカが理念国家になったのは、当然の帰結であったと言えるだろう。

このような理念国家では、物事を決める際に文化伝統とか民族的歴史といった要素をみだりに持ち出すことはタブーとされる。そのような個別特殊的な価値観にこだわっていたのでは、アメリカという国はバラバラになってしまう。したがって、アメリカでは政策決定の場や、アカデミックな議論の場で、特定のイシュー（問題）について議論するとき、歴史的事情や文化的特殊性を持ち出すことはタブーになっている。

筆者のアメリカ留学の際の経験でも、「そんな理屈は日本社会には馴染《なじ》まない」などと文化的特殊性を持ちこんだ瞬間に、議論はストップしてしまう。「それを言ってはおしまい」なのである。

このような事情から、アメリカ社会における議論とは、あくまでロジカルに進めるべきものであるが、実はロジックに徹するということは文化的特殊性を排除することに他ならない。

つまり、移民の国アメリカでは文化的要素を超越した普遍的なロジックを使うことが、「コミュニケーションの作法」になっているのである。はっきり言えば、アメリカでは、文化的要素や文化的差異を、現象の「説明変数」として数えることはご法度《はっと》なのである。このことは留学先のハーバード大学で嫌というほど体験した。

特殊性を排除する。議論はあくまで論理的でなければならない。そして「論理で勝つ人」がアメリカでは、即、勝者なのである。情緒や信条、民族的感情などなど、アメリカ人から見て論理的でない要素、合理的でない要素は切り捨て、無視する。これがアメリカの流儀なのである。

しかし、現実の人間は非合理な存在である。理屈で理解しても、腹の底から納得できないことはよくある。いや、そもそも、この世は不合理なことの連続である。なぜ自分は生まれてきたのか、なぜ人間はかならず死ぬのか。これらの根源的な問いに合理的な答えを見出すことなどできようか。そもそも、数え切れないほどの哲学者が考えあぐねてきたけれども、その答えはまだ見つかっていない。

なぜ、アメリカ人は市場原理の信者になったのか

我々のような日本人からすれば、アメリカのような合理的な議論の進め方は、情の薄い、乾いた世界のようにも映るだろう。あるいは論理先行で、底の浅いものを感じる人

もいるであろう。

たしかにアメリカ人の議論にはそうした性急な部分、あるいは単純すぎる部分も多い。しかし、それだけにアメリカ人のロジックは力強さも持っている。なぜならば、文化や民族を基盤にしていないがゆえに、彼らアメリカ人は「自分たちの唱える理念こそ、偏狭な民族性や古い歴史のしがらみを超えたものであり、普遍的、世界的な価値を持っている」と信じて止まないからである。

アメリカはなぜグローバル資本主義を強力に推進しようとしてきたのか。もちろん、その最大の理由は、すでに述べてきたようにグローバル資本主義が、世界の覇権国としてのアメリカを経済的に利するからに他ならない。さらに付け加えれば、社会的つながりや歴史性を重視しないグローバル資本主義のあり方は、まさにアメリカ人の精神的土壌にフィットしているシステムでもある。

しかし、事情はそれだけではない。

彼らアメリカ人がグローバル資本主義を強力に推し進めてきたのは、彼ら自身が自由と平等の理念を国是とし、そこから生まれてきた民主的なシステムであるマーケット・メカニズムを世界中に広めることこそが「正義」にかなうと信じてもいるからに他ならない。

アメリカ人の信念においては、市場メカニズムとは世界中のどこでも通用しうる普遍性のある経済原理に他ならない。「境遇の平等」な人々が誰からも強制や制限を受けることなく、自らの自由意思に基づき、近代合理精神に従って自由に行動すれば、経済全体の資源も適切に配分される——これこそが近代社会が「発見」した偉大なるレッセ・フェール（自由放任）の原理である。そして、このような自由な経済体制を実現するためには、リベラルな民主主義体制が必要不可欠になる。圧政の下では、自由な言論活動も経済活動も行なえないからである。

ヨーロッパ人はなぜ理性を信じないか

このような理念主導の考え方は同じ西洋人であっても、ヨーロッパ人にはないものであろう。

すでに前の章でも述べたことだが、かつて、ヨーロッパ人も理性主義、近代合理主義の力を信じた時期があった。しかし、そうした近代合理主義に対する「信仰」は第一次大戦の勃発によって、無惨にも打ち壊された。

いかに理性的に話し合い、平和条約によって戦争を防ぐ努力をしたところで、人間はかならずしも理性や論理のみに従うわけではない。しばしば感情的、情緒的、非合理的行動をするのが人間であり、理性やロジックだけで国際政治がうまく運営できないことをヨーロッパの人たちは嫌というほど経験してきたのである。

また、さらに言えば、第二次大戦を惹き起こしたヒトラーのナチスは、当初、「民主主義」の旗を掲げて政権を握った。民主主義すら、時として危ういというのがヨーロッパ人の原体験である。

「民族主義」「ナショナリズム」などの感情は、理屈抜きの感情であり、これを論理でねじ伏せるなどという愚行はこれ以上繰り返すべきでないという当たり前の結論にヨーロッパの人たちは到達したのであった。

したがって、アメリカがいかに「これはグローバル・スタンダードである」とアピールしたところで、ヨーロッパ人は「なるほど、それは理屈は正しいかもしれないが、人知では知りえない落とし穴があるのではないか」という発想をする。さらにいえば、どんな崇高な理念であっても、各国にはそれぞれ独自の事情があるのだから、それを無視して理念を強引に押し通すのは幼稚なことである、という発想になる。

ヨーロッパの人たちがアメリカ人の強引な行動に眉《まゆ》をひそめ、「アメリカ人は歴史に学んでいない」と感じるのは、彼らには理性だけでは説明しきれない苦渋に満ちた歴史があるのに、アメリカ人にはそのような挫折の経験がないからなのである。

アメリカ人はそのようなヨーロッパ人の冷ややかな眼差しに気づかない。たとえ気づいたとしても「それは訳知り顔の敗北主義にすぎない」という発想をする。あくまでも理念を貫き通し、自らが信じるものを世界に広げるのが国家の使命ではないかというわけである。

アメリカの十字軍精神の起源とは

そこでもう一度繰り返せば、アメリカ人の信念においては、市場メカニズムとは世界中のどこでも通用しうる普遍的な経済原理である。そして、その市場メカニズムを担保するのは、リベラルな民主主義である。つまり、思想や言論の自由がなければ、対等な取引もありえない。そのような国では、国家や権力が個人に対して平気で経済活動を統制するに違いないからである。

だが、これを裏返して言うならば、市場主義経済が行なわれていない国家とは非民主主義的な国家であるということを意味する。グローバル・マーケットに喜んで参加できない国があるとしたら、その国はどこかしら「遅れた部分」「非民主主義的な要素」があるに違いないと見るのがアメリカ的発想なのである。

一九八〇年代、アメリカが「日米経済交渉」「日米経済協議」などという名目で内政干渉ともいえる介入を日本に対して行なってきたのは、アメリカ自身の利益を守るというしたたかな思惑とともに、まさにそうした普遍主義的発想から生まれたものに他ならない。戦後日本独特のケイレッシステム、あるいは長い間に築かれた株式の持ち合い、メインバンク制度、官僚による護送船団方式——これらの制度はすべて市場主義にもとるいかがわしい制度であり、それを排除することが日本人にとっても、また世界にとっても正義につながると信じていたからこそ、アメリカは日本に対して強硬な姿勢に出たのである。

これはイラクやアフガニスタンに対して、アメリカが軍事力を行使してでも民主主義体制を普遍的正義として実現しようとしているのとまったく同じ発想である。

イスラム圏の国がアメリカ的な民主主義に違和感を覚えるのは、イスラム教徒にとってはコーランがすべてだからである。コーランに書かれていることが真実であり、民主的な選挙によって選ばれた政治家が決めたことがコーランの考えと違っていれば、イスラム教徒はそのような決定に従うことはないだろう。このことだけを考えても、アメリカ的な民主主義をイスラム教徒に押し付けるのは「イスラム教を捨てよ」と言っているのに等しいのである。

さて、かくのごとく、アメリカ人たちは「わが国こそがリベラルな民主主義、リベラルな市場原理主義の本質を知っていて、それを世界に普及する歴史的使命を持っている」と信じて疑わない。つまり、アメリカにはいわば神から与えられた使命があると信じる「十字軍精神」が、理性主義、近代主義と並んでアメリカの大きな信念体系を構成しているわけである。

言い換えるならば「わがアメリカは世界の中でも特別な国であり、世界史的使命を持っているのだ」ということになるのだが、このような途方もない自意識、使命感は、いったいどこからやってくるのだろうか。

そのことを知るためには、私たちはふたたびアメリカ建国の時代に戻る必要があるだろう。

宗教国家アメリカを作った男たち

私たち日本人が知っている「アメリカ建国物語」では、アメリカの建国はイギリス国教会の宗教的迫害を逃れてきたピューリタン百余人が〈メイ・フラワー号〉に乗り、マサチューセッツ州プリマスに上陸してきた一六二〇年に始まるとされる。いわゆるピルグリム・ファーザーズの物語である。

このとき、彼らが揺れる船上で交わした「メイ・フラワーの誓約 May Flower Compact」こそが、民主主義国アメリカの精神的原点になっているという話は読者もご存じであろう。過去の因習に囚《とら》われることなく、対等に社会契約を結ぶことで新しい共同体を作る――メイ・フラワーの誓約の精神が、のちのアメリカ建国にまっすぐに連なるというわけである。

しかし、中西輝政『アメリカ外交の魂』（集英社）によると、彼らピルグリム・ファーザーズは崇高な理念を持って新大陸にやってきた「移民」というよりも、宗教的迫害を逃れてきた「難民」にすぎなかった。ヨーロッパのどこにも行き場がなかったピューリタンたちがやむなくアメリカに渡ったというのが実情であり、そこに清教徒としての明確な「理念と契約に基づく共同体」建設のビジョンがあったとするのは一種の建国神話であって、実態からはかけ離れているというわけである。

では、アメリカという国は本国で食いつめた難民たちが寄せ集まってできた国にすぎなかったかといえば、そうではない。中西氏の所説によれば、実はアメリカの「精神的遺伝子」を作る出来事が、メイ・フラワーから一〇年後の一六三〇年に起きているのである。それはアメリカ大陸に「理念の共和国」を作るべく、イギリス国王の勅許を得て裕福なピューリタンたち一〇〇〇人を引き連れ、マサチューセッツ湾に上陸したジョン・ウィンスロップという男の出現である。

彼らピューリタンは当初から明確なビジョンを持って、〈アーベラ号〉に乗って新世界にやってきた。そのビジョンとは「アメリカ大陸に真の宗教に基づく『新しい国家』をつくり、それによって本国イギリスの堕落した教会と国家を改造し、ひいては全世界〈傍点・中谷〉をつくりかえること」（中西前掲書一〇六ページ）にあった。これはまさしく新大陸に真のキリスト国家を作ろうとする宗教ムーブメントであり、政治的自由や豊かさを求めて移民してきた他のピューリタンとは一線を画すものであった。

中西氏は著書の中で「アメリカというのは、その始まりからして徹頭徹尾『宗教国家』であった」と断言しているが（一〇七ページ）、ウィンスロップという敬虔《けいけん》なカルヴァン主義者がやってきたことで、アメリカの精神的DNAは決まったといっても過言ではあるまい。いずれにしても、ニューイングランド地方に入植した初期の移民たちの宗教的信念がアメリカ全土の大きな指針となったことは間違いない。トクヴィルも次のように書いている。

「ニューイングランドの文明は丘の上に灯された火にも似て、周辺に熱を拡散し、やがて地の果てまでその光で染める」（トクヴィル前掲書・岩波文庫・第一巻〈上〉五三ページ）

「アメリカの成功はすでに神に約束されたもの」とする論理

ルターとともに宗教改革者として名高いカルヴァンは、「予定説」を主張したことで知られている。

予定説の教義は非キリスト教者にとってはきわめて難解なものではあるが、そのエッセンスだけを述べれば、カルヴァンの神学は、神とは人間の理解を超越した、全能なる存在であるということが大前提になっている。

このような全能なる神の前には、人間の信仰などはあまりにも小さな力しか持っていない。したがって、いくら人間が熱心に神に働きかけたところで、神の決断を変えることはできない。救われるか救われないかは、すでに神が予定していて、変更の余地などない――だから「予定説」なのである（予定説についてはたとえば、小室直樹『日本人のための憲法原論』集英社インターナショナル参照）。

日本人のように、一神教に慣れていない人間から見れば「最初から救済されるかどうかが決まっていて、人間にはもはや努力の余地が残されていないというのは、信仰そのものを否定するものではないか」と思えてしまうのだが、カルヴァンの信仰体系を受け入れた人たちはますます篤《あつ》い信仰を持つことになる。というのも、自分たちがすでに「神に選ばれている」と信じることができるならば、どのような試練も乗り越えられるからである。自分たちがかならず救済されると思っているのだから、怖いものはないし、心配することは何もない。一歩間違えれば狂信にもつながりかねない強さがカルヴァン主義にはあるのである。

そこで話を戻せば、一六三〇年に新大陸にやってきたウィンスロップたちは、まさしくカルヴァン主義者であった。

彼らは自分たちが聖書にある理想的国家（「山の上にある町」マタイによる福音書五章一四節）を作り上げることができると信じて疑わなかった。逆に言えば、マサチューセッツに理想の国を建設することができれば、自分たちは神に祝福され、選ばれた人々であるということを自ら証明できるわけだし、失敗すれば、彼らの救済はありえないことになる。理想国家の建設は彼ら自身の救済と直結する問題であったのである。

事実、ウィンスロップはアメリカに上陸する以前、〈アーベラ号〉上の説教の中で次のように堅く誓っている。

「もし、神がわれらの大西洋横断を許すなら、われらは世界の改造のための偉大な事業に身を挺するべく神との契約に入り、神の委託を受けたことが証明される」（中西前掲書一〇七ページ）

無事にアメリカに到着すれば、それだけで神が自分たちを選んだ証明となるという論理構成は、まさにカルヴァン主義者ならではのものであると言えよう。

なぜアメリカは時にモンロー主義に陥るのか

さて、ウィンスロップたちのようなカルヴァン主義者たちがいて、世界の規範となるべき「理想の国」を作り上げたいという、彼らの強い決意がのちのアメリカ建国につながるということを理解すれば、どうしてアメリカが世界中に民主主義と市場原理を「布教」しなくてはいけないと、まるで強迫観念のように考えているかも理解できるというものであろう。

彼らにとってみれば、アメリカが理想的国家を作ること、そしてその理想の光を世界中に及ぼすことは「神から与えられた使命」であると同時に、それが達成できなければ、それはアメリカが神の祝福を受けていないことの証明になってしまう――アメリカが外に対してアグレッシブに自己の信念や理想を広めていこうと考えるのは、単なる善意や信念からではない。

アメリカという国家の存立は、ひとえにアメリカが「理想の国」、聖書に言う「山上の町」であるかどうかにかかっている。神から与えられた崇高な理念を果たせなければ、それはアメリカ自身が奈落の底に落ちることになる。だからこそ、アメリカはどのような手段を使っても、イラクやアフガンを民主化し、また、世界に市場原理を広めなくてはいけないのである。

その意味では、今でもアメリカは紛《まが》うことなき「宗教国家」なのである。

ブッシュ大統領がイラク戦争を始めるにあたって「十字軍」という言葉が思わず口をついて出て、世界の顰蹙《ひんしゅく》を買ったのも、おそらくこのような「宗教国家」としての性格がアメリカ人の背骨に深く刻み込まれているためであろう。

いかにヨーロッパなど諸外国から批判されても、イラク駐留を止められないというのも、この観点から考えれば理解しやすい。それはアメリカにとっての国益保持ももちろん関係はしているが、同時に「ここで後退することは、神から与えられたアメリカの崇高な使命を放棄することになる」という恐怖心も大きく関係するのではないか。アメリカがかつてベトナム戦争からなかなか撤退できなかったのも、そうした十字軍的心性が大きく影響していると見れば、なるほど分かりやすいと思うのである。

ちなみに中西氏の解説によれば、アメリカが時として孤立主義（いわゆるモンロー主義）に陥るのは、こうした「宗教国家」としての性質に矛盾するわけではないという。

というのも、神から与えられた使命を持つアメリカは世界の中でも特別な国である。そのような崇高な使命を持った国が、目先の利益のために他国と同盟を結んだりするのは、アメリカの神聖さを損なうことになる――ことに古い伝統を持ち、「現実主義外交」を行なうヨーロッパの諸国はアメリカから見れば、世俗化し、堕落した国家に見える。

そこで、アメリカは自国のことだけ、あるいは南北アメリカ大陸だけに専念し、他国、ことに欧州のことに手を染めるのをよしとしないという判断も生まれてくる。

つまり、アメリカの「宗教国家」としての純粋な性格が内向きに出れば、それはモンロー主義になり、外向きに出れば、民主主義や市場原理主義の「布教」という形になるというわけである。

先住民の殺戮は旧約聖書の再現であった？

さて、アメリカがこのような「宗教国家」としてのDNAを建国後、どのように維持していったのか。それについてはここでは詳しく触れる余裕はない（これらの点については中西、あるいは、トクヴィルの前掲書などを参照されたい）。そこで概略だけを以下に述べることにしよう。

ウィンスロップの上陸から一世紀あまりを経て、アメリカは宗主国イギリスとの戦争に踏み切り、一七七六年に独立を勝ち取ったわけだが、その後も戦いは続くことになる。すなわちフロンティア拡大のために先住民族であるネイティブ・アメリカンの殲滅《せんめつ》戦である。

このときの戦いは、アメリカ人にとって旧約聖書の再現とも言うべきものであったかもしれない。

旧約聖書の中で、エジプトから脱出したイスラエルの民は「約束の地」カナンに帰還しようとするが、そこにはイスラエルの民が不在の間に住みついた異教徒たちがいた。これに対して、神はイスラエルの民の指導者であったヨシュアに対して「恐れおののくことはない」と言い、カナンに住む異教徒たちは遠慮なく殺してよいと告げる。その言葉に従って、ヨシュアたちはカナンの集落を次々と攻め、そこに住む住人たちを虐殺するわけだが、西部を開拓したアメリカ人たちは、まさにこれと同じことを先住民族に対して行なったわけである。

よく指摘されることだが、ジェファーソンが書いたと言われる独立宣言では「すべての人間は平等に造られている」とし、人間には「生命、自由、幸福の追求」の権利があるとした。だが、そこで「人間」とされているのは、キリスト教徒の白人たちだけであり、ネイティブ・アメリカンも黒人奴隷もそこには含まれていなかったのである。

だが、こうして「理想の国」を作るべく奮闘に奮闘を重ねてきたアメリカ人であったが、徐々に国としての形が定まり、諸外国からも承認され、産業が勃興するようになってくると、そこに弛緩《しかん》が生まれてきた。これは人情として見たとき、むしろ当然とも言える展開ではあるわけだが、しかし、そのまま安定の中で惰眠をむさぼっていられないところに、アメリカの特質がある。

すでに述べたように、ウィンスロップ以来、アメリカへの植民者、そしてのちのアメリカ国民の深層意識には「アメリカは神から使命を与えられた国である」という観念が根強く刷り込まれていた。

そもそもアメリカ人たちは、因習に満ち、汚辱にまみれたヨーロッパから独立し、自分たちの手で築き上げた新国家であるという自己意識を持っているわけであるから、アメリカは「特別な国」であるという意識を抱くのはきわめて当然とも言える。そういう意味では、かつて日本人が自国を「神国」であると考えたのと共通しているのかもしれない。

それはさておき、そうしたカルヴァン主義的な「つねに神を意識する信仰生活」を維持しつづけるのは実際のところむずかしい。危機にあるとき、貧困に苦しんでいるときには信仰は深くなるが、豊かになり、平和になれば、自然と信仰離れが起きてしまうのが人間である。これはアメリカ人も同じである。

しかし、アメリカ人の場合、きわめて独特なのは「アメリカの大義」への信念が揺らいだとき、かならず自らを戦いの中に身を置くという衝動が生まれてくる点にある。つまり、現在の安寧《あんねい》を捨てて、あえて戦場に赴《おもむ》き、そこで勝利することを通じて、自らの世界史的使命を再確認しようというわけである。

聖戦としての南北戦争

さて、そこで彼らが選んだ「戦い」とは何であったか――それが他ならぬ一八六一年の南北戦争であるというのが、中西氏の指摘である。南北戦争がアメリカ史上において、ひじょうに大きな意味を持つことを正確に認識している日本人は少ない。ピューリタンたちの移住が第一の建国、そして独立宣言が第二の建国であるとするならば、南北戦争は「第三の建国」と言ってもいいほど、重要な意味を持つ。

一般的に南北戦争とは、奴隷解放問題をめぐって分裂の危機に瀕《ひん》したアメリカ合衆国が再統一をする契機となったという位置づけをされている。

たしかに、それは正しい理解ではあるが、しかし、そこには「このまま現実主義に走り、奴隷制度を容認したのでは、アメリカ建国の理念が失われ、神のご加護を受けられなくなってしまう」という恐怖心が存在したのだという。かつて旧約聖書の神が、享楽にふけった都市ソドムやゴモラを滅ぼしたごとく、倫理的に堕落したアメリカも神によって滅ぼされるのではないかという問題意識があったからこそ、リンカーンをはじめとする北部諸州の人々は「内戦も辞さず」という姿勢になったのである。

この危険な賭けは、リンカーンにとって、そしてアメリカにとって成功に終わったと言えるだろう。これによってアメリカで奴隷制度が廃止されたが、それと同時に重要だったのは連邦制度が確立したことであった。それまではいわば「寄り合い所帯」であったアメリカが連邦制度の確立によって一つに統一されて、建国の理念を再確認するきっかけになったのであった。

そして、さらに重要なことに、この南北戦争の危機を克服したことによって、アメリカ人は自分たちの「天命」を再確認した。この経験があればこそ、後の世界大戦において「アメリカだけが世界で唯一の理想主義国家である」「アメリカ人は選ばれた民である」と、アメリカの指導者や国民たちは言うようになる。他の国民から見れば、これはまさに誇大妄想と言ってもいいほどの自意識であるが、しかし、これをアメリカ人が本気で信じているのは、三度にわたる建国の困難――それは神から与えられた試練ということになろう――を我々は乗り越えたのだという自己認識があるからに他ならない。

まさにかくのごとく、アメリカとは「宗教国家」に他ならない。そして、この苦難の歴史を繰り返し再確認することで「人工国家」「モザイク国家」としてのアメリカは統一を維持しているのである。

フロンティアが作り出した個人主義

さて、ここまでアメリカを特徴づける要素として「理念国家」「宗教国家」という二つの要素について語ってきたが、もう一つ、アメリカを理解するうえで重要な鍵となるのが、アメリカの中に内在する「フロンティアへの衝動」である。

建国以来、アメリカはネイティブ・アメリカンを虐殺・殲滅しながら、西へ西へと領土を拡大していったことは今さら述べるまでもない歴史的事実であるが、この西漸《せいぜん》運動の中でアメリカ的な個人主義精神が培《つちか》われていった。よく言えば独立不羈《ふき》、悪く言うならば自己中心的な、こうした感覚はアメリカ独特のものだと言っても過言ではない。そして、そうした個人主義はフロンティアという未開の土地があったからこそ発達したものであった。

その意味において、アメリカと対極にあるのが日本である。日本のような「島国」では人々の暮らせる空間は有限であるし、歴史伝統も長い。

そうした空間の中では、自分の利害だけを追求していく生き方をすることは歓迎されない。いわば一種の「ゼロ・サム・ゲーム」社会なのだから、一人がいい思いをすれば、他の人が割りを食う。だからこそ、日本のような社会では他者との協調が求められるし、利害関係を上手に調整する能力を持った人が評価されるのである。

しかし、アメリカ、ことに西部のフロンティアではそのような協調精神はかえって自分の身を滅ぼす。アメリカン・ドリームを実現させるためには、失敗を恐れず、周囲との利害調整のような面倒なことにエネルギーを費やす代わりに、前へ前へとアグレッシブに進んでいく意欲に溢れ、進取の気性を持った人間でないとサバイバルできないし、かえって周囲にも迷惑をかける。そして、自ら率先してリーダーシップを発揮して、他人を引っ張っていく人が尊敬される。

まさにこれがアメリカ的心性であり、それを作り出したのは広大なるフロンティアの存在であったわけだ。

西へと向かう宗教的信念

ところが、そうしたアメリカ人のメンタリティを作り出す土壌ともなったフロンティアは一九世紀末には消滅してしまう。西へ西へと移動してきたアメリカ人はついに太平洋岸に至り、未開の土地がなくなってしまったのである。

このことはアメリカ人にとって深刻なアイデンティティの危機をもたらした。それは単に征服欲だけの問題ではなかった。

というのは、「理念国家」「宗教国家」としてのアメリカは、自らの理念を外に向かって広げていきたい、行かねばならないという心理的傾向を自身の中に有している。そうした欲求を満たしてくれたのが領土の拡大であったのだから、フロンティアが消滅したということは、「アメリカの崇高なる使命」の頓挫をも意味するのである。

そこでアメリカ人たちが選んだのは、太平洋を越えてなお西へ進もうという道であった。すなわち、日本、さらには中国大陸への進出である。

すでに一九世紀半ばにペリーは浦賀に来航して、日本を砲艦外交によって無理矢理に開国させたわけだが、実はアメリカおよびアメリカ海軍にとって、日本を開国させることによって得られるメリット、すなわち国益はほとんどなかった。だが、アメリカにとっては、そうした打算よりも重要なものがあった。それは文明的に遅れている日本人を教化し、世界の一員に加えるという崇高な使命である。もちろん、そうした「崇高なる使命」というのは、アメリカの独り合点《ひとがてん》、自己満足にすぎない。しかしながら、大砲で開国を迫るといった乱暴なことをやることに何の躊躇《ちゅうちょ》も感じないところに、アメリカのアメリカたるゆえんがある。

中西輝政氏は『アメリカ外交の魂』のなかで、「ペリーの中に二十世紀のアメリカ、つまり『世界帝国アメリカ』をめざす萌芽、あるいはその『国家DNA』が見事に見出されるといえるかもしれない」（一七七ページ）と述べているが、まさにそのとおりであろう。

また、『日本の失敗～「第二の開国」と「大東亜戦争」』（岩波現代文庫、二〇〇六年）の著者、松本健一氏は、ペリー来航にアメリカの使命感＝強迫観念を窺《うかが》うことができるとして、ペリー自身の言葉を紹介している。

一八五三年七月八日未明、ペリーは日本到着直後に軍艦の上から彗星が観測されたことを知り、こう記した。

「昔の人は此《こ》の珍しい天上の現象をば、自分の事業の成功する瑞祥《ずいしょう》と観《かん》じたというが、我々は之《これ》を以《もっ》て、我々の現在の目的が血を流さずに成功して、隠物《かくれもの》同様の孤独な一国民を文明国民の仲間に引き入れることができる前兆だと思われる」（『ペリル提督日本遠征記』鈴木周作訳）

ここで、「隠物同様の孤独な一国民」とは言うまでもなく日本のことであり、松本健一氏は、「遅れた日本を文明国に仲間入りさせてやるんだ」というアメリカの使命感＝強迫観念がここに見事に表出していると述べている。

その後、一〇〇年足らずの間に、アメリカは、第一次、第二次世界大戦に勝利することによって、世界帝国としての地位を不動のものにしていった。中国大陸こそ自己のフロンティアにすることはできなかったものの、ここに至って、アメリカは太平洋の覇者となり、世界を睥睨《へいげい》する帝国として、世界に君臨することになったわけである。

ついに壁にぶち当たったアメリカの西漸運動

しかし、その後においても、西へ西へと「開拓」を進めていくアメリカの基本姿勢は変わらなかった。

自由・平等・民主化・人権などの建国以来の理念を世界に広めるために、日本を民主化（＝アメリカ化）し、ユーラシア大陸に広がる共産主義のソ連、そして毛沢東の中国と闘いつづけた。アメリカ軍は朝鮮動乱を戦い抜き、ベトナムにも深く入り込んでいった。

そして、そのソ連崩壊後も、民主主義と市場主義という、アメリカの崇高な理念を広げるための「西への布教」は続けられることになった。

アフガニスタン出兵や湾岸戦争への関与を経て、今やアメリカ軍は古代文明を生んだチグリス・ユーフラテスのイラクを「征服」した。メッカのあるサウジアラビアにもアメリカの軍事基地が作られた。西へ西へと向かうアメリカの欲望は、いっこうに衰えていないのである。

だが、ここに来てアメリカの西漸運動はいよいよ限界にぶち当たったと言えるだろう。

なぜならば、地理的に見れば、西へ西へと無限運動を続けてきたアメリカは中東にまで達し、今やグルジア問題に乗じて、黒海にアメリカ海軍を派遣するほどにもなった。

ここから先は、もうすでに旧世界、すなわちヨーロッパの領域になってしまう。これはよほどのことがないと、ぶち破れない壁である。

そうしたアメリカの意図を察してのことだろう、ヨーロッパは近年になってアメリカの行動に対して厳しい批判をするようになっている。たとえば、イラク戦争については、フランスなどからきわめて厳しい反対を受けた。

ブッシュ政権はフセイン政権の大量破壊兵器保有や核兵器疑惑、九・一一同時多発テロの犯人アルカイダの温床などの疑惑を口実にイラクに侵攻したが、いずれの口実も立証されることはなかった。そこでブッシュ政権は「民主主義政権を樹立するため」という大義名分を使い始めたわけだが、アメリカが国連の承認を得ることなく、独断でイラク戦争を遂行していることに対してはヨーロッパをはじめ世界中から批判が集中している。

アメリカが中東にこれ以上積極的に入り込み続けていくことは、今度はフランスなど、西欧諸国から強烈な反対を受けることを覚悟しなければならない。

大いなる転換期——アメリカはどこへ行くのか

またグルジア問題に関して言えば、アメリカはロシアの虎の尾を踏んだ。

佐藤優氏によれば、ロシアという国は自国の周辺に緩衝地帯を置きたいという潜在欲求を持っている。東西冷戦時代にも、ソ連は東欧を直接支配するのではなく、あくまでも衛星国という位置づけにしたが、これはたとえソ連を侵略する国があったとしても、まず東欧諸国が「捨て石」になってくれるという計算があったからだという。

たしかに歴史的に見れば、ロシアはつねに周辺の遊牧民族、タタールやトルキスタン、あるいはモンゴルなどからの侵略を受けてきたわけで、自己の安全保障のために周辺に緩衝地帯がないと安心できないのであろう。だからこそ、ロシアにとってグルジアにアメリカが手を出してくることは許しがたいことなのである。

しかし、一方のアメリカもまた、自己の信念と価値観を広げる永久運動を止めるわけにはいかない。ロシアやヨーロッパとの折り合いをつけるために、アメリカの影響力拡大を止めれば、それは「建国の理念」を諦《あきら》めることにもなるからである。

そして、折も折、アメリカが世界中に普及しようと努めてきたグローバル資本主義もまた、今、大きな挫折を迎えようとしている。市場原理の伝道師たるアメリカのやり方、ことにアメリカ系金融機関のあり方に世界の人々は不信の目を向けている。アメリカが唱えてきた「リベラルな民主主義と資本主義」への懐疑が生まれつつある。

二一世紀の今、理念国家、宗教国家としてのアメリカは大きな転換期に来ている。はたして、今後、アメリカがどのような方向を目指していくのか、それはアメリカ人自身も分からないだろうが、この巨大なる国家の「正義」が色あせ、このままではアメリカ帝国の地盤沈下の可能性は否定できない情勢である。しかしながら、アメリカがこのまま歴史の舞台から消えていくことなどありえないし、彼らが持つエネルギーは依然としてきわめて強烈である。金融危機とイラク戦争の失敗を乗り越えて、アメリカはどのような再出発を図るのであろうか。

オバマ大統領のアメリカ

イラク戦争の失敗、金融危機など、ブッシュ大統領の数々の失政で意気消沈していたアメリカに救世主が現われた！　これが二〇〇八年大統領選挙の結果、大差で選ばれたオバマ大統領に対する多くのアメリカ人の率直な感想ではないだろうか。

それほど選挙直後のアメリカ人の熱狂ぶりは凄かった。リンカーンによる奴隷解放宣言以来一四五年、公民権運動から約五〇年、ついにアメリカに黒人の大統領が生まれた。自由と平等を標榜するアメリカの独立宣言の理念がついに大統領選で実現されたのだ。「理念国家アメリカ」の復活である。

それでは、オバマ大統領のアメリカは今後どのような方向に進むのであろうか。私は、「三つの修復」が当面の課題と見る。

第一は、アメリカ経済「大不況からの修復」である。今回の不況は非常に厳しく、修復にはかなりの時間を要すると思われる。少なくとも、オバマ大統領の最初の四年はこの課題に集中的に充てられると言ってよいほどである。特に、ＧＭの倒産のような大きな事件が起これば、数年単位の調整になる可能性もある。傷《いた》んだバランスシートを金融セクターが立て直すのに数年の歳月を要するだろう。

第二は、新自由主義政策の中で消滅したアメリカ「中流階級の修復」である。アメリカの歴史学者アーサー・Ｍ・シュレジンジャーは『アメリカ史のサイクル』（猿谷要監訳、パーソナルメディア）の中で、アメリカの政治思想は「三〇年で循環する」と説いたが、まさに、レーガノミックス以来、ほぼ三〇年にわたって続けられた「個人の自由」を最優先する新自由主義政策から、「公共の利益」を優先する福祉政策思想への大転換が行なわれるだろう。これはアメリカにとっては福音になるだろう。

第三は、世界における「モラル・リーダーシップの修復」である。イラク戦争やサブプライム問題で世界の信用をなくしたアメリカが、覇権国、基軸通貨国としてのモラル・リーダーシップをいかに修復するのか。まずオバマ大統領が目指すのはイラクからの名誉ある撤退であろう。もうひとつは、アメリカ型金融資本主義への反省に基づく「新しいグローバル資本主義モデル」の提案である。

いずれにしても、数年後には、アメリカは不死鳥のようにふたたび立ち上がってくるに違いない。そのパワーの源泉は、第一には、オバマ大統領のリーダーシップである。アメリカ史上、非白人のアメリカ人がこれほど元気づいたことはこれまでになかった。

この力を利用すれば、アメリカはふたたびエネルギーに満ち溢れた国になれる。第二は、アメリカ移民の力が依然健在だということである。アメリカには毎年一〇〇万人に上る移民が入国してくる。彼らは、アメリカン・ドリームを胸に、一旗揚げようという意気に燃えている。実際に成功できるのは一握りの移民かもしれないが、少なくとも、彼らの間には「頑張ればなんとかなる」という意識が旺盛である。これがこれからもアメリカの大きなエネルギーになる。

では最大の懸念は何か。それは、不況長期化によってアメリカの財政赤字が一兆ドルを超える事態が続くことである。それが続くと、世界はドル供給が過剰になり、ドル不安が起こることだ。ドルが暴落すれば基軸通貨であるドルの機能がマヒすることになる。これが起こると世界経済は立ち直れないほどの打撃を受けるだろう。要注意である（この問題については終章で詳述する）。

第五章

「一神教思想」はなぜ自然を破壊するのか

世界最初の「人工国家」アメリカ

前章ではなぜグローバル資本主義や市場主義といった思想が、アメリカで大きな力を持つようになったのか、そしてなぜそのアメリカが世界にこれらの思想を普及させようとしたのかという背景について見てきた。

近代資本主義も近代民主主義も、その起源は言うまでもなくイギリスにある。だが、これらの思想が単にヨーロッパ大陸のみならず、グローバルな力を持つのは、やはりアメリカ合衆国の建国という「事件」なくしてはありえなかったと言えるだろう。

民主主義に関して言えば、アメリカは人類の歴史上初めて「社会契約」に基づいて作られた人工国家であった。それ以前の「国家」でも、たとえばイギリスのように君臣の間で「マグナ・カルタ」のような憲章・憲法が結ばれたことはあった。だが、マグナ・カルタによってイギリスが誕生したわけではない。イギリスという「国」はそれ以前から社会的、歴史的な集団として存在していたわけである。

ところが新大陸に生まれたアメリカ合衆国はそうではなかった。

移住してくるまでは民族的、歴史的、文化的共通点のなかった人々が、アメリカ憲法や独立宣言、あるいは暗黙の裡に定められた「建国の理念」に従うことを誓うことによって、初めてアメリカという国家が成立した。このようにして生まれた国家は人類史上初めてのことであった。

　もちろん、そのアメリカ大陸には先住民族たちの文化や歴史もあったわけだが、移住者たちは彼らを大量虐殺し、彼らの文化や伝統を尊重しようとはしなかった。トクヴィルは『アメリカのデモクラシー』の中で、ネイティブ・アメリカンが滅びるのは当然だったと「敬虔なキリスト教徒」らしい口調で次のように述べている。

「これらの民族の滅亡はヨーロッパ人が海岸に上陸したその日に始まった。（中略）摂理によって新世界の恵みの中におかれながら、彼らは短期の用益権しか神から授からなかったようである。彼らはそこでただ待っていただけなのだ。交易と産業のためにこれほどうってつけの海岸、深い河川、ミシシッピの無尽蔵の流域。要するにこの大陸全体が、一つの偉大な国民を育てる空《から》の揺り籠のようであった。」（岩波文庫・第一巻〈上〉四五ページ。傍点・原著）

　崇高な理念に基づいて新しい文明国家を創り上げることを神に約束した入植者たちにとって、異教徒であり、彼らから見て野蛮人であったネイティブ・アメリカンを殲滅することは当然だったのであろう。また、合衆国はあらゆる過去の因習から自由な社会でなくてはならないというのが、アメリカ建国者たちの意思でもあったから、先住民族を殲滅することに罪の意識も感じることはなかったのである。

アメリカ経済が世界を制した理由

かくして誕生したアメリカ合衆国の「建国の理念」とは、すなわち神の摂理、神の正義を地上に実現することであった。アメリカ文明の根本的精神は「まったく異なる二つの要素の産物であり」、その二つの異なる要素とは「宗教の精神」と「自由の精神」であった(トクヴィル前掲書、七〇ページ)。ヨーロッパでは「宗教の精神」(教会)と自由の精神(ブルジョワジー)は激しく対立したが、アメリカではそれが見事に混合されたのである。

「侵すべからざる権利を神によって与えられているがゆえに、すべての人間は平等に造られている」と独立宣言は高らかに述べているが、ここでも「宗教の精神」と「自由の精神」は融合していると言える。ここで使われている「平等」という用語は、ほとんど「自由」と同義語と見てよいだろう。トクヴィルがアメリカに渡ってアメリカ人の間の「境遇の平等」に驚嘆したことは先に述べたが、「境遇の平等」は身分差がないことであり、すべての個人が自由に振る舞えるということを意味した。

こうして生まれたアメリカ社会で近代資本主義が花開いたのは、けっして偶然ではなかった。地縁・血縁が色濃く影響し、教会や貴族など、既成の勢力が改革に激しく抵抗している伝統的社会では「境遇の平等」など存在せず、したがって個人の自由も著しく制限されていた。そのような伝統社会では、経済学が前提にするような自由に自己の満足を最大化するように行動することのできるホモ・エコノミクス（経済人）は登場する余地がない。

自己利益を追求することを最優先にすることが、ホモ・エコノミクスの行動原理であるならば、彼にとってはその社会に古くから続く伝統や秩序を墨守《ぼくしゅ》することなどは多くの場合、非合理きわまりないだろうし、他者への思いやりや社会的な価値の維持などを考慮する必要もないだろう。

だが、そのような人間は「旧世界」ではけっして歓迎されないし、尊敬されないであろう。したがって、もし、近代資本主義がヨーロッパの大地にとどまっているかぎりにおいては、その成長には一定の限界があっただろう。

実際、現在でもヨーロッパ大陸に定着している資本主義体制はアメリカのそれとは著しく異なっている。アメリカよりは規制色が強く、社会福祉を重視する社会民主主義的な色彩も強く残っている。イギリスを除けば、金融市場はローカルであり、グローバル資本主義とは一線を画している。

また学問の世界においても「世界の資本主義は多様であり、アメリカ型の資本主義はそのひとつにすぎない」という主張も根強いものがある。

たとえば、ブルーノ・アマーブル『五つの資本主義～グローバリズム時代における社会経済システムの多様性』、R・ボワイエ『資本主義vs資本主義〜制度・変容・多様性』山田鋭夫訳、R・ボワイエ、F・スイリ編『脱グローバリズム宣言〜パクス・アメリカーナを超えて』山田鋭夫・渡辺純子訳（以上はいずれも藤原書店）、青木昌彦『経済システムの進化と多様性〜比較制度分析序説』（東洋経済新報社）、青木昌彦『比較制度分析に向けて』滝澤弘和・谷口和弘訳（NTT出版）などをみれば、アメリカ式の新自由主義が一つの特殊な考え方であることが理解できるだろう。

たしかに、アメリカという新国家は、ホモ・エコノミクスが活躍するうえで理想の楽園であった。この国には伝統もなければ、古くから続く秩序も確立していない。移民しかいない社会なのだから、蓄積された富は存在しないし、他人はすべて競争相手であって、ぐずぐずしていたら食いっぱぐれになる。このような国においては、懸命にフロンティアを開拓し、前へ前へと進むしかなかった。国が立ち行くためには、まずは一人一人が能力を最大限に発揮できるような、そういう経済社会体制が必要だった。

第一次大戦が終わった頃を境に近代資本主義の産みの親であった大英帝国が没落し、アメリカが世界の覇権国となっていったが、そうなった大きな理由は、「理想の国家」を建設しなければならないというアメリカ人の強迫観念にも似た宗教的ドライブと、伝統や因習に囚われることなく、個人が自由に活動できることを保障することによって産み出されたアメリカ人の凄まじいエネルギーの高まりの結果であった。

新自由主義は「普遍の原理」ではない

アメリカ合衆国という、またとない「孵化器（インキュベータ）」の中で資本主義はさらなる発展を遂げることになったわけだが、一九九一年、資本主義の対抗勢力であったソ連が崩壊した。これによって、いよいよアメリカ流の資本主義が本格的に「布教」のときを迎えることになったと言っても間違いではあるまい。

何しろ、資本主義の対抗理念であった社会主義が「自滅」したのである。この事実は、市場原理、自由競争のドグマの正しさが現実に立証されたと多くの人に受け止められた。言い換えるならば、アメリカ式の資本主義こそが普遍の真理であることが証明されたというわけである。このことは、レーガノミックスの成功に加えて、サッチャリズムによって「イギリス病」とも言われた英国経済が復活を遂げた事実によっても補強された。

かくしてアメリカの新自由主義は、世界中に大きな影響力を持つようになった。日本で構造改革が唱えられるようになったのも、もちろんこうした世界史的背景があったからに他ならない。もちろん、日本も長い歴史を誇る伝統社会であるから、アメリカ流の新自由主義がすんなりと受け入れられるはずもなかった。

日本の伝統とは、長期的な関係を重視する点にある。だから、企業間関係は系列のような信頼関係によって結びついた取引が重要な位置を占めてきたし、終身雇用や年功序列制度が定着したのも長期的関係のほうが居心地が良かったからである。長期的関係は、銀行と事業会社間のメインバンク関係としても定着したし、政府と産業との間にも審議会という形式で根付いていた。

伝統あるヨーロッパ諸国は基本的に新自由主義には懐疑的であるが、市場原理に代わる説得力のある経済理論は不十分にしか育たなかった。ヨーロッパはEUを創ることでアメリカに対抗しているが、新自由主義的な考えは徐々にヨーロッパにも浸透しはじめたといえるだろう。

だが、はたしてアメリカの唱えた資本主義とは「人類普遍の原理」であったのか――金融恐慌の勃発を契機に、いま、このことが問われているのは言うまでもない。

すでに述べてきたように、グローバル資本主義の拡大は世界経済に未曾有の不安定をもたらしただけでなく、日本やヨーロッパ、あるいは新興国において深刻な社会の分裂と社会的な価値の棄損をもたらすことになった。すなわち、格差社会の出現であり、地球環境破壊であり、安心・安全社会の崩壊である。

だが、これは当然の帰結であった。

もはや限界に達したアメリカ流新自由主義

なぜならば、アメリカ流新自由主義においては、文化や社会といった要因は考慮の外に置かれるのが普通だからである。文化、伝統、歴史や社会の紐帯《ちゅうたい》といったものは、むしろ保護主義や規制の温床になる。

これまで誰も考えなかったこと、前例のないことを実現するイノベーションこそが資本主義のエンジンであるとする考え方に立てば、歴史や伝統などは資本主義経済の「健全な発達」にとっては邪魔ものでしかないのだ。二〇〇八年秋のアメリカ大統領選挙でオバマ、マケイン両候補が使っていたキーワードは「チェンジ」であったが、絶えず変えていないと落ち着かないアメリカ人のDNAがいまだに強く残っていることを印象づけていた。

もちろん、この「チェンジ」の中身が問題になる。新自由主義がもたらした弊害を認識し、それを是正するための改革ならばよいが、彼らの演説を聞いている限り、そのような気配はあまり感じられなかった。やはり、アメリカの原点は個人の自由であり、そこを制限して社会的な価値、伝統的価値の見直しを図るという発想はなかなか支持されないのである。

その意味において、ポランニーが市場主義を「悪魔の碾き臼」として批判したのは正しかった。アメリカ式の資本主義が言うところの「普遍性」とは、結局のところ、文化の差異、あるいは社会伝統といったものを排除した、いわば人間社会の非合理的な側面や因習などがない、仮想的な真空空間において成立するものにすぎなかった。そして、その中で暮らす人々はいわばアトム的な、孤独な存在であり、人間同士のつながり、そこから生まれる苦しみや感動などとは無縁の存在にすぎなかった。

このような社会像はアメリカという理想国家の建設に邁進する「前へ前へと進むことに意義を見出す」人々にはさほどの違和感もなかったのかもしれない。しかし、それを普遍的な原理、理想だと勘違いしたところにアメリカ式の新自由主義の大いなる誤謬《ごびゅう》があったと言わざるを得ない。

実際のところ、アメリカが理想と信じてやまないグローバル資本主義の拡大も今や、大きな壁にぶち当たってしまった。市場原理の作り出した格差によって、アメリカ社会そのものが求心力を失いつつあるように見える。そして、モラルなき利益追求によってグローバルな金融資本市場そのものが破綻の淵に立っている。さらに言えば、「前へ前へと進む」果敢な経済活動が奨励されたことで引き起こされた環境破壊、資源の争奪戦、食糧価格の高騰は世界中の虐《しいた》げられた人々の存在を脅かすほどにまでなってしまった。

アメリカという国は自分たちのアイデンティティを維持するために、つねに外部に「未開のフロンティア」を持っていなければいけないという宿命を帯びている。その「未開のフロンティア」に対して、彼らの言う普遍的理念を広めるのが国家的使命である以上、つねに外に向かって突き進まなければならないのだが、もはや「未開のフロンティア」が消失してしまった今、ヨーロッパやロシアとの摩擦を起こすことなくアメリカの理念を広めることは著しく困難になった。それどころか、世界はむしろ、イラク戦争やアメリカ流金融資本主義の失敗を見るにつけ、アメリカのモラル・リーダーシップに対して大きな疑念を抱くようになったと思われる。

「滅びの淵」から人類を救うには

　このように見ていくと、世界のリーダーとしてのアメリカの世界史的役割は、今後十数年間にわたって縮小していかざるを得ないのであろう。少なくとも世界経済を牽引してきたアメリカ金融資本主義が破綻したいま、アメリカは「金融立国」戦略を組み立てなおす必要がある。少なくとも、アメリカの証券会社はこれまでのような投機色の強い「レバレッジ経営」を諦めざるを得ないであろう。

　とはいえ、マーケットのグローバル化そのものを今さら止めるわけにはいかないのも事実である。世界は今や高度に分業化されており、グローバル資本主義に歯止めをかけるといっても、それを逆流させると多くの国では生活に多大の支障を来すはずである。ましてや日本のように、エネルギーや食糧の大半を外国に依存する体制の下では、グローバリズムにストップをかけることは自らの首を絞めることになるだろう。

　では、今回の教訓から、我々が学ぶものがあるとするならば、それはいったい何なのだろうか。それは単純なグローバル資本主義の否定ではなく、グローバル資本主義が暗黙の前提としていたアメリカ的な価値観や思想のどこに問題があったかを検討することだろうし、さらに積極的には人類の将来のために我々が本当に共有すべき価値観とは何かを考えることではないだろうか。言い換えるならば、そもそもアメリカ流資本主義、さらに近代西洋思想のどこが誤っていて、どのように修正をしていくべきかを、根本に遡って考えるということである。

深刻な地球環境破壊、あるいは資源の枯渇といった問題は、実は、短期的な不況や株価低落といったこととは比較にならないほど深刻なことであり、この問題の対処を誤れば、それは人類の存続にも直接関わってくることである。そして、それは先進国だけ、あるいは新興国だけが考えればいいという次元の話ではない。

こうした問題に対処するには、小手先だけの対応ではすまされない。産業革命以来、近代資本主義が歩んできた歴史、それを支えてきた哲学そのものを見直し、新たなる価値観を見出していかないかぎり、このまま行けば、間違いなく人類は大規模な飢餓や、資源争奪の戦争に直面することになる。

「蛇と十字架」の秘密

となれば、私たちは、近代資本主義、さらに言えば近代西洋文明の背後にある価値観の根幹にあるものを理解し、それに対してどのような新たな価値観を主張すべきなのであろうか。価値観というのが大袈裟であるならば、どのような暮らしをすることが、真の意味での人間の幸福につながっていくと考えるべきなのか。

もちろん、このテーマはあまりにも大きなものであり、答えは一朝一夕に見つかるものではあるまい。しかしながら、一つだけ間違いなく言えるとしたら、これからの地球を考えるうえで、近代西洋の啓蒙主義、ヒューマニズム（人間中心主義）そのものの是非を問うてみる必要がありそうだということである。もちろん、啓蒙主義、ヒューマニズムの背後には西洋社会を支えるキリスト教的な思想が控えているわけだから、結局、われわれは宗教の世界に足を踏み入れざるを得ないであろう。

すでに述べてきたように、キリスト教などの一神教においては、「自然と共存する」という思想は存在しない。自然は神の被造物であるから、自然に偉大さを感じ、あるいは畏怖を覚えることはキリスト教とは無縁の思想である。神は人間を創り、自然を創ったが、そこにははじめから階層があった。神の下に人間がおり、自然の管理は人間に任されたのである。自然との共生よりも、自然を征服していくことが神の御心にかなうと考えるのがキリスト教の発想なのである。

安田喜憲氏（国際日本文化研究センター教授）は、きわめて示唆《しさ》的な著書、『蛇と十字架』（人文書院）のなかで、キリスト教のような一神教が世界に普及したことで、人間と自然の関係が根本的に変わったことをさまざまな実例を通じて立証している。そもそも太古の昔から、森の中で生活していた人類の信仰心は、洋の東西を問わず、自然に畏敬の念を感じ、さまざまな自然現象や自然物に神性を感じるアニミズム信仰に集約されていた。たとえば、安田氏の本のタイトルが示すとおり、アニミズム信仰の代表例の一つは蛇であった。蛇のような生殖力の旺盛な動物に豊饒の恵みを感じて、それを祀《まつ》ることであった。

安田教授によれば、たとえば日本の神社の「しめ縄」は雌雄二匹の蛇が交合している姿だという。蛇の旺盛な繁殖力や脱皮という不可思議な現象に豊饒の秘密を垣間見た彼らは、蛇を神と崇めた。もちろん、蛇信仰は日本に限らない。同様の蛇の交合をなぞった造形は古代の地中海世界、あるいは中東にも広く分布していて、彫刻などのモチーフに多用されている。これは中国大陸においても同様で、龍はまさに蛇のイメージをコアにして生まれた神獣である。古代の人々にとって、蛇は異形であるがゆえに聖なるものとして敬われたり、あるいは人間を超える不思議な力を持つとして畏怖の対象になったりしたのである。

ところが、紀元前数百年のころ、シリアやシナイ半島など地中海の南側の地域が乾燥化しはじめ、やがて森が消滅し砂漠になった。森が消滅すれば蛇は生息できなくなり、また、森がなくなれば蛇信仰は困難になる。むしろ、砂漠の民は蛇など地を這《は》いまわる神ではなく、天上の神を求めだした。天上の神ならば、砂漠の民にオアシスのある方向を指し示すことができるからである。そこから生まれてきたのが、ヤハウェを唯一神にいただく一神教であった。この一神教からユダヤ教、キリスト教、イスラム教が生まれてきたことは広く知られている。

「メデューサ殺し」の意味

「砂漠の宗教」たる一神教がこの地域に生まれ、次第に力を持つようになると、「森の宗教」であったアニミズムや多神教は弾圧されはじめる。

バール神のようなエジプトなど広範囲に崇められていた豊饒の神は、偶像崇拝の禁止を強力に教える一神教に弾圧されるようになった。旧約聖書を見れば、アブラハムが神から偶像崇拝を厳しく戒められる場面が出てくるが、そうした中で古くからあった蛇信仰への弾圧も強力に行なわれるようになった。いわゆる「蛇殺し」である。

典型的にそれが分かるのは、やはり旧約聖書「創世記」におけるアダムとイブの話であろう。エデンの園で「知恵の実」である林檎を食べるようにイブをそそのかしたのはほかならぬ蛇であった。このことによって人間はエデンの園から追い出され、「原罪」を負うようになったのである。このことから、キリスト教世界では、蛇は邪悪さの象徴、悪魔の使いとされるようになったのである。

そのほかにも、自然崇拝の習慣を変えさせるのが一神教を広める近道であるということから、蛇殺しの例は無数に存在する。

安田教授によれば、ギリシア神話に出てくる、かの有名な「メデューサ」も、実は「蛇殺し」の一環として捉えられるべき話であるという。

メデューサはギリシア神話に出てくる美しい女神である。彼女の美しさを妬《ねた》んだ女神アテナはメデューサを怪物に変え、髪の毛一本、一本をすべて蛇に変えてしまう。この話は義務教育でギリシア神話を学んでいる欧米人ならたいてい知っているようだ。実際、ヨーロッパの美術館に行くと、メデューサ殺しを題材にした絵画がたくさんあるからである。

たとえば、ウィーン国立歴史博物館にあるルーベンスの「メデューサの頭部」(Haupt der Madusa) は絶品である。筆者もイスタンブールの地下壕で、逆さ吊りにされた巨大なメデューサの石像を見たことがある。「彼女に見つめられると石になるから彼女の眼は見ないように」と脅かされたことを記憶している。

もちろん、ギリシア神話は多神教であるわけだから、一神教の論理で「メデューサ殺し」が行なわれたわけでもない。しかし、安田教授によれば、ギリシア神話が整理され、完成する時期は一神教の登場とほぼ同時代であり、ギリシアも当時、乾燥化に晒《さら》されていたのだという。環境が乾燥化・砂漠化して森がなくなると、蛇が聖なる神から悪の化身に転化するという点では、キリスト教もギリシア神話も事情は同じなのである。

ヨーロッパ絵画でギリシア神話が画題に選ばれるようになるのは、ルネッサンス期以後の話だが、キリスト教離れをした西欧社会でも画家たちが好んでこの題材を選んだという事実も、蛇を邪悪視する西洋文化の伝統の深さを再確認させてくれる。そういう意味で、「メデューサ殺し」はなかなか面白い事例と言えるだろう。

さて、一神教以前の自然信仰を打破すべく、邪悪なイメージを植え付けられたのは蛇だけではない。たとえば古代ギリシア神話の牧神パンやサテュロス、あるいは北欧民話のリェシーは、もともと山羊《やぎ》の姿をした神であった。

一説によれば、山羊が多産で生命力に満ちた生き物であるがゆえに、古代の人々は山羊を豊饒の象徴として信仰したのだというが、こうした山羊のイメージもキリスト教によって一八〇度、変わってしまう。キリスト教の宗教絵画では悪魔は山羊の角を生やし、足に蹄《ひずめ》がある姿で描かれている。つまり、山羊は悪魔のイメージに用いられるようになったのである。

このようにかつては神であった蛇や山羊が、悪魔のイメージになったのは単なる偶然ではない。ユダヤ教やキリスト教にとっては、こうした動物を崇拝の対象にすることそのものが悪であり、排除されるべきものであった。

だからこそ、蛇や山羊は悪の象徴へとイメージ転換がなされる必要があった。すなわち「十字架」の登場によって、「蛇は殺された」のだというのが安田氏の所論なのである。大変興味深い。

「自然は征服するもの」と考える一神教思想

かくのごとく、一神教の成立とキリスト教の普及はヨーロッパ人の自然観に決定的な影響を及ぼした。西欧文明においては、自然の山や谷、あるいは野生の動植物といった存在は基本的に「悪」であり、「悪」であるがゆえに人間がそれを征服しなければならないと考える。

それはたとえば、ヨーロッパの庭園を見ても分かる。ヨーロッパ人の考える理想的な庭園とは、ベルサイユ宮殿の庭園のように、人間の手で品種改良されたバラなどを人工的、幾何学的に配置したものである。ベルサイユ宮殿の庭園は見事に左右対称に造形され、人間の自然に対する強い意志が打ち出されている。実際、西洋人の美意識は、日本人のように、山や野などの自然を見立て、その風情《ふぜい》を庭に再現することが美であると考える意識とはまったく異なったものである。

かくのごとく、自然を管理し、飼い慣らし、征服することが神から人間に与えられた使命であると考えるのがキリスト教であり、こうした思想を「スチュワードシップ Stewardship」と言うが、こうした自然観があったからこそ、近代西欧社会は世界の覇者になりえたと言っても過言ではない。なぜか。それは自然への恐怖心がなかったからこそ、自然を客観的に、科学的に分析することが可能になり、近代科学革命が起こったという事情があるからである。もし、人類がいつまでもアニミズム信仰に浸り、自然への畏怖心を強く持ち続けていたならば、大木を切り倒し、森を開墾することもできなかったであろうし、自然を徹底的に分析しつくすことなどとても恐ろしくてできなかったであろう。

実際、「人間は自然の中にある真理を解明し、自然を管理できるようになる」という確信がなければ、とうてい自然科学は発達しなかった。また、西欧人が七つの海を渡り、各地に植民地を作ることができたのも、彼らが自然に対する畏怖を感じなかったからに他ならないし、「自然を開発することで罰が当たるのではないか」といった、自然崇拝の気持ちがどこかにあれば、アメリカ人の西部開拓も起こりえなかったであろう。「自然は畏《おそ》れるに足りない」という思想があればこそ、西欧人は世界に広がっていけたのである。

たしかに、こうしたスチュワードシップの発想があればこそ、近代科学や資本主義が発達したことは間違いない。たとえば、自然が神聖であるという考えが残っていれば、ポランニーが批判する土地の売買も行なわれることはなく、したがって資本主義の成立もありえなかったことは事実であろう。

だが、このような自然観に基づく西洋文明、そしてその極北としての資本主義社会はすでに述べてきたとおり、行き詰まりを見せている。資本主義社会が人間にもたらしたもの、それは信じられないほどの科学的発明、生産性の上昇、物質的な生活水準の向上などであったが、明らかにそれは地球の限度を超えてしまった。また、環境破壊がとどまるところを知らず、先進国では人々の心が荒《すさ》み、社会も疲弊しはじめた。

二一世紀に入って、ついに自然と人間とを対立的に捉えるキリスト教的な発想、近代合理主義思想、そして人間中心主義から脱却する必要が出てきたのである。

そもそも、すでに述べたように一神教以前の人間は、自然を神聖なものとして捉え、動物の中に霊性や神性を見出していた。そうした自然観のほうが実は「普遍的」なものであり、自然を征服するという考えのほうが特殊であったのだ。

そのことを考えるならば、我々はいま一度、古代の人々が持っていた自然への思い、自然への素朴な崇拝心を取り戻すべきではないだろうか。「アニミズム（自然崇拝）」は、これまで原始的な宗教、未開人の信仰とされてきたわけだが、それはあくまでもキリスト教など一神教からの評価にすぎない。実は自然を崇拝し、自然との調和、自然との共存共栄を目指す価値観にこそ、二一世紀の我々が目指すゴールがあるのではないだろうか。

なぜ日本人は自然と共生できたのか

さて、そのような観点に立ったとき、日本人の宗教感覚、自然感覚が現代世界において重要な意義を持ってくるのではないか。

というのも、およそ世界のさまざまな文明の中でも、日本ほど自然に対する素朴な信仰心や愛情を育《はぐく》んできた国は少ないからであり、明治維新以降の西洋化の波に揉《も》まれながらも、その心情は古来とあまり変わらない形で心の奥底に残存していると思われるからである。そして、このような文明は少なくとも先進国の中には他に見あたらない。

そもそも人間の文明とは、単独では生きていけない人間が自然の脅威に対抗するために集団生活を行なうことから生まれてきた。古代メソポタミア、エジプト、黄河文明……どの古代文明を見ても、それが都市国家から始まったというのは偶然ではない。都市とは外敵から身を守るためのみならず、自然の大いなる力に対抗するために人間が作り出した「一大発明」であったと言えるだろう。その意味では、およそ高度な文明において自然は畏敬の対象になりえても、そこに親しみを感じたり、あるいは共存していこうという姿勢に至ることは少なかった。

たとえば今でも中国では都市の周囲ではかならず大規模な森林伐採が行なわれる。生活用の燃料としての薪《まき》を得るために森が消費しつくされるのだが、その結果、多くの禿《は》げ山ができ、砂漠化が進んでいく。森を失った大地は雨水をとどめおくことができず、やせ衰える。やせた土壌は雨水に流され、生物は死滅し、人間の生きる場所でなくなっていく。これが中国の大きな環境問題である。

これは地中海世界でも同じで、かつてのレバノンは広大な杉林があったとされるが、船舶を造るためにレバノン杉がどんどん伐採されて、古代のかなり早い時期に広大な森が消滅したと言われている。地中海の島々においても、それは同様であるという。このように都市文明は自然を破壊し、森林資源を消費しつくすのが常である。

ヨーロッパの主要国で森林伐採に最後まで抵抗したのはおそらくドイツであろう。ドイツの地は昔は「ゲルマーニア」と呼ばれていたが、この地には行けども行けども深い森が続いていた。ここに住むドルイド僧は森にいる神を信じ、森を聖なるものとしてキリスト教布教者たちに抵抗したが、ついにキリスト教が勝利を収め、ゲルマーニアの森は次々に伐採されていった。その結果、一七世紀ころまでにはドイツの森林の八割は伐採されてしまったという。

ところが、日本の場合、こうした形での自然破壊は少なくとも明治維新までは起こらなかった。その理由としてはもちろん日本列島が実に天然資源、森林資源に恵まれた土地であったことも大きいが、それと同時に忘れてはならないのは、日本には古来森を慈《いつく》しみ、育てる文化があったということである。

日本人もまた生活の必要上、樹を切り倒していたわけであるが、そうやって樹を伐ったあとを放置するのではなく、ちゃんと植林をし、地域共有の「里山」として維持していかねばならないというルールを持っていた。なぜなら、稲作を行なううえで、保水機能のある里山を持つことが不可欠だったからである。稲作を農業の中心に据えた日本はその意味で森を残さざるをえなかったのである。また、古くからの原始林は「鎮守の森」などと呼ばれ、聖なる土地として樹を伐ること自体が禁止されていた。日本では神社はかならず鎮守の森の中に造られたが、それは日本人が神は森に宿ると考えていたからに他ならない。まさに日本人は自然と共生する暮らしの中に、独特の宗教観を育んでいったのである。

こうしたメンタリティは時代を下って徳川期になっても消えることがなかった。徳川期の江戸は人口一〇〇万に達する世界最大の都市であったが、ヨーロッパの他の都市のような衛生問題、あるいは伝染病問題がほとんどなかったと言われる。それは都市生活の中で出たゴミや排泄物などが、完璧にリサイクルされるシステムができていたことが大きな理由であるが、徳川期の日本人にとっては自然環境を破壊しない暮らしをするという思想が当たり前のようにビルト・インされていたのである。

前出の安田喜憲氏によれば「江戸時代の日本では、（中略）厳重な森林の利用規制をしいた。『木一本が首一つ、枝一本が腕一つ』と言われ、山の木を盗んだ者は、即刻打《うち》首《くび》になった」という（前掲書二二三ページ）。これほど日本人は木を大切に育てていたのである。明治維新以降、日本人は西洋化し、自然環境もかなりの程度破壊してしまったが、それでも日本の森林面積は国土の七〇パーセントに上るという。この財産は日本人の自然観が残したものであり、大事にしていかなければならないと思う。

日本に来た外国人たち、ことに西洋人は日本に緑が多いことに驚嘆するが、日本の緑したたる美しい風景は単に日本が温暖な気候帯に属するおかげで存続したわけではなく、日本人自身が長年にわたって守ってきたものに他ならないのである。

神道と仏教を融合した日本人

では、いったいなぜ日本人は古代から森を大切にするなど、自然との共生を重視してきたのか。

その答えは今さら言うまでもあるまい。鬱蒼《うっそう》とした森、見上げるような大木、あるいは山の奥から湧き出る泉、さらには巨岩——これらの自然物を日本人は古来聖なるものとして崇め、大切に扱ってきたからである。こうした聖なる場所にはかならずといっていいほど神社が造られ、山や森をご神体として信仰してきた。

といっても、こうしたアニミズム的な自然信仰ならば、日本に限らず古代世界のあちこちにあったものだから、特に珍しいというわけではない。だが、日本の場合、そうした素朴な自然崇拝に基づく神道が外来宗教である仏教と融合し、いわば「日本的神学」

ともいうべき思想を産み出したところが異色なのである。

この神道と仏教の融合を理論的に正当化した考えを「本地垂迹説《ほんじすいじゃくせつ》」と言う。

本来、インドから中国を経て日本に渡来してきた仏教には自然崇拝の要素はない。元来、仏教は人間に苦をもたらす原因となる「煩悩の炎」を滅して、悟りの境地に至ることを目的としているのであるから、あくまでも努力する主体は自分自身であって、自然の神聖さや霊性に頼るという思考は存在しない。もちろん、仏教の修行者の中には森の中、山の奥に籠もる人たちもいるが、それは自然の厳しさの中に身を置くことで自分自身を鍛え、物事に対する認識を変えようということであって、自然から「悟りをいただく」ということを目的としているわけではない。

したがって、キリスト教のように自然を積極的に征服せよと命じたりはしないものの、仏教においては自然崇拝の入る余地は本来、ほとんどないのである。

ところが、その仏教が日本に入ってきたとき、日本人は古代から伝わる神道と、仏教の思想を見事に融合してしまった。「本地垂迹説」とは、後で詳しく説明するが、分かりやすく言ってしまえば、「目の前の崇めるべき神がどんな姿形をしていようとも、それは本地仏《ほんじぶつ》の化身であるから、それを崇め、拝んでも何ら問題はない」という考え方である。

たとえば、伊勢神宮はアマテラス（天照大神）という太陽神を祀っているが、アマテラスの本地仏は大日如来《だいにちにょらい》である。あるいは、熊野本宮はスサノオ（素戔嗚尊）を祀っているが、その本地仏は阿弥陀如来《あみだにょらい》という仏であるという具合である。つまり、神様を拝むことはそのまま仏様を拝むことにもなるというのが、本地垂迹の思想なのである。

よく言われることだが、日本人は正月には神社に参拝して初詣でをし、彼岸やお盆になればお寺に行って、先祖供養をする。そして冬になるとクリスマスを祝う――このような日本人には本当の意味での信仰は存在しないのではないか、日本人は無宗教の民族なのではないかと昔からしばしば批判されてきたが、それはあくまでも表面的なものの見方であって、少なくとも仏教と神道の両立については、古来日本人はきちんと両立させる神学を持ってきたのである。

日本人には天上の神を唯一の神として崇める宗教はない。しかし、日本人は道端に生える草木一本一本にも神や仏の存在を感じ、人間は自然によって生かされているという独特の宗教観がある。「ありがたい」「もったいない」「いただきます」といった日常使う言葉はもとはすべて仏教で使われていた。日本人は特定の神を信じているかどうかという点では「無宗教」だが、全般的な宗教心があるかどうかという点になると、依然として世界で最も宗教心のある国民なのではないだろうか。

私が尊敬してやまなかった心理学者の故河合隼雄先生は、「カトリックはパートタイム宗教、日本の宗教はフルタイム宗教だ」とよく冗談を言っておられたが、その意味するところは、「カトリック教徒は月曜から土曜までは好きなことをして、日曜日になると教会に行って懺悔《ざんげ》をすれば許してもらえる。だから、彼らが敬虔《けいけん》な気持ちに浸るのは日曜だけ」「しかし、日本人は四六時中、ごちそうさま、ありがとうと言い、道端に小さな神社やお地蔵さんがあるととっさにお祈りをしている。日本人にはそういった日常化した宗教観がある」ということであった。

考えてみれば、二一世紀にもなって、何百万、何千万人という人が正月になると初詣でに出向くということ自体、先進国では異常なことである。日本人に宗教心がないというのはとんでもない間違いなのである。

「日本的自然哲学」を確立した本地垂迹説

古代から伝わる建国神話によれば、日本とは「神国」であるとされてきた。

『古事記』『日本書紀』あるいは『風土記』の書き記したところを総合すれば、日本列島はそもそも神々の作った土地であり、この列島を直接統治するために高天原《たかまがはら》の神々は天孫であるニニギ（瓊瓊杵尊）を降臨させた。そして、この高天原の神が現代にまで続く皇室のご先祖に当たると考えられてきた。

しかも、この日本には単に皇室の祖神（皇祖皇宗）のみがあるのではなく、八百万《やおよろず》とも言われるほど多数の神々がおわしている。そして言うまでもなく、この八百万の神々の多くは、大木や巨岩、あるいは深山などをご神体としていた。すなわち、日本中の自然がそのまま神様であって、ゆえに日本は神国とされていたわけである。

さて、このような自然崇拝に起源を発する神道を信じていた日本に仏教がやってきたときに、日本人は古来の自然崇拝と仏教思想のどちらか一方を選択するのではなく、それらを両立させる道を考えた。そこで生まれたのが「本地垂迹説」なのである。

「本地垂迹説」についてはすでに述べたが、もう少し神学的角度から説明すると、次のようになる。

すなわち仏教の教え、釈迦《しゃか》の見出した縁起《えんぎ》の思想は、時空を超えた永遠の真理である。したがって、その真理は古代インドのみならず、古代日本にも普遍的にあったはずで、ならば、衆生《しゅじょう》を救済する仏もまた、この世の最初から日本に存在したと考えなければ道理に合わない。そこで考えてみると、日本列島を作ったときから日本には神々がおられた。となると、日本の神々とは、実は日本の衆生を救うために仏様が化身となって現われたものと考えるべきではあるまいか――。

歴史小説の中で、昔の武士たちが「南無八幡大菩薩《なむはちまんだいぼさつ》」などと戦いの前に祈ったりする姿が描かれていたりするものだが、そもそも「八幡様」というのは、日本で最も古くから信仰されていた神の一つで、大分の宇佐《うさ》八幡宮から日本中に広がったとも言われている。八幡様の起源は謎に包まれた部分も多いが、とにかく有史以前から信仰されてきた神であることは間違いない。その八幡神がなぜ仏教の「菩薩」という名で呼ばれるかといえば、もともとはインドにおられた菩薩が日本に現われるときには八幡神の姿になったと解釈するからである。そこで「八幡大菩薩」という呼称で呼ばれるようになった。

本地とはそもそも「仏教の真理」という意味で、それが日本において迹《あと》（神としての姿）を垂れたということから本地垂迹説という言い方が生まれたのだが、これは何も八幡神に限ったことではない。たとえば日本神話の最高神であるアマテラス（天照大神）の本地は、密教の中心的本尊である大日如来であるとされているし、さらにこうした思想が広まると、各地の神社には神＝仏を供養するために、僧侶が仕える「神宮寺」が作られるようになった。いわゆる神仏習合の信仰はこのようにして始まったわけである。

なぜ、西行や芭蕉は聖人と慕われたのか

さて、こうした本地垂迹の思想が成立したことによって、日本人の古代から伝わる自然崇拝の気持ちはますます強まることになった。何しろ、この思想に立てば、日本列島は八百万の神がおわす「神国」であると同時に、仏が守護をする「仏国土《ぶっこくど》」であるということになる。

近代的な思想に影響されている私たちからすると、この本地垂迹思想はなんとも奇抜な説にも思えるわけだが、しかし、この神仏を融合する日本独自の思想によって、日本

人が古代から抱いてきた素朴な自然崇拝が本格的に日本文化の根本に位置するようになった。

なぜならば、日本は神国であると同時に仏国土であるがゆえに、日本では道ばたに生えている名もなき草にさえ神性があり、仏性《ぶっしょう》があると信じられるようになった。それはまさに「山川草木国土《さんせんそうもくこくど》悉皆仏性《しっかいぶっしょう》」あるいは「山川草木国土悉皆成仏《しっかいじょうぶつ》」という言葉で表現されている。だから、森を人間の都合で伐採したりすることは罰当たりなことだとされたし、森に暮らす鳥の鳴き声、虫の音《ね》は、そのまま人間の成仏を祈るお経であると信じられた。

かくして、自然は聖なるものであり、人間はその守護によって生かされているのだという思想が日本社会の中に定着するようになった。したがって、この本地垂迹の理解なくしては、以後の日本文化を理解することは不可能なのである。

ところが、最近の高校の日本史では「本地垂迹説」をちゃんと教えないらしい。講演会などでこの話をしても反応してくれるのは筆者と同じ年齢層か、それ以上のお年寄りだけである。

日本の学校はなぜこんなに重要な歴史的事実を教えないのであろうか。答えは簡単である。マッカーサーが日本に進駐して来たときに、三教科停止命令が出されたためである。三教科とは「歴史」「地理」「道徳」だが、これらを教えないようにすることで、日本人の愛国心を削《そ》ぎ取るということがマッカーサーの意図であった。自らの国のルーツを知らない国民は根無し草になり、国は衰退する。これがマッカーサーの日本弱体化のための戦略だったのである。日本の教育界はこれにまんまと引っ掛かり、日本の若者は自国の歴史や神話、宗教などについて何も学ばなくなってしまった。筆者自身の経験でもそうだが、外国に生活するようになって日本人が一番困るのは、自国のことを実はほとんど知らないということなのである。

横道にそれてしまったが、こうした日本的な自然観を文学という形で結晶させたのが、歌聖と呼ばれる西行《さいぎょう》法師であり、そしてその西行を尊敬してやまなかった俳聖・松尾芭蕉《ばしょう》であった。

西行も芭蕉もともに日本列島を漂泊して、行く先々で自然の姿を歌や俳句に詠んだが、彼らが自然を愛し、自然を題材にしたのは、単に自然を愛好したためではない。咲き誇る花や流れる水、あるいは山の緑や蟬の声を文学の題材として捉えることがそのまま仏道修行になり、死者に対する供養にもなると信じたからである。そして、旅に生き、自然の中で暮らす、彼らのような生き方こそが人生の理想であると多くの日本人が感じたからこそ、西行や芭蕉は歌聖、俳聖と呼ばれるようになったのであった。

そして、こうした日本人の感性はいまもなお、私たちの心の中に息づいている。正月の朝に老若男女が山に登り、その山頂でご来迎《らいごう》に手を合わせ、一年の幸せを祈るのも、また、春になると日本中の人々がこぞって花見に行く習慣が今日でも行なわれているのも、そうしたことが単なるレジャーではなく、どこかに日本人の宗教的感覚を刺激するものがあるからに他ならない。

正月に初詣でをし、お盆に寺に行くことに対して何の矛盾も感じないのも、日本人に信仰心がないからではなく、「日本的神学」においては神社と寺に行くことは充分に両立可能だからなのである。そして、そうした日本的神学があればこそ、日本は昔から美しい自然が維持されてきたのである。

「一国家・一文明」という世界史的例外

さて、本地垂迹の説明が長くなってしまったが、日本のように古来自然崇拝を維持しつづけてきた国は、少なくとも先進国と呼ばれる国々の中には存在しない。そもそもG7（先進国主要七カ国会議）の中で、非キリスト教国は日本だけである。

たしかに今や、中国やインド、あるいは韓国など、日本以外の非西洋・非キリスト教文明圏からも経済的に台頭している新興国家が現われているわけだが、しかし、これらの国の人々が日本人のように一木一草にも神が宿ると考え、自然を守ってきているかといえば、そうとは言えない（たしかにインドで広く信仰されているヒンドゥー教は日本と同じような多神教であり、自然現象に起源を持つ神々も崇拝しているが、それが自然崇拝に結びついているというわけではない)。

ではいったい、なぜ同じようにアジア圏にあり、キリスト教の影響が少ないにもかかわらず、日本だけがこのような自然崇拝の気持ちを古代から維持しつづけてきたのだろうか。

その理由を考えていくときに、私たちはまず日本という国が世界的に見て特異な歴史を経過してきたことに注目すべきであろう。

これはハーバード大学のサミュエル・P・ハンチントン教授も言っていることだが、地球上の主たる文明の中で有史以来「一国家・一文明」を維持してきたのは、日本しかない。大著『文明の衝突』(集英社)の中でハンチントンは地球上の主要な文明を七つに分けているが、中華文明にせよ、イスラム文明にせよ、そしてもちろん西欧文明にせよ、大規模な民族移動や異民族支配を受けた歴史を有している。

はじめて西ヨーロッパのかなりの地域を支配したのはギリシア文明の衣鉢《いはつ》を継ぐローマ帝国であったが、そのローマ帝国はやがてゲルマン民族の大移動によって滅ぼされ、中世ヨーロッパ社会へと移行する。そして、そのヨーロッパを精神的に支配したのはカトリックのローマ教会であった。西ヨーロッパの文明社会とはギリシア哲学(ヘレニズム)、ローマ法、キリスト教(ヘブライズム)の三要素によって出来上がっているというのが、一般的な解釈である。そして、さらに付言すれば、今、ギリシアに生きている人々は古代ギリシア人の末裔《まつえい》ではないし、現代のイタリア人にしても古代ローマ人の直系の子孫ではない。

中華文明にしても、その事情は同じである。

現在の中国人と、『史記』の時代（春秋戦国時代）の中国大陸の住民とは、人種的にみればまったく違う集団であるというのが、今や歴史学者の定説である。四世紀初頭から始まった大戦乱、いわゆる五胡十六国《ごこじゅうろっこく》時代の主人公になったのは、鮮卑《せんぴ》族をはじめとする周辺の騎馬民族であり、一世紀以上にわたる戦乱で、漢民族はほとんど滅びたと言われている。そして、この後に中原《ちゅうげん》の覇者となった隋帝国・唐帝国の中心となったのは、他ならぬ鮮卑族であった。さらにその後も戦乱は繰り返され、モンゴルの元《げん》帝国、女真《じょしん》族の清《しん》帝国などができているわけだから、「中国四〇〇〇年の歴史」といっても、そこには人種的連続性はないのである。

弥生人は縄文人を征服しなかった

このように世界中の文明は、さまざまな民族の大移動や異文化間の衝突の中で作られてきたわけだが、その中で稀有な例外が日本である。

日本は建国以来、歴史上――二〇世紀、アメリカによる占領期を除けば――、一度も異民族に支配された経験を持っていない。有史以前に遡ってみても、日本で大規模な人種的混合が起きたと見られるのは、紀元前三世紀ごろ、日本列島にいわゆる弥生人が多数移住してきた例しか見出せない。その後、いわゆる渡来人はあったが、それは民族大移動と呼べるほどのレベルではない。

しかも、この弥生人の渡来にしても、一般的な意味での侵略や民族大移動とは様相を異にしている。というのも、この時期、弥生人が日本列島に稲作文化を持ち込んだのは間違いないが、それによって先住民族であった縄文人の文化伝統が消滅したわけではないからである。また縄文人集団が弥生人によって虐殺されたり、奴隷にされたという証拠もない。三世紀前後に起きたと考えられる弥生人の集団移住は、弥生人による縄文人の征服というよりも、両人間集団の文化的融合であったと考えるのが実態に即しているであろう。

なぜそうなったかというと、日本が島国であったからである。民族大移動に匹敵するような多数の異民族が一挙に日本に押し寄せてくるということは、当時の航海技術からして到底不可能なことであった。したがって、弥生人の渡来は「さみだれ式」に少人数ずつの渡来であったに違いない。だからこそ、渡来してきた弥生人も先住者である縄文人と折り合いをつけて平和裡に融合していかざるをえなかったものと思われる。そして、この弥生時代以後、日本では他の国や地域で起きたような大規模な人種的混合は起きていない。

かくして日本は有史以来「一国家・一文明」という枠組みを維持しつづけてきたわけだが、日本人が自然崇拝を古来、維持してきたというのも、このように縄文文化と弥生文化が融合した結果であろうと思われる。

いわゆる採集生活を中心にしていた縄文人たちにとって、自然とはまさしく畏怖すべき存在であり、また彼らに恵みを与えてくれるという意味でありがたい存在であった。日本は古来温暖であり、海の幸、山の幸に恵まれた豊かな土地柄であったわけだが、そのような土地に暮らす縄文人たちが、自然に対して素朴な信仰心を抱くようになったことは容易に想像できる。

このような縄文人たちの素朴な自然崇拝は、先進的な農耕文明を有して移住してきた弥生人にとっては、本来、忌むべきものであったはずである。「歴史の常識」に従えば、弥生人が縄文人たちの神々を追放し、自分たちの信仰を強要するのが普通である。

ところが、実際にはそうした動きは起こらなかった。縄文人たちが信じていた自然崇拝は、そのまま弥生人にも受け継がれていった。後代の日本人が仏教を輸入しながらも、自然崇拝をベースとする神道を残したように、弥生人たちも縄文人の信仰を否定しなかったのである。

なぜそうなったか。征服民族であるはずの弥生人の数が足りなかったという側面については すでに指摘したが、それ以上に稲作農業は小麦や大麦などの畑作農業とは違って、自然の力をうまく活用する必要があったからである。

通常、縄文文化と弥生文化の違いは、前者が自然の恵みによって生活する採取狩猟漁《ぎょ》撈《ろう》文化であるのに対し、後者は収穫量を確保するために自然を征服し、コントロールしていく知恵を必要とする文化だと言われる。そこで、縄文文化は基本的に自然との共存共栄を図る生活態度になるが、弥生文化は自然を征服する発想が必要になると思われがちだが、そうとは限らない。

というのも、稲作について言えば、自然を征服するという発想よりも、自然と折り合いをつける発想が不可欠だからだ。水田を造るには、かならず水を確保しなければならない。水を確保するには、里山をつくり、森の保水能力を高めなければならない。稲作がそれほど大規模農業にならなかったのは、里山を作るなど、自然との折り合いが大事だったからで、自然を徹底的に征服すれば稲作はできないということである。

しかし、小麦や大麦を主たる収穫物とする農耕文化は少し様子が違う。まず、畑を大規模化し、大規模な灌漑《かんがい》システムをつくる。そうして、地下水を農業のために使うという構造である。紀元前数千年の昔に栄えたシュメール文明が滅びたのは、地下水を大量に使いすぎて生産量が落ちたためと言われるが、シュメールに限らず、小麦や大麦などの畑作農業は土地を乾燥化させる傾向があるとされている。ところが、稲作は水源を確保する必要から、自然との調和が重要なのである。

血にまみれたギリシアの神々

弥生人と縄文人との生活や信仰が平和的に融合したと推定される根拠はさまざまに挙げられるが、それが最も明確に現われているのは『古事記』や『日本書紀』などに記された神話である。

穏やかで牧歌的とさえいえる日本の神話に親しんだ私たちがギリシア神話を読むと驚かされるのは、ギリシアの神々が実に戦闘的であり、血を好む存在であることである。たとえば、ギリシア神話の最高神はゼウスとされるが、このゼウスは実は最初から天地の支配者であったのではない。ゼウスが最高神になれたのは、彼自身の父にあたるクロノスが率いるティタン（タイタン）一族との激しい権力闘争に勝利したからに他ならない。言うなれば、ゼウスの手は父親の血にまみれているのである。もっとも、ゼウスの父クロノスは、預言者から「あなたを追い落とすのはあなたの子どもだ」と告げられ、生まれてくる子どもたちを次々に食ってしまう。考えただけで残忍な話だが、ゼウスだけは母親の機転で洞窟に隠れ、父親に食われるということはなかった。結果は予言どおりになったわけだが、いずれにしても、権力を手にするには激烈な戦闘が必要なのであった。

私たち日本人は「天上の神々」という言葉に福々しい、穏やかなイメージを連想してしまうが、ギリシアの神々はけっしてそうではない。

しかも、このような神々の闘争は、ゼウスが最高神の座を獲得したあとでも終わったわけではない。かの有名なトロイ戦争にしても、ギリシア神話の伝承によれば、元々は神々の内紛が発端となって起こったことであり、いわば代理戦争としてギリシアとトロイが戦ったというのだから穏やかではない。

もう一つ、日本の神話とギリシア神話の大きな違いは女神の存在である。日本の最高神はアマテラスであり、女性である。このこと自体、世界中の神話を見渡してもほとんど例のないことであるが、日本の神話に出てくる女神はことごとく温和であり、貞淑である。ところが、ギリシアの女神たちはとてつもなく美しいが、多くはきわめて淫乱かつ嫉妬深いのである。男性ならずとも憧れるヴィーナス（アフロディテ）は、男性神であろうと、人間の英雄であろうと、いい男を見つけるとすぐにものにしてしまう。そんな話がギリシア神話には満載されている。

なぜ、日本神話とギリシア神話では、こんなに女性に対する見方が違うのか。その問いに答えることは筆者の手に余るが、いずれにしても、西欧社会の原点にあるギリシア神話を読み、また、日本という国の原点にある日本の神話（『古事記』や『日本書紀』）を読むことによって、西洋人と日本人の世界観がどのように違うのかを垣間見ることができるのである（興味ある読者は吉田敦彦『日本の神話』『ギリシア・ローマの神話』などをひもとかれたい)。

ともかく、こうした神話を当時のギリシアの人々が語り継いできたということは、そこに一種のリアリティを感じていたからに他ならない。地中海世界では、神々の戦争と同じように血なまぐさい戦争が人間のあいだでも繰り返されていたということであろう。そして、その戦争においてはつねに勝者が敗者を支配し、虐殺し、奴隷にするということが普通に行なわれていたのである。

「国譲り」によって統一された日本の独自性

ギリシア神話は多神教の世界であるが、ユダヤ教やキリスト教といった一神教の世界においても、事情は変わらない。

ノアの大洪水や、ソドムとゴモラの二つの町を焼き尽くした話に現われているように、旧約聖書の中に現われてくる神、ヤハウェは自分への信仰を失った人間たちがいれば、たちまちに町ごと、民族ごと滅ぼしてしまう恐るべき存在である。またすでに述べたように、神はイスラエルの民に対して異教徒を一人残らず殲滅することを命じたりもする。

一神教だから当然といえば当然であるが、ユダヤ教、キリスト教の世界では異教徒との共存はおろか、文化的融合さえもありえない。そこにあるのは、つねに食うか食われるかの闘争であり、緊張関係なのである。

ところが、これに対して日本の神話の中にはギリシア神話や旧約聖書の中に現われるような、血なまぐさい話はほとんどと言っていいほど出てこない。

たとえばギリシア神話のゼウスに相当する最高神はアマテラスだが、この神はゼウスと違って闘争の結果、最高神の座に就いたのではない。アマテラスは世界の創造神とされるイザナギ・イザナミ（伊弉諾尊・伊弉冉尊）から生まれた子どもの一人であり、最初から天界の統治を任されているのである。

つまり、アマテラスは最初から最高神の地位を与えられていたわけだが、そこに揉め事がなかったかといえば、そうではない。アマテラスの弟スサノオ（素戔嗚尊）は生来の乱暴者であって、天界でさまざまな問題を起こす。

しかし、そこでアマテラスはスサノオを直接罰したりしない。よく知られたように、スサノオの狼藉に怒ったアマテラスのほうがそのまま天の岩戸の中に引き籠もってしまうというのだから、日本の神々は最初から闘争性とは無縁なのである。

さらに話を続ければ、このスサノオに対しては結局、天界からの追放という罰が与えられるのであるが、追放先の出雲の国でスサノオはヤマタノオロチを退治する、そして、オロチの犠牲になりかけたクシナダヒメと結婚して、めでたく出雲の統治者になる。乱暴者であったスサノオが殺されるどころか、むしろ逆に幸福をつかむというのも平和を好む日本神話の特性が表われているとも言えよう。

さて、そのスサノオから五代目のオオクニヌシ（大国主命）の時代、天界のアマテラスは孫のニニギ（瓊瓊杵尊）に地上の支配を命じる。これがギリシア神話であれば、高天原の神々と出雲のオオクニヌシとの間に大々的な戦争が勃発したであろう。

ところが、日本神話ではいきなり高天原側が地上に攻め込んでいくのではなく、三度にわたって高天原から使者が派遣され、説得工作が行なわれる。そこでついにオオクニヌシは国を譲る決心し、それを受けてようやくニニギが高天原から下りてくる、つまり天孫降臨が行なわれたというわけである。

言うまでもなく、こうして降臨してきたニニギの曾孫に当たるのが神武天皇であり、わが国の皇室の始まりということになるわけだが、ここで重要なのは天界の神々が日本の支配権を得たのはあくまでも平和な交渉のうちに行なわれたということである。しかも、オオクニヌシたち地上の神々は敗者として屈辱的に扱われるのではなく、出雲大社の主神として今日に至るまで祀られている。

もちろん、神話はどこまでも神話であって、史実そのものではない。だが、いわば勝者である大和朝廷の側が作った『日本書紀』や『古事記』にこうした国譲りの神話が書かれているということは、当時の朝廷が「力こそがすべてである」「戦いによって正義が決まる」という論理に立っていなかったことだけは誰にも否定できない事実であろう。

そして、ここからはむろん推測にすぎないが、縄文人と弥生人との間にも同様な形での文化的融合が行なわれたのではないだろうか。

実際、日本各地にある神社や仏閣には、そこが歴史以前から「聖なる土地」として信仰されていた例が少なくない。しかも、そうやって聖地とされた場所は、高山であったり、あるいは磐座《いわくら》と呼ばれる巨岩であったりして、稲作渡来以前の昔から人々に信仰されていたのだろうと推測がなされている。

もちろん、実際には弥生人たちのほうが圧倒的に文化程度も高かったであろうが、しかしながら、その弥生人たちは縄文人の信仰を否定することなく、逆に吸収していったのである。その結果、神仏習合が成就したのである。

縄文と弥生が融合した理由とは

さて、それにしても、稲作文化と採集文化のこうした平和な融合がなぜ日本列島で起きたのであろうか。

二つの集団が出会ったときに、普通は勝者が敗者を滅ぼすか、滅ぼさないまでも敗者の文化や信仰を完全に否定するものである。それが歴史の一般法則であるはずなのに、なぜか日本ではそのようなことが起きなかった。しかも、このパターンは後にも繰り返され、日本人は仏教を受容しても、旧来の神道を否定しなかったし、またその後も中国文明を受け容れつつ、同時に国風文化を成立させたりもしている。

こうした日本型の文化受容の原点となるのが、まさにこの縄文と弥生の出会いであったと私は考えているのだが、弥生と縄文とが融合した一つの理由はもちろん、弥生人のほうが縄文人を根絶やしにしなかったということにある。

これは一つには、日本の国土が限られていたということもあるだろう。狭い土地をめぐっての流血は、後々までに禍根を残す。征服するのは簡単だが、それよりも相手の文化伝統や信仰を尊重し、融和を図ったほうが得だという弥生側の判断もそこにはあったのではないか。

だが、そうした「合理的判断」と同時に私が注目したいのは、日本の縄文時代が一万年近い長さを持っていた事実である。

そもそも近代的な進歩史観においては、海の幸や山の幸を収穫することによって生活する、いわゆる採集狩猟漁撈の暮らしは「未開」なものであり、安定的な暮らしを営むことができる農耕生活のほうが「高等」であるとされてきたことは言うまでもない。実際、メソポタミアやエジプト、中国の古代文明と農耕とは切っても切れない関係にある。

この観点から見たときに、日本の「文明化」はまことに遅い。弥生時代の始まりについては、学者によって諸説あるものの（本書ではいちおう三世紀説を採用した）、海を隔てた中国大陸における農耕の開始よりずっと遅かったのは間違いのない事実である。

近年の研究によれば、中国大陸における農耕は長江流域から始まったとされているが、その最古の農耕遺跡はおよそ紀元前一万五〇〇〇年ごろのものと推定されている。ちなみにチグリス・ユーフラテス流域における最古の農耕遺跡は紀元前九〇〇〇年である。日本の農耕の始まりについては、最も古い説を採る人でもせいぜい紀元前一〇〇〇年であるのだから、中国大陸と比べれば、話にならないほど遅い。まさに、その点から見れば、日本列島はアジアの後進地域であったということになろう。

なぜ、縄文時代は一万年も続いたのか

なぜ、日本に農耕文明がやってくるのが遅かったのかといえば、その最大の理由はもちろん日本列島の地理的な特性によるであろう。すなわち大陸とは海を隔てた島国であったということが農耕文明の渡来を妨げたのは間違いあるまい。

しかしながら、はたして理由はそれだけだったのだろうか。

というのも、日本列島ではたしかに農耕文明の始まりは遅かったが、それと同時に採集文明たる縄文時代がなんと一万年近くも続いていた。つまり、日本列島は紀元前一万数千年頃から、人々が採集生活で暮らしていけるほど食糧が豊かで、しかも気候も温暖な地域であったというわけである。

ちなみに我々が縄文時代というと、例のエネルギッシュなフォルムをした縄文土器を思い出すわけだが、この縄文土器の始まりは世界でも最も古い部類に属する。つまり、

日本列島に暮らしていた人はたしかに稲作を長く知らなかったが、だからといって「未開」であったとはかならずしも断言できない。

現代の研究では一万数千年前、新石器時代が終わって縄文時代が始まった頃にはすでに日本列島は温暖であったことが明らかになっている。彼ら縄文人が土器を作ったりできたのも、見方を変えれば、それだけ生活に余裕があったということであろう。それは言い換えるならば、彼らには農耕文明を採り入れる必要がさほどなかったとも解釈できるのではないか。

実際、近年発見された青森の三内丸山《さんないまるやま》遺跡は、今から五五〇〇年～四〇〇〇年前のものと推定されているが、この遺跡から出土した遺物から、この時代、すでに縄文人が長期にわたる定住生活を送っていたことが明らかになっている。狩猟採集生活というと、食べ物を求めるために流浪の生活を送っていたというイメージがあるが、現在の青森においても定住生活できるほどの食糧が調達できたというのだから、どれだけ縄文人が豊かな生活を送っていたかが分かるというものであろう。

自然に神聖さを感じる日本人、自然を征服の対象と考える欧米人

さて、縄文時代がおよそ一万年も続いたことは、その後の日本文化にとって決定的な意味を持っていると私は考える。

すでに述べたように、日本列島に後からやってきた弥生人たちは縄文文化を抹殺することがなかったわけだが、それは一つには縄文人の文化そのものが豊かで、強固な精神的地盤を確立していたことも関係しているのではないだろうか。だからこそ、弥生人、そしてその後裔である古墳時代の人々は縄文人の信仰した聖地をそのまま活かし、また、自然に対する畏敬の念や崇拝心を受け継いだのであろう。

また、その後の時代、仏教や中国文明といった高度な文明が入ってきても、神道が排除されることがなく、それどころか本地垂迹説のような日本的神学が作られたというのも、やはり日本文化の基礎に、この一万年にわたる縄文時代の精神が脈々として生きているからではないか——このように考えていかないかぎり、なぜ日本人だけが「自然との共生」という独特の哲学、美意識を持ち得たのかが理解できないと私は考えるのである。

こうした縄文の思想は、単に自然を崇拝し、自然と共生するだけのことに終わらない。たとえば日本人には「素朴の美」を愛する、独特の感性があるが、これもまた縄文的なものだと言えるだろう。

西洋の一神教においては「自然とは征服・管理するものである」という思想が基本にあると述べたが、このような思想においては「自然そのまま」、すなわち素朴な造形は高等な美であるとは評価されない。

人間が万物の霊長であると考える一神教的土壌においては、美術品や工芸品にしても、優れた人間のセンスによって精緻に手を加えられ、さまざまに意匠を凝《こ》らしたものがより上等であるとされる。バロックやロココの美とは、まさにその象徴である。これはイスラム圏でも、あるいは中華文明圏でも基本的には同じである。

ところが日本人の場合は、たしかに一方で繊細さや壮麗さを好むセンスもあるが、それと同時に、何も手を加えない、素朴なるものに美を感じるセンスも持っている。

たとえば、それが如実に表われているのが、戦国時代に生まれた茶道である。千利《せんのり》休《きゅう》が完成させた茶道においては、細工を凝らした茶器は好まれない。カンボジアやベトナムあたりで庶民が使っていたとおぼしき、形も少々歪んだような陶器にこそ「わび・さび」があると感じ、戦国大名はそうした素朴な茶器を手に入れるためには万金を投じても惜しくはないと考えていた。力と富を得れば、「金ぴか」に走るヨーロッパや中国の王族や諸侯の行動パターンといかに違うことか（この点については、呉善花『日本的精神の可能性』ＰＨＰ文庫が面白い）。

それは宗教芸術においても同じである。本来、インドや中国の仏教において、釈迦像や菩薩像とはきらびやかであることが尊さの象徴であるとされてきた。したがって、仏像は金属製であったり、あるいは金箔《きんぱく》で被われていた。また、仏教寺院そのものも朱塗りで豪奢《ごうしゃ》に作るのが普通であった。

ところがこの仏教が日本に入ってくると、とたんに質素を好むようになる。たしかに初期の仏教においては東大寺のようにその富貴を誇る、立派な施設が作られたが、時代を経るにしたがって仏像も木肌をそのまま活かしたようなものが好まれるようになった。寺にしても禅宗などでは質素な寺院が営まれたし、その庭園も石と白砂だけの石庭が現われるようになる。

このように日本の場合は、文化程度あるいは経済レベルが上がるにしたがって、むしろ豪奢さよりも簡素さを追求するのが上流であるという感覚がある。能や侘《わ》び茶も「とことんそぎ落とす」ことが最高の美を産み出すという考え方である。西洋でこのような感覚が生まれてくるのは、つい最近のことと言っていい。

たとえば建築において、ドイツのバウハウスのようなシンプルなスタイルが生まれたのは二〇世紀初頭にすぎない。これに対して、日本で簡素な建築の極北と評される桂離宮が作られたのは一七世紀のことである。このことから見れば、日本人の美的センスは西洋の数百年先を行っていたとも言えるし、西洋人が「自然とは征服すべきものである」というドグマから脱したのは、ついこの頃のことであるということも分かる。

日本文化の中にこそ環境問題への解決の鍵がある

このように、日本人にとって「自然との共生」という思想は、西洋人のようにけっしてつい最近生まれた付け焼き刃ではなく、今から一万年以上も前にそのルーツを遡ることが可能なのだ。

だからこそ、日本の伝統文化はどこを見ても、そこには縄文時代以来の自然尊重の考えが染みこんでいると言えるだろう。茶の湯、生け花、和歌、俳句、日本庭園など、いずれも自然を題材にし、自然に託して喜怒哀楽を表現するのが、日本文化の一大特徴であるのはけっして偶然ではない。

もちろん、こうした考えが生まれてきた背景には、日本列島が古来温暖な地で暮らしやすい環境であったこと、そして、限られた国土の中で暮らしていくには自然を保護し、維持していく努力を続けなくてはいけなかったという事情も関係しているわけで、「日本人の優秀さが、自然保護の精神を作った」などと増長するわけにはいかないのは当然のことである。

だが、その一方で世界の文明国を見渡しても、ここまで自然との共生の文化を培《つちか》ってきた国や地域はどこにもない。しかも、それがイデオロギーやキャンペーンのような薄っぺらなものではなく、生活のありとあらゆるところにまで浸透している。

言うまでもなく、我々人間は自然環境なくしては生きてはいけない。言い換えるならば、人間は自然によって生かされているのである。それはこれだけ文明が発達した現代でも変わらないし、むしろ、これほどまでに消費文化が発達した今日であるがゆえに、自然との共生が求められている時代はない。

ところが、グローバル資本主義はそうした自然環境をも商品化し、市場で売り出そうとする思想である。近年では、二酸化炭素の排出権さえも売買の対象にされようとしているが、はたして、それが本当に正しい「解答」であるのかを我々は今こそ立ち止まって考えるべきであろう。温暖化対策にしても、本当に市場原理に任せれば、すべては解決できるのか——昨今のグローバル資本主義の暴走ぶりを見たとき、ありとあらゆるものを経済原理で解決できるという西洋近代的思想、ひいてはその根底にある一神教的思想が正しいのか、我々はもう一度問いかけなければならない。

このような環境破壊の時代、資源不足の時代にあって、我々日本人が古代から培ってきた思想こそが今、求められているのではないか——そのように考えるのはけっして誇大妄想ではあるまい。

先にも述べたように、およそ世界の先進国の中で、日本は「一国家・一文明」を維持してきた例外的な存在である。世界がグローバル資本主義の荒波によって揺さぶられている今日、日本の持つユニークさから可能になる国際社会への貢献はますます求められているのではないだろうか。

次章では、さらにこの議論を別の角度から掘り下げていきたいと思う。

第六章

今こそ、日本の「安心・安全」を世界に

日本人と古代ローマ人の共通点

前章では日本文化の中にある「自然との共生」思想が縄文時代にまで遡れることを示した。日本に農耕文明以前の「自然との共生」思想が生き残れた理由の一つは、弥生人が縄文人を虐殺したり、あるいは追放したりすることなく、融合の道を選んだことにあった。

作家の塩野七生氏は古代共和制のローマが後に地中海世界の覇者になれたのは、被征服民族の信仰や生活スタイルを否定せず、むしろ積極的に融合したことにあったと記しておられる（塩野七生『ローマ人の物語』新潮社）。ローマ帝国と日本を直接比較するのは無理があるとしても、征服者が被支配者を虐《しいた》げ、殺戮する例は世界中に珍しくないにもかかわらず、日本がそれとは違った道を選んだことで、特色ある精神文化を創り出したことは間違いあるまい。

と言っても、私はここで「だから日本人は昔から平和を愛好する国民だった」という主張をするつもりはない。源平の戦いや、戦国時代、さらには日露戦争、大東亜戦争の例を挙げるまでもなく、日本人も欧米人と同様に、戦争の歴史を持っている。日本人がもともと平和を愛する国民だというのは自己撞着にすぎないだろう。

しかしながら、それでいてなぜ縄文人と弥生人とが融合できたのかといえば、次のような仮説が成り立つのではないだろうか。

すなわち、「日本列島のような閉鎖的な空間においては、力の論理で問題を強引に解決するよりも、話し合いと相互理解を通じた共存共栄路線を選択するほうが、長期的には得策である」という判断が、当時の日本列島の住人の間で共有されていたのではないか、ということである。

今日、世界各地で繰り広げられている民族紛争を見ても分かるように、ある民族や人間集団が他者を征服する場合、相手を殲滅、あるいは奴隷化してしまうという解決方法は一見、確実なものに見える。しかし、それは結局、報復を招くだけに他ならない。一時的にはたしかに軍事力や経済力で相手の動きを封じることができるが、しかし、長い目で見ればそれは消耗戦にもつながりかねない。その意味では、力ずくの戦略というのは長期で見れば結局ロスも大きい。

そこでふたたび共和制ローマの故事を思い出せば、その草創期においてローマ人はイタリア半島の少数派にすぎなかった。すでにイタリアにはエトルリア人など、高度な文化や軍事力を持った集団があった。その中で彼らが強大になっていくのには、力で押していくのではなく、他者との融和・協調のほうがずっと現実的であったというわけである。

それと同様に、古代の弥生人、あるいは大和朝廷の祖先たちも先住民を征服したりするのではなく、話し合いによる融合路線、協調路線のほうが得策であると考えたのではないだろうか。事実、歴史を見れば、大和朝廷は次々と「まつろわぬ民」を取り込んでいったのであるから、この路線を選んだことは正しかったと言えるであろう。

外国人を驚かせた幕末・維新の〝安心・安全〟

相手を力ずくで支配するのではなく、融和し、協調しあうという古代の日本人のスタイルは、その後の日本においてもいわば精神的DNAとして連綿と受け継がれてきたと言っても間違いではあるまい。

話はずっと後世に飛ぶが、幕末から明治期に日本を訪れた欧米人たちの多くは、支配者である武士階級のみならず、庶民階層に至るまで日本人が他者と調和的であり、実に行儀正しいことに驚いている。

幕末・明治期に来日した外国人たちの手記を整理し、その内容を数多く紹介した渡辺京二『逝きし世の面影』（平凡社ライブラリー）には、そうした欧米人たちの感想が多数引用されている。そのごく一部を紹介してみよう。

明治七年に天体観測のために来日したメキシコの天文学者ディアス・コバルビアスは、横浜市野毛山《のげやま》に設けた観測所で、一度も物を盗まれなかったと言い、夜間、人里離れたところまで、単身武器を持たず、見ず知らずの人力車夫に案内されて度々出かけたが、暴力沙汰に遭ったことや侮辱を受けたことは一度もないと記して、「何の被害も受けずにこのような振る舞いができる国など世界のどこにあろうか」と嘆声をあげている（前掲書一六九ページ）。

また初代駐日英国公使のオールコックは「すべての店の表は開けっ放しになっていて、なかが見え、うしろにはかならず小さな庭があり、それに家人たちは座ったまま働いたり、遊んだり、手でどんな仕事をしているかということ――朝食・昼寝・そのあとの行水・女の家事・はだかの子どもたちの遊戯・男の商取り引きや手細工――などが何でも見える」（同一五六ページ）と書いて、日本の社会には庶民層に至るまで「安心」や「安全」が満ち溢れていることに感心しているのである。

島国ゆえの長期互恵戦略

さて、こうした観察は『逝きし世の面影』に、それこそ山のように紹介されているのだが、なぜ日本の社会がこれほど安全で、秩序に満ちたものであったかといえば、それは言うまでもなく、人間の流動性が少なく、生活空間が限られた「吹きだまり」ともいうべき島国日本では、相手の弱みや油断につけ込んで、目先の利益だけを追求する戦略を選択するのは、かえって損につながるからに他ならない。日本人が戦略的でないように見えるのは、おたがいに長期にわたって付き合う間柄で、小賢しくちょっとした金儲けの機会を探し求めているような輩《やから》は信用できないし、まして敬服するわけにはいかないという価値観が定着しているからである。それよりも、相手に安心感を与えられる、配慮の行き届いた人が好まれるのである。

これがたとえば、ヨーロッパや中国のように他国と地続きになっていて、しかも歴史的に異民族による征服が頻繁に起こった社会では、生き残る必要上、相手の裏をかくようなしたたかな戦略性が要求される。日本人のように相手を安易に信用するわけにはいかない。こういう社会に入っていくと、日本人は困惑してしまう。相手は自分を裏切らないだろうと思って付き合っていると、平気で裏切られてしまう。そうなると、誰も信用できなくなってしまう。だから、外国では日本人は気苦労が絶えない。

都会とはつねに身元の知れない「よそ者」が流入してきている場所である。また、何か他者の信頼を裏切るような行為をしたとしても町の外に逃げ出せば、それ以上の追求は不可能になる。このような流動性の高い社会においては、他者に対する警戒を怠るわけにはいかないし、むしろこちらから相手を利用するくらいのしたたかさを持っていないと生き残っていけない。

しかし、これに対して、日本ではこうした態度はむしろ社会で生き残るためには不利に働く。なぜならば社会の流動性が低く、いつも同じメンバーが顔をつきあわせて生きていかねばならない宿命を持った島国では、自己の利益だけを優先して行動していれば、結局は周囲の信用を失ってしまい、長期的な目標を達成することがむずかしくなる。

だからこそ、まずは他人を信頼し、同時に正直に振る舞うことによって他者からの信用を獲得するという、いわば「共存共栄」の長期互恵戦略を採っていくほうが日本社会においては得策なのである。

日本神話の世界において「神々の政権交代」が平和裡に行なわれたと伝えられるのも、また縄文から弥生への転換において闘争的要素が少なかったと思われるのも、そうした日本独特の事情が関係していると見るほうが、日本における「平和な政権交代」がより合理的に説明できるのではないだろうか。

戦後日本を経済大国にした「談合」「系列」の秘密

さて、何ごとにおいても調和と共存を重んじる日本人の「和の精神」については、内外からさまざまな批判を受けてきた。

ことにアメリカ式の資本主義から見れば、平等な条件での自由な価格競争よりも、長期的な信頼関係を優先していく日本企業のあり方は市場原理否定の論理であるとされてきた。「ダンゴウ（談合）」あるいは「ケイレツ（系列）」という言葉は、閉鎖的な日本経済の象徴として使われてきた。

たしかに、このようなアメリカの批判はすべて間違いというわけではない。ことに市場競争がまったく存在しない公共部門においては、談合などの慣習が非効率を産み出し、税金の無駄遣いを許してきたのは否定できない事実である。

しかしながら、その一方でアメリカ式の市場原理に任せれば、日本に「健全なる資本主義社会」が育ったかといえば、そうとは言えないだろう。そのことは市場原理優先の「構造改革」によって、日本の経済や社会がどれだけのダメージを受けたかを見れば明らかというものであろう（この点については、第七章で詳細に検討する）。また、すでに述べてきたように、アメリカ経済が世界一になったのも、ニューディール政策以後、政府による適切な企業統制、社会福祉政策や労使協調路線があったおかげであり、かならずしも市場原理のみの成果とは言えないことは先にみたとおりである。

それと同様に、日本経済が戦後、これだけ飛躍したのも市場原理を超えて、企業間（ケイレツ）、企業と従業員（終身雇用を軸とする労使協調）、金融機関と事業会社（メインバンク制度）、あるいは政府と民間部門の間（審議会制度）などの長期的関係を重視する戦略を採ったからに他ならない。部品や原材料の調達先企業と長期的な信頼関係を結べば、それだけ品質は担保できるわけだし、また労使間においても協調路線を採れば、ストライキなどで操業停止になることはない。相手を信用することによって、日本の企業は有形無形の形でコストカットに成功したと言える。経済学的にいえば、取引コストがそれだけ節約できたということになる。

これは何も国内市場だけに限ったことではなく、国際競争においても同じである。当初は粗悪品の代名詞だった「メイド・イン・ジャパン」が高品質の象徴になり、日本企業の製品が世界中のマーケットで勝ち残るに至ったのは、日本の企業が目先の利益を追わずに、長期的な顧客の信用を得ることを目的に良心的な物作りに徹したからに他ならない。

デザイン・インの思想が自動車王国日本を作ったわけ

このようにして生まれた「日本ブランド」の代表的な例が日本の自動車である。

今やトヨタはGMを抜き、世界一の生産台数を誇る。しかも収益面においても群を抜く存在になっている。日本の自動車がグローバル市場を制することに成功したのは、何と言っても日本車の品質の高さにあった。

日本の自動車メーカーの品質管理の高さは、新車発売直後の製品でも故障率がひじょうに低いことに象徴的に現われている。かつては日本の自動車も「新車発表直後の自動車は買わないほうがいい」と言われていた時期があった。自動車に限らず、どんな製品であっても発売当初は設計段階では予想もつかなかった不具合が出てきたりするものである。ことに自動車は高価な商品であり、しかも不具合があれば、命の安全にも関わる。

だから、生産ラインが落ち着くまでは買うのは控えたほうがいいというのが、日本でもアメリカでも常識とされていたわけである。

しかし、この「常識」を覆《くつがえ》したのが日本の自動車メーカーだった。今でもアメリカ車については新車発売からしばらくは買わないほうがいいと言われているが、日本車に限って言えば、そういうことを言う人が日本でもアメリカでもいなくなった。

それはなぜかと言えば、日本のメーカーとアメリカのメーカーでは新車設計のプロセスが根本的に違うからである。

そもそも自動車という製品は、自動車メーカーがすべての部品を生産して組み立てているわけではない。エンジン・パーツ、ボディの鋼板からネジに至るまで、さまざまな部品メーカーに生産を委託して、それを自動車メーカーが組み立てる。その数は一台につき、およそ二万点とも、三万点とも言われる。

新発売の自動車に不具合が起きやすい理由の一つは、何といっても何万点にも上る部品の品質管理がむずかしいことにある。部品が設計どおりの精度や材料で作られていなかったり、あるいは設計陣が予想しなかったような強度不足や不具合があれば、それがそのまま故障に直結する。しかし、そうした不具合を発売前にチェックするのは、部品点数が多いだけにひじょうにむずかしい。

そこで、部品そのものの信頼度を高めるために日本の自動車メーカーが採用したのは

「デザイン・イン」という手法だった。

なぜ部品の段階で不具合が起きるかといえば、結局のところ、組み立てメーカーと部品メーカーとの間に情報や価値観の共有が行なわれていないせいにある――そう考えた日本の自動車メーカーでは、設計段階から主要部品メーカーとの間で緊密な情報や意見の交換を行なうことにした。部品の発注を行なう段階で、初めて部品メーカーに情報を提供するのではなく、新車を開発する初期の段階から部品メーカーに設計情報を提供し、最先端の車に仕立て上げるために部品メーカーからも最新の技術情報や提案を汲み上げていく。こうした相互で情報を共有する作業を通じて、製品全体の完成度を高めていこうとするのがデザイン・インの試みである。

結果から言えば、こうしたデザイン・インによって日本車の信頼度は比較にならないほど高くもなったし、また現場レベルでの情報交換が緊密になされることによって、部品メーカーの技術力もやる気も高まった。部品メーカーは単なる「下請け」ではなく、自動車メーカーのパートナーとなったわけだから、現場のモチベーションが上がるのは当然のことである。

かくして、日本車はアメリカのメーカーなどに比べて、「摺り合わせ」の精度が上がり、製品の完成度が高まり、消費者の人気を集めることになった。当初は単に価格競争力、あるいは燃費の良さなどが日本車の魅力であったわけだが、レクサス人気が象徴するように今や日本の自動車は高級車のジャンルでも信頼を勝ち得ている。

なぜ、アメリカ自動車業界は日本に敗れたのか

今さら改めて言うまでもないが、このようなデザイン・インという手法が可能になったのは、日本の自動車会社と部品メーカーとの間に、長期にわたる取引関係、信頼関係が構築されていたからに他ならない。

自動車メーカーの立場からすれば、デザイン・インとは新車の設計図という極秘情報を外部に明かすことに他ならない。また部品メーカーからすれば、長期にわたるデザイン・インのプロセスに協力することは、自らの技術情報の漏出に加えて多大の先行投資を必要とするので、株主の支持を得られるか分からない。

したがって、長期的に見れば、デザイン・インは双方に大きなメリットをもたらす可能性があるとは分かってはいても、それを実践に移すのはさまざまなハードルが待っている。そして、そのようなハードルをクリアできた理由は、長期継続的取引によって共存共栄を図るという思想、そこから産み出される長期的な信頼関係の醸成に成功したからであった。これは、短期的な市場で、そのときどきに一番安い価格で商品を提供している会社と取引すべきであるとするアメリカ型の「正義」とは相容れないが、こと自動車産業のような複雑な製品を供給する産業では、日本のシステムのほうが経済合理性が

高いといわなければならない。

このような長期にわたる相互協力の関係は、アメリカの経営風土ではまずありえない話である。すでに述べたとおり、そもそもアメリカ的な経営手法においては、部品の調達先はマーケット・メカニズムによって決定されるべきものである。

つまり、同じ品質の部品が複数あるならば、その中でそのときどきに最も安い部品を提供できるメーカーと取引することこそが合理的な判断であって、日本のように「相互に信頼関係を築ける部品メーカーと取引するべきである」と考えるのは非合理なことであり、そこには癒着、談合など、何らかのアンフェアな要素があるのではないかと疑われても仕方がないということになる。

実際、過去の日米交渉においても、日本の自動車業界における「ケイレツ」は不公正な商取引習慣であり、アメリカの部品メーカーが参入するうえでの非関税障壁になっているというのがアメリカの主張であった。

アメリカの言うとおり、長年にわたる系列関係はともすれば企業同士のもたれ合い、馴れ合いを産み出しかねないのは事実である。しかし、他方、このような関係がなければ、カンバン・システムやデザイン・インなど実行できるはずもない。その意味で、系列関係を最初から悪と決めつけたアメリカ側の考えは物事の一面しか見ていなかったと言える。

実際、アメリカの自動車メーカーでは、部品の調達は新車の設計が決まった段階で、オープンな競争入札によって決められる。

しかし、そうやって落札した部品メーカーが、はたして要求される水準の部品を必要な分量だけ供給してくれるかは蓋を開けてみるまで分からない。

加えて、自動車会社の側も、自分が発注する部品の材料についての知識や、製作プロセスのノウハウなど、すべてを熟知しているわけではないから、部品メーカーが仕様書どおりに作っても、思わぬ不具合が発生することもありえる。

かくして新車の初期ロットを買った顧客は、さまざまな故障や欠陥に悩まされることになるわけで、このようなオープンなマーケットを使った製品戦略が企業にとって有利な結果をもたらすとは限らないことを露呈した。その意味では、市場原理に委ねることがより合理的であり、フェアであると断定することはできないのである。

長期信頼関係こそが力である

日本の自動車メーカーが今日のような成功を収めた原因は、もちろん部品メーカーとの協力関係だけで説明できるわけではない。そもそも日本の自動車に対する消費者の信任が高まったのは、日本の自動車メーカーや部品メーカーなどが、当初から徹底した「品質へのこだわり」を持っていたからである。デザイン・インという手法も、そうしたこだわりがあればこそ生まれたものだと言えよう。

これはGMとトヨタ双方に部品を供給している、あるアメリカの部品メーカーの幹部から聞いた話だが、同じ部品を納入する際、GMが要求するチェック箇所は三ケ所であったが、トヨタの場合はその倍の六つにも上ったのだという。

部品メーカーからすれば、GMに比べてトヨタは過剰な品質管理を部品メーカーに要求しているということになるわけで、その幹部は不満たらたらだったが、しかし、こうした品質へのこだわりはとりもなおさず「顧客からの信頼を絶対に裏切ってはならない」「見えないところにも気配りをしておかないと何が起こるか分からない」というトヨタの信念がもたらしたものに他ならない。

たしかに過剰とも言える品質管理はコストを上昇させる要因になるわけだから、それだけ競争条件は悪くなる。コスト管理はきわめて厳しくやらなければならないし、それに耐えられない部品メーカーは逃げていくかもしれない。しかし、そのような数々の困難を覚悟してでも、一〇年、二〇年と長きにわたって品質にこだわり続けることで、日本自動車メーカーはついに世界の消費者の支持を取り付けることに成功したのであった。

この「日本車に限って品質の問題は発生しない」という評判こそ、現在時点における日本車の真の財産なのである。

つまり、日本の自動車メーカーが、たった三〇年、四〇年前には技術的にアメリカに大きく立ち遅れていたにもかかわらず、熾烈《しれつ》な国際競争で勝ち残っていけたのは、部品メーカーとの間の長期信頼関係に加え、顧客の期待をけっして裏切らないという顧客との長期信頼関係を重視していたおかげに他ならない。

もちろん、こうした細部へのこだわりは消費者にストレートに伝わるものではない。品質は目に見えないが、価格は誰の目にも明らかだから、短期的に見れば価格競争に走ったほうが得である。

だが、日本のメーカーは激しい価格競争の中でも、品質へのこだわりを捨てることがなかった。かくしてアメリカやヨーロッパの市場で一〇年、二〇年と戦っているうちに、消費者の間に「日本車は壊れない」という定評を得ることに成功したのである。そして、この「評判」こそが、日本を世界最大の自動車王国に押し上げた最大の要因になったわけなのである。

「日本人には戦略性がない」という嘘

さて、こうした日本の自動車業界の成功はアメリカ流の「市場原理万能主義」が、経済活動における唯一無二の真理ではないことを示した。

島国という閉鎖社会で暮らしてきた日本人は、短期的な競争において目先の勝利を収めるよりも、商売相手や顧客の信頼を確立することで長期的な勝利にこだわる傾向がある。閉鎖社会ではいったん信頼を失えばそれは終生付きまとう汚名になるからである。

だが、日本人が信頼関係を重視するのは、別に日本人が倫理的、道徳的に優れているからだと見るのは、あまりにも我田引水の解釈であろう。そもそも、ある文化圏の人間のほうが、他の文化圏の人間よりも道徳的に優れていると考えるのは、かつてのナチス思想にもつながりかねない危険な考え方でさえある。

では、なぜ日本人は信頼関係を重視するのかといえば、日本のような社会では長期的な信頼関係を築いたほうがトータルとして利益を最大化できる可能性が高く、逆に、目先の利益のために自分本位に行動すると、社会での評判を落としてしまうのでデメリットのほうが大きくなることを経験的に知っているからに他ならない。つまりは「正直で勤勉」ということが、日本社会における最適戦略であるわけなのである。日本人は戦略的でないと経営批評家などはよく批判するが、そうではない。日本人は十分戦略的である。ただ、戦略の中身が「長期的な信頼の確立」というところに力点が置かれているにすぎない。袖の下から鎧《よろい》が見え隠れするような見え透いた戦略は日本人が最も軽蔑するところだからである。

こうした「日本的な戦略」がアメリカでは通用しないと思われるかもしれない。しかし、実はそうではないのである。

たしかにアメリカ社会においては、自由でオープンな競争こそが善であり、道徳的に正しいとされる。実際、多数の移民によって構成されているアメリカ社会は日本に比べたらずっと流動的な社会であるから、他者との長期的関係をかならずしも前提としない。また、狭い日本ではいったん悪評を得てしまうと、そこから脱するのはむずかしいが、アメリカのような社会ではやり直しが何度でもできる。その意味では、日本のように「信頼こそが成功の鍵」ということにはならない。

こうしたアメリカ社会だからこそ、経済学の想定する「経済人」のイメージが説得力を持っていたのである。「経済人とは、目先のチャンスを逃さないし、利益を最大化するには方法を選ばないひとのことである」という思想はアメリカではたしかに通用するだろうが、そのような人間はけっして日本では歓迎されない。

だが、そのアメリカにおいても、長期的な信頼を重視する日本の自動車メーカーが成功を収めたのだから、実はアメリカ人自身も単純な市場主義や短期的な利益追求だけで行動を選択しているわけではないということが分かる。アメリカのような短期重視の国においてさえ、長期的に信頼を得る戦略は最終的には成功するのである。

レモン市場とは何か

実のことを言えば、学問としての経済学においては、「相互信頼」という要素が市場取引の効率性を左右する重要な要素であることは、かなり早くから知られてきた。

私の恩師でもあるケネス・アロー教授は「情報の非対称性」が市場での効率的な取引の妨げになることをいち早く指摘した一人だが、実はこの「情報の非対称性」が商取引における信頼関係の重要性と大いに関係しているのである。

この情報の非対称性を説明するときによく用いられるのは、「レモン市場」という例である。レモン市場といっても、これは果物のレモンの話ではない。アメリカ英語のスラングで、整備不良の中古車のことを「レモン」と言う。つまり、レモン市場とは中古車マーケットで、欠陥車、事故車が取引される状態のことを指す。

一回でも中古車を買った人なら経験があるだろうが、工場から出てきたばかりの新車を買うのと違って、中古車を買うのはいろいろな心配を伴う。なるべく安くて状態のいい出物を手に入れたいとは思うが、そのような格安品はひょっとすると事故車であったり、あるいはいわくつきの車であるかもしれず、それをディーラーが隠しているだけかもしれない。そのように疑いだせばきりがない。

かといって、中古車ディーラーに問いただしても、本当の答えが返ってくるとは限らない。「こんな状態のいい中古車は滅多にない」と奨めてはいるが、やはり事故車であるのかもしれない。だがその一方で、本当に良心的なディーラーで、薄利多売で儲けようとしているとも考えられる。

このように中古車の取引においては、買い手と売り手とでは持っている情報は同じではない。ディーラーのほうは、その車の来歴や状態をよく知っているが、買い手のほうはディーラーの告知する情報に頼らざるを得ない。このように売り手のほうが買い手よりも多くの情報を持っている状態を「情報の非対称性」が存在する状態という。

情報の非対称性は、実はありとあらゆるマーケットに起こりえる。たとえばスーパーに並んでいる中国産野菜が本当に安全なのかは、作った農家は知っているが買い手には分からない。それを知らずに買ってきて、体がしびれたといった類《たぐい》の忌まわしい例が最近とみに多いが、そんなことが続くと買い手はますます疑心暗鬼に陥ってしまって、よほど安心できるところからでないとモノを買おうとしなくなる。これは経済取引の効率性を著しく低下させることになる。

前にも説明したが、経済学が想定する「完全競争」においては、情報の同質性、情報の完全性が大前提になっている。つまり、買い手も売り手もみなが同じ情報を共有しているという仮定をするが、そのような完全市場など実際にありえないことは、この情報の非対称性一つをとってみてもよく分かる。

情報の非対称性が作る不信の構図

中古車マーケットは情報の非対称性が起きやすい市場であるが、さて、そこで買い手である顧客が「このディーラーは素人の自分を騙して、事故車や欠陥車を売りつけようとしているのではないか」と疑心暗鬼に陥ると、いったいどういうことが起きるだろう。

　欠陥品をつかまされる危険性がゼロでないと考えた客は、できるかぎり車を安く買い叩こうとするに違いない。支払った額が安ければ安いほど、事故車であった場合でも、諦めがつくというものである。

　しかし、こうした「自己防衛策」に走る客がどんどん増えていけば、いったい中古車マーケットはどうなるであろうか。ディーラーの査定した価格を信じない傾向が強まり、誰もがディスカウントを求めるようになれば、今度はディーラーの側も自己防衛を図る必要が出てくる。つまり、それまでは適正価格を付けていたとしても、客がそれを信じてくれず、値引き交渉をしてくるわけだから、ディーラー側は適正価格に何割かの上乗せをして店頭に並べるしかない。しかし、それでは全体に販売価格が上昇してしまうことになるので、「目玉品」「お買い得品」として質の悪い車、たとえば事故車などを扱わざるをえなくなってしまう。

　そうなれば、ますます客の側はディーラーを信用しなくなる。

「中古車ディーラーとは、買い手の無知につけ込んで、事故車を売りつける連中である」というイメージが一般に広がれば、ますます中古車の人気は下がっていき、ディーラーの儲けはどんどん減っていかざるをえない。かくして、良心的な中古車ディーラーはどんどん減っていき、残るのは客を客とも思わない悪徳ディーラーばかりになる……

情報の非対称性が産み出す「不信」が拡大再生産されていくと、最後にはマーケットそのものが消滅しかねないというのが、ケネス・アローらの指摘したことなのである。

しかし、もし中古車の買い手がディーラーと長い取引関係があったとしたらどうなるだろうか。ディーラーはこの人を裏切ることはできないと考えるだろう。なぜかというと、事故車を売りつけて後でトラブルが起こると、買い手との長い取引関係が壊れてしまうからである。したがって、このような馴染みの客には質の良い車を売ろうとするようになるだろう。

つまり、長期的な信頼関係がある取引においては、情報の非対称性が存在しても、そこから発生する非効率性は克服できるということになる。

信頼こそが社会資本である

このように見ていくと、マーケットがマーケットとして適切に機能していくには単に規制を緩和し、自由にマーケットに参入・退出ができるようにすればよいというものではないことが分かる。マーケットをマーケットたらしめるには、「信頼」というファクターが存在しなければならないというわけである。

このことを指摘しているのは、ケネス・アローばかりではない。たとえば経済学者のバンフィールドは「信頼の欠如こそ、経済発展を阻害する重要な要素の一つである」と指摘している。

つまり、隙《すき》あらば相手を騙してもかまわない、あるいは、油断していると他人から利用されてしまうと考えるような「不信」が蔓延している社会では経済発展はむずかしい。実はこのコンセプトを世界中の国々に当てはめて研究したのがアメリカの政治学者フランシス・フクヤマだった。

フクヤマによれば、日本はドイツやアメリカと並ぶ「高信頼国」であり、中国やフランス、イタリア南部などは「低信頼国」であるとしている（加藤寛訳『「信」なくば立たず』三笠書房）。

なぜ、経済発展と信頼が関係してくるのかについて、フクヤマは次のように説明している。

すなわち、他人同士の信頼関係が成り立ちにくい低信頼社会においては、事業を行なう場合に重要な仕事を部外者に任せることができないので、血縁者を優先的に採用せざるをえず、縁故主義が主流になる。

なぜならば「身内」の人間であれば、そうそう血族を裏切って儲けを持ち逃げしたり、あるいは賄賂《わいろ》を受け取るなどの利己的な行動に出たりはしないだろうと考えるからである。

華僑や南部イタリア人（シチリア人、ナポリ人など）がもっぱらファミリー・ビジネスにこだわるのは、まさにそうしたメンタリティがあるからに他ならない。

たしかに、こうした家族経営、血族経営は結束が堅く、裏切りは起きにくいという利点がある。ことに貿易のように、お互いに毎日顔を合わせないような仕事においては、遠くにいる相手が自分を裏切らないというのは重要な要素であり、だからこそ華僑などは他の民族に比べて、遠距離交易などで大きな利益を上げ得たのである。

しかしながら、このようなビジネス・スタイルには「成長の限界」もまた伴う。なぜならば、血族や親族しか信用しないのであれば、外部から優秀な人材を抜擢するチャンスがそれだけ失われるからである。

会社の規模をある程度以上に大きくする必要があるときに、外部の人間が信用できないということになれば、能力ある外部の専門経営者を採用できないということになる。外部から優秀な人材を採用できないなら、その会社は発展できなくなるだろう。これが低信頼社会ではブランド力のある世界的なエクセレント・カンパニーがなかなか生まれない理由である。

これに対して、社会の中に広く信頼関係が構築されている「高信頼社会」では、たとえ縁故がなくとも実力さえ証明できれば、出世のチャンスがある。このような社会にはダイナミズムが生まれやすいので、経済が活性化し、企業もまた事業を拡大するチャンスを手に入れることができる。

フクヤマによれば、世界中に華僑ネットワークがありながら、グローバルなブランド力のある中国系企業がこれまで生まれてこなかったのは、まさに「信頼の問題」がネックになっていたせいである。一方、日本のような国際貿易における後発国で、しかも人口も資源も少ない国に世界的に名の通った大企業が数多く輩出したのは、社会全体に「信頼」が醸成されていたからだということになる。

今でこそ、改革開放政策の結果、中国には既製の華僑資本とは無縁の大企業が出現しているが、しかし、それも子細に見れば、そうした企業も国家や外資が当初から関与して成立したものであったり、あるいは欧米などでＭＢＡを取得した帰国組の中国人が起業したものである例が多いことに気づかされる。

最近、社会学を中心に人間同士の信頼関係を「社会資本」と捉える見方が広がっている。経済学における「社会資本」とは、いわゆるインフラ、つまり道路や港湾施設のようなハードウェアを指すことが多かったのだが、人間の経済活動を支える基盤として「目に見えないインフラ」、すなわち「信頼」という要素が重要になるのではないかと社会学者たちは指摘している。

この議論を敷衍《ふえん》して言うならば、中国やインド、あるいはロシアのような新興国において経済が健全に発達していくためには、単にハードウェアとしてのインフラを整備するだけでは不十分で、ソフトウェアとしての社会資本、つまり社会の中に他者との信頼関係が生まれる土壌を築いていくのが実は重要なのだということにもなる。

はたして、これらの国々が身内以外の部外者との信頼関係を構築していけるか、我々は注視する必要があるだろう。

武士道に対抗して商人道を作り出した江戸の日本人

さて、このような視点に立つならば、明治の日本が近代化することに成功したのは、単に明治政府が諸外国から多額の借金をして港湾や鉄道を整備し、また「お雇い外国人」を高給で雇ったおかげではないということも見えてくる。

インフラストラクチャーを整備して、先進国からノウハウだけを導入しても、けっして近代化に成功するわけではない——そのことは当時の中国（清朝）が、日本の方法を踏襲して近代化を図ったものの、結局はうまく行かずに欧米列強の植民地になってしまったという歴史的事実によっても補強されるのではないだろうか。

そこで我々が注目しなくてはいけないのは、徳川時代において日本では信頼関係という「社会資本」がすでに用意されていたという事実である。

この章の冒頭でも述べたとおり、幕末・明治期の日本を訪れた外国人たちはこぞって、この東洋の一小国に安心や安全が満ち溢れており、庶民の間にまで信頼関係のネットワークが張り巡らされていることに感嘆の念を示している。

改めて言うまでもないことだが、徳川期の武士階層においては「武士道」という倫理の体系が広く浸透していた。武士道においては卑怯であることを厳しく批判し、上下関係の規律を厳しく守り、自分の仕える殿様に対してあくまでも忠義であることを説いていた。

江戸時代に入ると、間もなく武士階級は経済的に困窮の度を深めていく。江戸時代は二六〇年にわたって平和が続いた時期であったが、武士は戦争がないと実は潤《うるお》わない階級なのである。戦争で手柄をあげると、領地替えの恩賞をもらえたり，石高を上げてもらえたりするが、戦争がない限り、それはなかなか起こりにくい。また、平和が続くとなると、敵からの襲撃から人々を守るという守護者としての武士の役割もないことになる。だから、江戸時代の武士は経済的に困窮を極めていったのである。

しかし、武士は支配階級なのである。支配階級は経済的に困窮するようなら、年貢を引き上げるなどの行動に出れば済む話であろう。この点、日本の武士階級はきわめて潔癖だった。儒学を学び、「武士は食わねど高楊枝」とうそぶいていたのである。武士は志を高くし、国のあり方や人間の生き方などを究《きわ》めていればよいという考え方が普及していったのである。このように、支配階級でありながら、自らの経済的困窮を敢《あ》えて耐えた江戸時代の武士階級は大変偉かったと言える。武士階級の農民や町人に対する搾取は諸外国に比べるときわめて少なかったといえるだろう。

しかし、では、この町人たちに武士道のようなモラルの体系はなかったかと言えば、もちろんそうではない。日本社会の特殊性を述べるときに、日本の武士道を強調する人は多いが、当時の武士は人口の数パーセントしかなかった。いわば日本社会におけるマイノリティであり、圧倒的多数は町人であったわけである。

この、江戸の社会を実質的に支えた町人たちに信頼や正直の重要さを説いたのが、徳川時代に現われた鈴木正三《すずきしょうさん》や石田梅岩《いしだばいがん》などによる「商人道」の精神であった。

実は日本社会における「安心・安全」を考える場合、武士道よりも商人道の存在が鍵になるとするのは社会心理学者の山岸俊男氏である（『日本の「安心」は、なぜ消えたのか』集英社インターナショナル刊）。

というのも、武士道が重視するのは、あくまでも武士集団内部、もっと正確に言うならば自分の属する「家中」における団結であり、規律であって、そこからは見知らぬ他者との信頼関係を何よりも尊重するという発想は出てこない。むしろ藩や幕府を守るためには、外部の者に嘘をついても許される、いや嘘をつくべきであるとするのが武士の倫理である。

商業を通じた社会貢献を説いた石門心学

これに対して、徳川期の商人道においては、とにかく他者との連帯の重要性を説く。

商売においては他人からの信用を得るのが成功に至る、最善の道であるというのが徳川時代の商売哲学であった。

たとえば、近江《おうみ》商人の「三方《さんぽう》よし」精神もその一つである。

商売における信頼というと、単に取引相手と自己との関係さえよければいいと思われがちだが、日本各地で成功した近江商人たちは「売り手よし、買い手よし」に加えて、商売を通じての社会貢献をする「世間よし」を実現することが重要だと考えた。現代流にいえば、マーケットのみならず、地域社会に貢献するビジネスを行なうことが成功の秘訣であるというわけである。

このような「正直の大事さ」を、おそらく徳川時代の商人たちは経験を通じてつかんでいたのであろうが、このような思想を体系化して、日本全国に普及したのが石田梅岩の「石門心学《せきもんしんがく》」であった。

そもそも、徳川時代の支配階層であった武士から見れば、商人は一段も二段も低い存在だとされていた。「武士は食わねど高楊枝」のことわざが示すように、武士にとっては名誉こそが重要であって、金銭欲や物欲を持つことは卑しいこと、恥ずべきことだとされていた。したがって、利を追い求める商業は、武士の論理から見れば軽蔑の対象であったわけである。後に「士農工商」という言葉が作られたことでも分かるように、武士の論理からすれば、商人は金儲けしか考えない、モラルなき存在であるとさえ考えられたのである。

こうした武士側の偏見に対抗し、商人には商人の倫理体系があると唱えたのが石田梅岩であった。石門心学では、商人は商いを通じて社会貢献をする存在であり、また商人として成功するには何よりも信義を重んじなければならないのだから、いささかも商業を恥じることはないと説いた。そして、町人に対しては実例を通じ、誰にでも分かりやすい形で、正直の大切さ、勤勉の重要さを説いたのであった。

江戸時代には、このように正直の大切さを庶民に説いた思想家が石田の他にも何人も現われた。たとえば、「職分仏行説《しょくぶんぶつぎょうせつ》」と呼ばれる職業倫理を説いた僧の鈴木正三もその一人である。彼は『商人日用』という書物の中で、「商売をする人は、一筋に正直の道を歩むべきであり、正直を貫けば、神仏の加護によって災難を避けることができ、万事うまく行く」のだと記している。この論理を発展させていけば、よい商人であることを目指すのは仏道修行をするのと同じであり、極楽浄土へのパスポートを得ることにもなるわけだから、正直や信頼は江戸時代においては、一種の宗教にもなったと言えるだろう。

ちなみに、このような石田梅岩や鈴木正三の思想は、アメリカ建国の父の一人であるベンジャミン・フランクリンの精神にも通じるものがある。

ベンジャミン・フランクリンは開拓時代のアメリカ人に勤勉、正直、倹約といった精神の重要性を説き、アメリカ近代資本主義の成立に多大なる影響を与えた人として知られている。フランクリンはプロテスタンティズムの信仰に基づいて、こうした美徳を説いたのだが、日本の商人道が説いた価値観はまさに彼の説いた「資本主義の精神」（社会学者マックス・ウェーバーの言葉）と共通したものであった。

なぜ中国人には日本的雇用システムが理解できないのか

江戸期の日本に生まれた商人道の精神は、明治維新を経て、日本が近代社会になっても失われることはなかった。そして、そのことがまさに日本経済の資本主義化の鍵となった。

近代の日本企業、ことに第二次大戦後の日本企業が系列や企業グループを作ったことは、後に「ケイレツ」や「談合」などと批判的に語られるようになったが、しかし、日本企業が短期的な利益、目先の儲けを追い求めるのではなく、取引先や顧客との長期継続的な関係によって、もっと大きな利益――その中には「信用」という無形の資産も含まれる――を得ようとしたからに他ならない。資本主義の後発国であった日本が世界トップの経済大国になれたのは、他ならぬ「商人道」にあったといってもよいかもしれない。

こうした日本人の「商人道」に対して、批判の先頭に立ったのが他ならぬアメリカであった。日本経済の台頭に対してアメリカは、日本企業の商慣習がアンフェアなものであり、排他的なものであるとして、日本市場の開放を求めるようになったことは先にも述べた。

本来、アメリカ建国の精神であるピューリタニズムにも、ベンジャミン・フランクリンが強調したような勤勉・正直の精神があったはずだが、しかし、そうした正直や勤勉を重んじるモラルは、激しいアメリカの競争社会の中でいつしか失われ、市場を通じた「オープン」な取引こそが正義だとされていったのである。その結果、短期的な利益よりも信義を重んじるという日本的な経営戦略をアンフェアだと批判するようになっていったのは何とも皮肉な話と言わざるをえない。

しかし、世界的に見れば、やはり日本のように長期的な利益のために、正直・勤勉であろうとする戦略を選択する社会は、まだまだ例外的なものだろう。

中国に進出した日本企業が一番苦労した話としてよく聞くのは、中国の労働者たちに年功序列や終身雇用といった日本的システムの価値をいくら説明しても、なかなか理解してもらえないという話である。

「企業の安定のために、なぜ我々が薄給に甘んじなくてはならないのか」

「自分はこれだけ会社のために貢献しているのだから、もっと給料を上げてしかるべきである」

このように考えるのが中国人の発想で、「今は将来の成功のために、みんなで我慢しよう」と説得しても聞き入れてもらえないというわけである。

しかし、これは考えてみれば当然な話で、中国はつねに周辺民族との抗争を繰り返してきた歴史を持っている。今日は平和であっても、明日になれば騎馬民族が押し寄せてきて征服されたり、住み慣れた土地を追い出されるかもしれないのだから、今、手に入れられるものは手に入れておかねば安心できないと彼らが考えるようになったのも無理からぬ話であり、それが中国人の「最適戦略」であったわけである。

したがって、中国人からすれば、日本人が「今は苦労をしても、まじめに働いていればきっとそのうちに報われる」と考えて働く姿はとうてい理解できない。一方、日本人の側もこうした中国人の内在論理が理解できないから、「中国人は強欲である」とか「中国人には協調性がない」と決めつけてしまいがちになる。

これではいくら「真心から説得する」と日本人が考えても、日中の相互理解などありえるはずもない。なぜ、日本人は長期的戦略を選択するのか、なぜ中国人は短期的利得を目指すのかという理由をきちんと理解したうえで、中国人が長期的な信頼関係を選択できるような社内制度を構築するなどしないかぎり、「日本的経営」を浸透させることはできない。日本企業が本格的なグローバル経営の時代を迎えている中で、歴史や価値観の異なる諸外国において「信頼」をベースにした日本的経営をいかに普及させていくのか。この点の重要性はいくら強調しても強調しすぎることはないと思う。

アメリカ的戦略と日本的戦略

このように見ていくと、これまで日本ではしばしば語られてきた「日本の組織には戦略がない」「日本の指導者にはリーダーシップが欠けている」という批判が一面的なものでしかないことがお分かりいただけるだろう。

「生き馬の目を抜く」競争社会のアメリカや中国などでは、短期的な利益、目先の利潤を最大化することが最適戦略となる。流動的な社会では、長期的な関係がもたらす利益というのはなかなか望めないから、これは当然の判断である。だからアメリカ型の企業では単年度、四半期ごとの収益を最大化するのが経営者の使命となる。

こうしたアメリカ的な経営手法を見て、日本人はえてして「ガイジンは強欲な連中だから」と決めつけたがるが、しかし、それは間違った判断であり、かりに彼らが強欲であるとしても、それは社会環境が彼らをそうさせているという面があることを知らなくてはいけない。

それと同様に、日本人が積極的、攻撃的に行動しないのは、日本人に戦略性が欠けているからではない。日本人は、まず相手に対して正直に誠実に行動することが、最終的に自分の利益を最大化するような、そうした特徴を持つ社会に長く暮らしてきたからこそ、そのような行動をとっているにすぎない。

だから、一部の政治家や文化人などが「日本人は諸国民に比べて正直な国民である」と誇るのは、あまりにも一面的、皮相的な意見であって、むしろ日本社会の本質を知らない、自己肥大した論議であると言っても差し支えない。

そもそも人間の性質が、人種やＤＮＡなどによって大きく変わるはずもないことは常識で考えれば分かることである。かりに人間の行動が集団ごとに異なるとすれば、それはそれぞれの集団が刻んできた歴史や伝統の差がもたらすものなのである。

日本人の知らない「階級社会」の真実

さて、ここまで、日本人が長期的な信頼関係を優先する行動原理を持っていることを述べてきたが、日本人がこのような行動原理を発達させてきた大きな要因として忘れるわけにはいかないのが日本社会の均質性である。

すでに述べたことと重なるが、日本は有史以来、元寇や第二次大戦以外に、外国の軍隊による襲来を受けた経験がない。他の文化圏では当然のように行なわれてきた異民族による支配、搾取や奴隷化などは、第二次大戦後の一時期、日本がＧＨＱの支配下に置かれた数年間を除いてまったく経験がない。

この結果、日本は諸外国のような強固な階級社会、身分社会が作られることがなく、社会全体がいわば「一枚岩」的な性格を持つに至った。この事実が持つ意味はひじょうに大きいと言わざるをえないだろう。

そもそも、西洋や中国の社会で階級制度が生まれることになった最大の原因は、相次ぐ戦乱の歴史にある。

たとえばヨーロッパ史を見れば、古代ローマ帝国がゲルマン民族の大移動が契機となって滅びたことはあまりにも有名だが、それ以後も中央アジアのフン族や蒙古族の侵入によって域内の民族大移動がしばしば起き、そのたびにヨーロッパでは大きな社会変動が起きている。

こうした民族の大移動が収まって、ヨーロッパに諸国家が形成されると、今度は、その国家同士が覇権を目指して、しのぎを削る時代がやってくる。当初は戦争といっても王侯同士の一種の制限戦争であったのだが、一六世紀になって宗教改革が始まるや、ついにはカトリックとプロテスタントとがお互いに殺戮しあう宗教戦争(三十年戦争)が起きるに至った。

このような不安定な状況がいちおうの解決を見せるのは一六四八年のウェストファリア条約であり、これをもってヨーロッパ社会は近代に入るとされるのだが、もちろんその後も各地で戦乱が続いた。

孔子が説いた「支配者の論理」

このような戦乱の連続がヨーロッパ社会にもたらしたのは、階級社会だった。

戦争はそのつど、勝者と敗者を作っていく。そして、勝者は支配者になり、敗者は被支配者とされ、そこに階級が生まれてくる。絶え間ない戦争はそのたびに階級を作り出し、新たな差別を産み出していったと言っても過言ではない。

それが特に現われているのが中央ヨーロッパで、たとえばかつてのユーゴスラビアは「六つの共和国、五つの民族、四つの言語、三つの宗教、二つの文字により構成される一つの国」と言われたほど、複雑な国家だった。バルカン半島の人種問題の複雑さは、まさに長期にわたる戦乱の歴史が作り出したものに他ならない。

しかし、これはヨーロッパに限ったことではない。

たとえばインドのカースト制度——通例、四つの階級と言われるが、細かく見ればその数は二〇〇〇とも言われるし、三〇〇〇とも言われる——も、現在のアフガニスタン方面から有史以来、幾度となく侵入してきた諸民族による支配・被支配の歴史が作り出してきたものである。

中国でも、このような事情はほとんど変わらない。

たとえば一例を挙げれば、日本人は『論語』の中で孔子が使っている「君子」という言葉を単に「立派な人間」と解釈してしまうが、実はそうではない。

そもそも孔子が説く倫理とは、彼が春秋時代の諸侯の間を遊説していた事実からも分かるように、「支配者の倫理」「統治者の倫理」に他ならない。したがって「君子」という言葉は「道徳的に優れた立派な人物」というよりも、むしろ「支配者のなかのエリート階級」という意味に解すべきなのである。

たとえば「君子は器《うつわ》ならず」というのは「支配者たる人間は、一つのことだけに堪能であっては困る（エキスパートになってはいけない）」と説いているのであり、ここには明確な階級意識がある。『論語』の中で孔子は繰り返し、弟子たちに向かって「諸君のようなエリートは、庶民とは一線を画すべきである」ということを強調しているわけなのである。

ところが、侵略され、支配を受けた歴史が皆無に近い日本では、こうした「階級感覚」がないがゆえに、『論語』とは万人に通用する道徳、人生訓の書であると誤解してしまった。

ことほどさように、日本人は階級というものが実感として分かっていない。単に富や収入の違いが階級であると漠然と考えている人もいるくらいで、日本人の「階級認識」は浅いのである。階級とは民族や人種といったものが密接に結びついた、歴史的・政治的なものであり、だからこそ――まさにインドのカーストが典型だが――生まれついた階級を脱して、社会の中で上昇していくのは、かつてはほとんど不可能であったし、今でも「見えない壁」として階級は世界中の社会に残っているのである。

日本企業は今、猛烈な勢いで経営のグローバル化を進めている。これは日本が人口減少の時代に入り、マーケットが縮小する傾向にあるため、世界に市場を求めざるを得ないからである。しかも、これまでのような製造業のグローバル展開だけでなく、日本経済の六割近くを占めるサービス業（金融を含む）のグローバル展開が不可欠になってきた。そのために、海外の企業を買収するといったことが行なわれているが、そこで一番問題になるのが、日本企業の幹部に階級意識がないということである。

多くの日本企業の幹部はヒラ社員から出世して経営幹部になった人たちであり、自分がエリートだとはかならずしも思っていない。ところが、買収した相手企業の経営幹部は自分をエリートだと思っている場合が多いのである。庶民感覚の日本人経営者と、エリート感覚の海外企業のトップ。この両者のコミュニケーションがうまくいかないことがひじょうに多い。これは日本が基本的に平等社会であり、階級社会がどのようなものであるか理解していないために起こる根本的な問題なのである。

江戸時代の日本は、はたして身分社会だったか

ところで、日本人には階級に関する認識が浅いと記すと、「だが、江戸時代には身分

制度があったではないか」という反論が起きるに違いない。

たしかに江戸時代の法制度では、名字帯刀《みょうじたいとう》は武士階級に限られていたし、同じ農民であっても、いわゆる庄屋と小作では生活ぶりはまったく違っていた。その区別は家の建て方にまで及んでいて、武士や庄屋階級でないと門を作ることは許されなかった。また、穢多《えた》、非人などと差別的に呼称された、いわゆる賤民《せんみん》身分があったのも事実である。

だが、このような身分制度はたしかにあったものの、他方、日本の場合、こうした階級制度が異民族による武力征服などに起因していないがゆえに、他の文化圏とは様相を異にしていた。

たとえば、有名な話で言えば、江戸幕府の「最後の幕臣」と言われた勝海舟は、由緒正しい武士の家系に生まれたわけではない。彼の祖先は新潟・柏崎の農民であり、その曾祖父（米山検校《よねやまけんぎょう》）は盲人として金貸しをしていたと言われる。この曾祖父が旗本の株を買ったおかげで、後に幕臣・勝海舟が生まれたというわけなのである。つまり、徳川期においては武士とはカネで買うことができる身分であり、農民や商人が武士になることは十分に可能であった。

さらに言えば、徳川期に武士の身分になるのには、カネ以外の道もあった。たとえ貧しい町人や農民の家の出であっても、学問に励んで優れた儒学者や医者、あるいは数学者になれば、大名や幕府に士分として取り立てられ、家禄も与えられた。

また武士の中にも階層の違いがあり、それによって家禄も違っていたわけだが、たとえ家格は低くても当人に能力さえあれば、いくらでも高い役職に就けた。つまり、江戸時代には身分制度はあったが、その一方で能力主義も併用されていたのである。

ところで、ここまでの話は町人や農民でも階級を上がっていくことができたという、いわば上方向への移動の話だが、これとは正反対に、エリートでありながら現場の仕事をやるという、いわば下向きのベクトルの話もありえる点でも日本はユニークな社会であると言えるだろう。

先ほどの「君子は器ならず」という言葉が象徴するように、古代中国や李氏《りし》朝鮮などの儒教社会ではエリート層、支配層の人々は何よりも教養や芸術的なセンスが重視され、それとは逆に武芸や物作りといった現実的なスキルは軽視されていた。中国でも朝鮮でも朝廷においては、文官のほうが上で、武官はそれよりも下という格付けがなされていたのは有名な話である。

日本でも、律令制度をそのまま輸入していた王朝時代は中国や朝鮮と同じだったが、鎌倉時代に武士（彼らの多くはもともと農民階層の出だった）が直接政治を行なうようになってからは現実的な能力を身につけた人たち、たとえば職人や武芸者が尊重される社会的な雰囲気が作られてきた。

たとえば、朝鮮半島では古来、素晴らしい青磁や白磁の器が作られてきたが、その作者の名前は今に伝わっていない。というのも、朝鮮の儒教文化においては、磁器職人は卑しい存在であって、名前を残す必要などないとされていた。これに対して、日本で柿《かき》右衛門《えもん》、今右衛門《いまえもん》というふうに名工の名前が後代に残っているのだから、同じアジア圏でもまったく対照的なのである。

稀に見る「均質性」こそ、日本近代化の鍵だった

古くから続く日本社会の「平等性」が、幕末・明治期に日本を訪れた外国人にとって驚きの対象となったことは、前にも紹介した渡辺京二氏の『逝きし世の面影』にたくさん紹介されている。その中のいくつかの例をふたたびここで紹介してみよう。

たとえば大森貝塚の発見で知られるモースは、日本に数ヶ月も滞在した外国人はみんな「自分の国で人道の名において道徳的教訓の重荷になっている善徳や品性を、日本人が生まれながらに持っている」事実に気づかされると述べていて、しかもそうした徳性が「恵まれた階級の人々ばかりでなく、最も貧しい人々も持っている特質である」ことを強調している（前掲書一六三ページ）。また、明治初期に東京外国語学校でロシア語を教えていたメーチニコフは、明治新政府の高官宅が「江戸の質素な庶民の家で見かけていたものとなんら変わるところがない」と驚き、「日本社会では身分的平等の観念がすでにひじょうに成熟している」と記している（前掲書二八六ページ）。

渡辺氏によれば、こうしたメーチニコフの感想は彼だけのものではなく、日本では上流も下層もあまり変わらぬ家に住んでいるというのは、幕末に日本を訪れた外国人観察者のほとんど一致した意見であったそうである。

社会の信頼関係が近代文明を支える基本的な「社会資本」であるという考え方から見れば、日本ではすでに江戸時代において、最も貧しい階級の人であっても「心が荒んでいなかった」という事実はきわめて重要な指摘であろう。

もしも、貧しい人々が「自分たちは搾取されている」と感じて、支配階層に対して不信感を抱いている状況であれば、社会全体の安心はなかなか維持できないだろう。そうした場合には、支配階級に対して反感を持つか、諦めの境地に達して、主体的な人間であることをやめるだろう。そのような「分裂した社会」では、下層の人々は、無気力になるだけでなく、搾取がひどければひどいほど、自分の生活を守るためには他者への配慮よりも、自分の利益を優先するようになって、社会全体のモラル低下は避けられないだろう。

しかし幸いなことに、日本の場合には他の文明圏や地域に比べて、「支配者とは冷酷な搾取を行なうものだ」というような階級対立的な意識はあまり育たなかった。

一時期、歴史学者の中にはマルクス主義的な階級史観を日本史にそのまま適用して、封建時代の日本でも収奪が行なわれたのだという歴史観を唱えた人たちもいたが、そのような見方はあまりにも公式主義的で、日本史の実態を反映したものではない。

少なくとも日本では、支配階級が農民を餓死させるほど徹底的に収奪した例はほとんどない。江戸時代の農民は「五公五民」で、農作物の半分を収奪されたと言われているが、課税の対象になったのは米であって、他の作物に対しては無税であった。また、時代が進むにつれて、農業生産性が上がり、収穫高は増え続けたが、年貢の負担は大きくは変更されなかった。中国歴代王朝の役人たちが個人的な蓄財のために、人々に恣意《しい》的な税金をかけていたこともよく知られているが、このようなことは少なくとも日本では行なわれなかったのである。

江戸時代の日本が身分制度の上に成り立っていたのは事実であるし、西洋のような市民革命がなかったのも歴史的事実ではあるが、そうした革命がなくても、三世紀近くに及ぶ江戸の平和の中で、日本では社会の均質化、同質化が緩やかに進んでいた。町人の子どもたちも、機会があればこぞって寺子屋に通ったため、江戸末期の日本人の識字率は世界最高水準に達していたのである。だからこそ、日本人は次の明治時代において、近代社会へのテイクオフを比較的容易に行なうことができたのだと見るべきであろう。

それどころか、日本は西欧近代社会よりもずっと社会的な平等が広がっていた。なぜなら、商業の発達で経済的には武士よりも町人のほうが豊かだったし、江戸時代に発達した文化(歌舞伎、浄瑠璃、浮世絵など)もそのほとんどは庶民階級が担い手だった。

そのことは今日の日本企業において、現場で働く従業員から経営者に至るまで、同じ価値観を共有し、現場の一従業員であっても、高い当事者意識で問題解決に当たるという精神風土を持っていることにも現われている。すぐ後でも述べるが、こうした当事者意識の共有は欧米などの企業では、まず考えられないことである。

労働が「神事」であった古代日本

日本人が「現場の仕事」に対して偏見を持たない理由の一つは、すでに述べたように日本社会に階級意識が薄いということにあるわけだが、そうした傾向を遡っていくと古代神話にまで及ぶところが、いかにも日本らしい。

すでに私は日本神話の特徴として、日本の神々がギリシアや一神教の神とは違って、闘争を好まない、平和的な性格を持っていることを指摘したわけだが、実はそれ以外にも日本の神はユニークな性格を持っている。

それは、日本神話においては「神々でさえも労働をする」ということである。

『古事記』や『日本書紀』をひもとくと、神々が機織《はた》りをしたり、あるいは山彦・海彦の神話のように猟や漁撈をしていたという物語が頻繁に出てくる。現在の皇室でも、春になれば天皇陛下自らがお田植えを、秋には稲刈りをなさるし、また、皇后陛下も養蚕をなさっておられる。このように神々や、その子孫と信じられている皇室に自ら労働をするという習慣があるのは、日本においては「労働は神事である」という観念が古くからあったからに他ならない。

これに対して、一神教の世界でも、ギリシア神話の世界でも共通しているのは「労働は苦役である」という思想である。たとえば聖書では、人類の始祖であるアダムとイブは最初、楽園に暮らしていて働く必要がなかったが、蛇にそそのかされて知恵の実を食べるという罪を犯したためにエデンの園から追放された。人間が労働をせざるをえなくなったのは、アダムとイブの犯した「原罪」ゆえであるというのが聖書の教えである。つまり、労働とは神から与えられた罰なのである。

ギリシア神話においても、人類はもともと神と同じような暮らしをし、誰もが長寿で平安な生活をしていたと考えられていた。ところが人間が徐々に知恵を身につけ、神々に対する信仰を失っていったために世の中が悪くなり、神々と人間とが別々の存在になっていったというのが、ギリシア神話の大きな構成になっている。

かつての人間は豊饒の楽園に暮らし、労働もする必要もなく、病気もしなかったというのだから、やはりギリシア人にとっても労働は神事ではなく、むしろ病気と同じような「苦」であったことがこれからも分かる。

こうした労働観は基本的に中国などの儒教文化圏においても同じであった。孔子が「君子は器ならず」と説いたのも、労働とは卑しい人間が行なうものであるという観念

ない。

かくのごとく「真のエリートは自ら手を汚したりしないものである」という思想が、洋の東西を問わずに古くから存在していた中で、日本人だけは「労働は神事である」という独特の労働観を持っていたわけである。

よくアメリカ人などは、リタイアしたらフロリダかどこかに別荘を建ててそこでゆっくり暮らすのが夢だというような感想を漏らすことがある。これは労働が苦役であるから早くそこから逃れたいという意識があるからであろう。しかし、日本人の多くはそうは考えない。仕事をすることが生き甲斐であって、一切の仕事から解放されるのは怖いのである。社会に生きているという実感を持つためには、何らかの仕事をしていたいと思うのが普通の日本人の感覚であって、どこかの別荘にひっこんで一生を終えたいという人は稀なのではなかろうか。これは労働観が日本とアメリカではまったく違うからなのである。

今なお残る欧米の階級思想

このように労働を神聖なものと考え、実際の物作りなどにおいて優れた能力を発揮する人たちを尊重するという日本社会のあり方は、のちの日本企業の「現場主義」につながってくる。

日本の自動車産業、あるいは家電産業が質の高さで世界的に知られるようになったのは、職場の階級、ポストに関係なく、技術的な問題を克服し、品質を上げていこうと職場全体が団結するという姿勢があったからに他ならない。

欧米諸国では、宗教改革や市民革命を通じて民主主義が徐々に確立し、その中で平等社会が生まれてきた——と教科書は教えるが、それは言うなれば建て前であって、現実の欧米社会にはいまでも階級意識は色濃く残っていて、労働を苦役と考える思想は息づいている。

たとえば、メーカーの中でも管理職と現場のブルーカラーの間には、厳然たる意識の差がある。

一例を挙げれば、欧米諸国や中国のような階級社会では、生産工程で何か重大なトラブルが発生しても、それに対して現場の従業員が自主的に問題解決に取り組むということはまずない。なぜならば「問題解決はマネージャーの仕事であって、自分は言われた仕事をするだけ」と考えるからである。

ところが、そのマネージャーは自分自身を管理職と規定して、オフィスに籠もりきりだから、現場の実情を知らないし、そもそも人事管理はできても、技術上の問題を理解できるだけの能力があるとは限らない。このために工場の現場で問題が発生しても、その場で解決できず、本社から問題解決チームが到着するまで待つしかないというケースが少なくない。

目の前で問題が起きているのに、誰も当事者として動こうとしないという話は日本人からすると信じられないかもしれないが、これが欧米や中国では当たり前なのである。

実際、私自身がかつてパリに滞在していたとき、こんなことがあった。

用事があって、ちょうど昼どきの郵便局に行ったところ、ある窓口の前には長蛇の列ができている。その横の窓口を見ると、そこには誰も並んでいなくて職員が暇そうにしている。

これが日本ならば、手の空いている職員が混んでいる窓口に飛んでいって、仲間の職員を助けるのが普通であろう。しかし、この郵便局ではそんなことは起きない。どれだけ処理が渋滞して、窓口の担当者が汗をかいていても、そして客がたくさん待っていても、他の職員はいっこうに手伝おうともせずに雑談をしている始末である。

これだけでも日本とフランスは大いに違うと驚かされるわけだが、さらにびっくりしたのは正午のチャイムが鳴るや否や、その混雑していた窓口の職員が「午後一時まで昼休みです」とさっさと窓口をぴしゃりと閉め、昼休みに入ってしまったことである。

こんなことを日本でやれば、たちまちブーイングが起きるに相違ないが、しかし、客のほうはこうした風景に慣れているから「やれやれ」と肩をすくめるだけで、その諦めの良さにこれまた驚かされたものだった。

だが、フランス人からすれば、職員の態度はきわめて当然のことである。それぞれの職員は自分の職務だけを果たせばいいのであって、他の職員が忙しくても助ける義務はない。そんなことをすれば、助けられたほうは自分の仕事を奪うつもりかと警戒するかもしれないのである。また休み時間になれば休憩を取るのが職員の厳然たる権利でもある。こうした「常識」は客のほうも共有しているから誰も文句を言わないのだ。

なぜ欧米企業では「現場主義」が育ちにくいのか

日本の企業風土では、管理職と現場従業員とが「当事者意識」を共有しているのに対して、なぜ欧米企業では、いまだに両者の間で価値観の共有ができないのだろうか。

その遠因は長く続いた階級社会にあるが、直接の原因として挙げるべきは何と言っても所得の格差、待遇の格差にあると見るべきだろう。

アップルコンピュータのCEOであるスティーブ・ジョブズは、あるとき、アップルが赤字であることを理由に役員年俸を一ドルしか受け取らないことにしたと宣言した。

これを日本のマスコミは一種の「美談」として報じたわけだが、その一方でジョブズが五〇〇〇万株に達する株式を受け取っていたのだ。ちなみに、このことが最初に明らかになったときのアップルの株価は一三一ドルだったから、ジョブズの保有していたストックオプションの時価総額は六・五億ドル以上ということになる。

もちろん、在任中にはその株式を売却することはできないという制約はついていた。しかし、六〇〇億円を超える役員報酬が破格なものであることは間違いない。iPodやiPhoneの成功でアップルを再建したジョブズの功績を否定するつもりはないが、日本の企業ではここまでの役員報酬はおよそ考えられない。

しかしながら、こうした所得の格差は欧米や中国の企業社会では、けっして珍しいものではない。元々、これらの社会にはエリートと庶民との間に明確な一線が引かれていたこともあって、このような所得格差があっても、別世界の事件だとして違和感を感じないのかもしれないが、しかし、いかにそれが「常識」であったとしても、これだけ処遇の差があれば、従業員に当事者意識が育たないのは当然と言わざるを得ない。

しかしさらに裏返して考えれば、従業員が最初から当事者意識を持たず、一種の「雇われ根性」でしか働いていないからこそ、彼らの給与や待遇が向上しないという側面があるのも事実であろう。そう考えていくと、この当事者意識の問題は一朝一夕で解決できるものではないと思われる。

どうして日本人に平等感覚が発達したか

さて、ここまで見てきたように、日本は欧米や中国、あるいはインドのような文化圏と比べれば均質性の高い高信頼社会を維持してきた。

このような社会が生まれたのは、日本列島という狭い土地の中で生活しなければならず、しかも、異民族からの支配を受けたことがないという外的条件がもたらしたものであるが、しかしながらこのような日本社会の特質は、グローバル資本主義という名の「普遍主義」によって荒らされてしまった現代世界を立て直すうえで、大きなヒントになりえるのではないだろうか。

すでに述べてきたように、マーケット・メカニズムがうまく機能するためには、正直さや高信頼性はきわめて重要な要素である。

しかしながら、アメリカ発の資本主義原理からは、そうした正直さの価値を肯定する論理はなかなか生まれて来ない。「損して得取れ」と考える日本的商業哲学、あるいは現場主義を重んじる日本の労働哲学を広めていくことは、今の資本主義のあり方に健全さを取り戻すうえで重要なことではないかと思うのである。

もちろん、だからと言って日本社会が欧米に比べてあらゆる面で優れていると言うつもりはもちろんない。

日本社会が平等主義の傾向を持っているということは、裏を返せば、そこには決然としたリーダーシップ、政治的な中心が存在しなかったということでもある。

伝承に従えば、日本には二千数百年もの昔から今日に至るまで皇室が連綿と続いているわけだが、古来、天皇は一部の例外を除いて、政治的権力を自ら行使することがなかった。

たとえば平安時代においては、実際の政治権力は摂関家である藤原一族が掌握し、天皇は朝廷の祭祀を司る最高神祇官という役割を担っていて、いわば権力と権威が分離した状態になっていた。このような「権力と権威の分離」は武家の時代に入っても続いた。平家を倒した源氏は事実上の日本の支配者になったが、この武士政権は皇室を否定することなく、それどころか朝廷から「征夷大将軍」という称号を得ることで、自らの権力固めをしたのだった。

その後も日本には足利尊氏、織田信長、豊臣秀吉、そして徳川家康という「権力者」は生まれるものの、その一方で「権威の象徴」としての皇室がつねに並列して存在していた。

これによって長い間、日本では権力の一極集中が起きなかった。日本の社会に階級差が発達しなかった事情の一つには、こうした権力と権威の分離があったおかげで、絶対的な支配階級が誕生しなかったことも忘れるべきではないだろう。

「中空構造」の功罪を考える

しかし、こうした日本人独特のバランス感覚は、一方で「権力の真空状態」ともいうべき状況をしばしば産み出してきた。

西洋社会では、組織のトップに立つリーダーが率先して重要な意思決定に当たるのが当然とされるが、権力が一極に集中することを嫌う日本社会では、責任の所在はしばしば曖昧《あいまい》にされ、名目はリーダーであっても、指導者には実権がないというケースが珍しくない。

たとえば先ほどの鎌倉幕府にしても、将軍が実権を握っていたのはわずか三代であり、その後は形ばかりの将軍はあっても、その実権は将軍の補佐である執権職の北条家が握るようになった。つまり、皇室と幕府の間で権力と権威の分離が起きただけでなく、その幕府の内部でも、さらに権威と権力が分離していったというわけである。

こうした日本型権力の様相を、ユング心理学者である故・河合隼雄氏は「中空構造」と名付けているが（河合『中空構造日本の深層』中公文庫）、日本の組織では「組織の中心」を空洞化しようとするベクトルがつねに働いているといっても過言ではない。

その最たる例が、戦前の日本であった。中国大陸での戦争にしても、対米戦争にしても、そこには西洋的な意味でのリーダーシップは存在せず、ずるずると状況に引きずり込まれる形で日本は戦争に突入し、敗戦を迎えることになったわけで、まさにあの戦争は「無責任体制」の下で行なわれた。陸軍と海軍は反目し、総力戦で戦わなければならない対米戦争でも、ベクトルは違う方向を向いていた。国力に劣る日本がこれで戦争に勝てるわけがない。

また、幕末のペリー来航が惹き起こした倒幕・佐幕の争いも、結局は開国という外交権に属する問題についての最終決定権が幕府にあるのか、それとも天皇にあるのかということが不分明であったから起きたことだったとも言える。

今こそ日本発の価値観を世界に

しかしながら、こうした「歴史の教訓」から、日本の組織も欧米のように強力なリーダーを持つべきであるのかと言えば、けっしてそうだと言えないのが文明論のむずかしいところである。

というのも、ここまで述べてきたように日本型の組織の強さは、組織のトップから現場に至るまで、全員が当事者意識を持って問題解決に当たることにあり、そうした平等性の上に成り立つ「現場力」があったからこそ、日本は近代化に成功したし、企業も競争力を高めるのに成功したからである。

さらに言えば、西洋型の強力なリーダーシップのあり方は、たしかに有能な人間が指導者になれば、効率的な組織運営ができるが、その一方で、リーダーの暴走という事態を惹き起こす可能性がある。そのときは、ガバナンスがきかず、組織は崩壊してしまうかもしれない。また、前にも述べたようにマネージメントの偏重は、「現場の空洞化」

という事態を惹き起こす危険性も秘めている。

その意味では日本の「中空構造」は、一人の人間に組織の運命が握られるのを避け、バランスのとれたマネージメントを行なって長期的に組織を維持しようとするものであるとも解釈できるだろう。

こうやって見ていくと、たしかに欧米の社会システムにも日本の社会システムにも一長一短がある。それは中国やインドの社会においても同じであろう。その意味ではかつて近代ヨーロッパ人が夢想したような「完璧な社会システム」はありえない。

しかしながら、これまでの近代社会はあまりにも西欧的な論理、なかんずくアメリカ式の合理主義によって動かされてきた。そうした合理主義が大きな破綻の淵に立っている今、「もう一つの価値観」を日本が発信することが重要なのではないか。

すなわち、それは自然と共存する知恵であり、正直さを尊び、長期的な信頼関係を結ぶことの重要性であり、さらには現場主義の大切さといったことが挙げられるだろう。

そして、それはひいては欧米的な、あるいは一神教的な幸福観とは違う形の幸福像を示すことにもつながる。

もちろん今の日本の置かれた状況はけっして楽観できるものではない。日本的な価値観、その長所を世界に伝え、発信していくと言っても、どうすれば歴史的伝統も、文化も、宗教観も違う人たちがそれに共感してくれるのか。とりわけ、日本人は「発信」が苦手な国であり、言葉によって他国の人たちを感動させるということは期待できない国民である。したがって、確かに日本には欧米諸国や中国にはない素晴らしい文明的資産が存在することはこれまで縷々《るる》見てきたところであるが、それをどう「発信」すればよいのか、皆目見当がつかないのである。

この問題は一冊の本をもってしても論じきることはできないほど、大きな問題である。ここでは一言だけコメントするにとどめる。日本人は確かに「発信」は苦手である。声高《こわだか》に自らの素晴らしさを相手に訴える文化は日本にはない。むしろ、「良いものはあえて見せない」文化を持っているのが日本人であり、日本人の美意識だからである。

それでは何ができるのか。一言で言えば、「実績を積み上げること」である。自動車がそうであった。とことん品質を上げるという愚直な、長期的な努力によって、日本の自動車は国際社会で高い評価を得ることに成功した。これである。

時間はかかるかもしれない。しかし、世界にとって本当に良いこととはどのようなことかを見極め、それを地道に実行しつづける。そうすれば、やがて世界の人々はそれに気づくだろう。

私は、今後日本が採るべき方向性は圧倒的に「環境分野」での貢献だと考える。「環境のことなら日本に訊かなければいけない」というところまで、国を挙げて打ち込むのである。すぐには効果は出ないが、地球環境はこれから当分、悪化の一途を辿る。しかし、今から日本が本格的に環境問題に取り組み、しかるべき成果を上げていくならば、一〇年もすれば世界は日本こそ救世主になると評価してくれるはずである。

前章でも触れたように、日本人の自然観は「共生の思想」に基づいている。これは西洋社会の「征服の思想」とは明確に一線を画す思想であり、日本的な自然観への転換がなければ、地球環境問題の抜本的解決はないというのが私の見立てである。

しかし、こうした自然観の転換はけっして不可能なことではあるまい。そもそも、非キリスト教国、非白人国でありながら、すでに日本は世界ナンバー2の経済大国にもなったのだ。この実績を我々は今こそ明確に再認識すべきではないか。アメリカ主導の世界モデルが崩壊しつつある今日、日本的価値観の重要さはますます大きくなっていると私は確信しているのである。

第七章

「日本」再生への提言

今や「貧困大国」になった日本

本書で私は、なぜグローバル資本主義が一方で世界経済の活況を呼び込み、中国などの新興工業国の経済発展を実現させながらも、世界経済を著しく不安定化させ、各国において人間同士の連帯を破壊し、地球環境を汚染せざるをえなかったのか——そのメカニズムと思想的背景を解き明かしてきた。

日本はどうなったか。グローバル化の波に揉まれてきた日本もその例外ではなかった。サブプライムに端を発した金融危機の影響は改めて言うまでもないが、日本社会における伝統的価値のよき部分が変質し、かつて日本人の間に存在していた相互信頼が失われてきた。これが日本にとってはひじょうに重大な問題である。

なかでも、最近の日本における格差拡大は無視できないところまで来ている。日本ではまだ格差は拡大していないという学者もいるが、以下のデータを見ていただければ、それは間違いであることが分かるだろう。

たしかに日本は世界でも類を見ない平等な国であった。階級意識も少ないし、日本企業はそのために高い当事者意識を持つ従業員に恵まれてきた。とりわけ、戦後日本は「一億総中流社会」と呼ばれるほど平等社会であった。日本企業が「現場力」に優れ、それが世界における競争力の大きな要因になりえたのは、諸外国と違って「自分たちは搾取されている」という被搾取感が日本企業の従業員の間にはなかったからである。

日本の会社では、社長が現場に下りて行って従業員に「君たちのおかげで会社がうまくいっている。ありがとう。これからもよろしく頼むよ」と言って回ることが会社の求心力を高め、生産性の向上につながった。

それに対してこの十数年、「日本は悪平等だ。従業員や管理職のやる気を刺激するためには、アメリカのように成果主義を積極的に取り入れ、格差を創り出す必要がある」という議論がまじめに行なわれてきた。新自由主義が世界を席巻し、日本人も「平等」は悪いことだと考えだした結果である。企業もアメリカ流の「格差がやる気を生む」という思想に基づいて、社内に従業員間の壁（正社員と非正規社員など）を作る分断型人事改革を進めた。中国のような巨大な低賃金国がグローバル経済に参入したため、低賃金労働者が供給過剰になったことも大きい。

その結果、以下に示すように、日本はいまでは貧困層の割合がアメリカに次ぐ世界第二位の「貧困大国」になっているのだ。日本の「平等神話」は崩壊しはじめたのである。

衝撃的なOECDレポート

二〇〇八年十月に発表されたＯＥＣＤ（経済協力開発機構）のレポート（*Growing*

Unequal? Income Distribution and Poverty in OECD Countries）によれば、この二〇年間で日本の所得分配が大きく変化している様子を明らかにしている。中でも、「貧困率」の国際比較が圧巻である。

貧困率とは、「それぞれの国の勤労者のなかで、中位（Median）所得者が稼いでいる所得の半分以下の所得しか稼いでいない貧困者が全勤労者に占める比率」のことである。所得の中央値については前にも触れたが（55ページ）、その国の人々を所得順に一列に並べた場合、その中央に位置する人の所得額（Median Income）のことを言う。たとえば一億人の勤労者がいる国であれば、最も所得の多い人から数えて五〇〇〇万人目の勤労者の所得が、所得の中央値である。

なぜ、この場合、所得の平均値（Average Income）を使わず、所得の中央値を使うのか。それは所得を単純平均してしまうと、一年の所得が数百億円というようなスーパー・リッチの人がごくわずか現われるだけで、その集団全体の平均値が押し上げられてしまうことになるからである。この場合、平均値は上がるが、中央値は変化しない。

このことをクルーグマンは著書（『格差はつくられた』）の中で次のように巧みに説明している。

「もしマイクロソフト社のビル・ゲイツがバーに入ってきたら、バーの顧客の平均収入は急上昇するが、ビル・ゲイツが入ってくる前からバーにいた人々は前よりも金持ち

表1　主要先進国の貧困率比較

	1985年		2005年	
	再配分前	再配分後	再配分前	再配分後
日　本	12.5	12.0	26.9	14.9
アメリカ	25.6	17.9	26.3	17.1
フランス	35.8	8.3	30.7	7.1
ドイツ	26.9	6.3	33.6	11.0
イギリス	―	―	26.3	8.3
スウェーデン	26.1	3.3	26.7	5.3
ノルウェー	18.7	6.4	24.0	6.8
デンマーク	20.1	6.0	23.6	5.3

※1985年のイギリスの統計値はデータなし

（出典）Growing Unequal? Income Distribution and Poverty in OECD Countries　by OECD ©2008.10.21

になったわけではない」（前掲書九一ページ）

したがって、国民の生活水準の実情を知るには平均値だけでは分からない。そこで所得の中央値を一つの基準に考えるのである。

さてそこで、一九八五年から二〇〇五年の二〇年間における貧困率の変化を追うことにしたいが、まずは課税されたり、社会保障の給付金などを受け取ったりする前の所得（表1「再配分前」の項）を見てみよう。

国家による課税や社会福祉がなされる前の段階、つまり再配分前における日本の貧困率は、一九八五年段階では一二・五パーセントであった。つまり貧困世帯は全体の八分の一であって、これは当時のOECD主要国の中では圧倒的に低い数字である。同年におけるアメリカの貧困率が二五・六パーセント、フランスは三五・八パーセント、ドイツは二六・九パーセントといった具合であることを見れば、日本の所得配分がきわめて平等であることが分かるだろう。

ところが、それから二〇年経った二〇〇五年には、日本の貧困率(再配分前)は一九八五年の一二・五パーセントから二六・九パーセントにまで跳ね上がった。わずか二〇年で貧困者の割合が倍以上になったということである。

なぜ、わずか二〇年でこれほど急激に貧困率が増えたかは後ほど考えたいが、日本以外の主要国では再配分前の数値では、二〇〇五年段階ではだいたい三〇パーセント前後であって、日本ほど急激に貧困率を上昇させた国はない。とにもかくにも、日本はたった二〇年の間に、これら欧米主要国並みの「貧困率」を誇る(?)国になったのである。

「再配分後」では日本は世界ワースト二位に

ところで、今見てきたデータは、所得税などの課税や政府からの所得移転(生活保護や年金の給付など)が行なわれる前の「再配分前」の数字であって、「手取り」の所得ではない。そこで今度は、税金が徴収され、あるいは政府からの所得移転がなされた後の「再配分後」の所得を見てみよう。

言うまでもないことだが、貧困層の多くは富裕層に比べて税負担が減免されているし、また生活保護などの支援を受けているから、「再配分後」の貧困率は当然ながら再配分前よりも下がる。問題はどの程度、それが下がるかである。

さっそく、この再配分後の貧困率を比較してみよう（ふたたび表1）。

二〇〇五年段階における再配分後の貧困率は、日本の場合、一四・九パーセントであった。再配分前の貧困率が二六・九パーセントだったから、再配分によって貧困率は一二パーセント下がったことになる。

これだけを見ると、日本政府は貧しい世帯に対して配慮をしているかのように思えるわけだが、欧州諸国と比較するとどうなるか。結論から言えば、高福祉で知られるスウェーデン、ノルウェー、デンマークなどの北欧諸国の貧困率が低いのは言うまでもないが、最も貧困率の高いドイツでさえ、一一・一パーセントしかない。他のヨーロッパ諸国は軒並み、一桁台で、大幅な貧困率の低下が実現しているのだ。

表1を見るかぎりでは、再配分後も貧困率の高いのは、わが国とアメリカしかない。アメリカの貧困率は、再配分前で二六・三パーセント。再配分後でも一七・一パーセントである。OECDに属している先進国の中で、日本よりも再配分政策による貧困率の低下幅が小さいのは、実はアメリカだけなのだ。

ヨーロッパ諸国が再配分政策によって二〇パーセント以上も貧困率を下げるのに成功しているのに、アメリカの場合はわずか九・二パーセント。アメリカの国是は「自己責任」なのであるから、この結果は驚くに値しないが、日本がそのアメリカについで「貧困層に冷たい国」になっていることを知っている日本人はおそらくそれほど多くないだろう。

あなたは気づいていないかもしれないが、この日本は四世帯に一世帯が貧困に分類される国なのである。これが「わが国の現実」なのである。

驚くべきシングル・マザー世帯の貧困率

さらにもう一つ、ショッキングなデータを見ていただきたい（左ページ・図1）。

これもOECDが発表したデータ（前出）であるが、こちらは二〇〇五年段階における家計種別による貧困率のグラフである。ここではまず「子どものいない世帯」、「子どものいる世帯」に分け、さらにそのうち、「単身者（シングル）世帯」の貧困率を抜き出して棒グラフにし、貧困率が各国でどのように異なるかを見たものである。

これを見ても分かるように、日本の貧困率は「全体」で見れば、「子どものいない世帯」であれ、「子どものいる世帯」であれ、アメリカよりほんのわずか低い水準にとどまっている（それでも世界で最も高い水準である）が、「シングル」世帯に限るとそのアメリカをも追い抜いて世界で最も高い貧困率となっている。子どものいない単身者世帯における貧困率は四〇パーセント弱、子どもがいる単身者、つまりシングル・マザーやシングル・ファーザー世帯の貧困率に至ってはほとんど六〇パーセントにも達してい

図１　もはやアメリカ以上になった日本の格差

家計種別による貧困率（2005年）

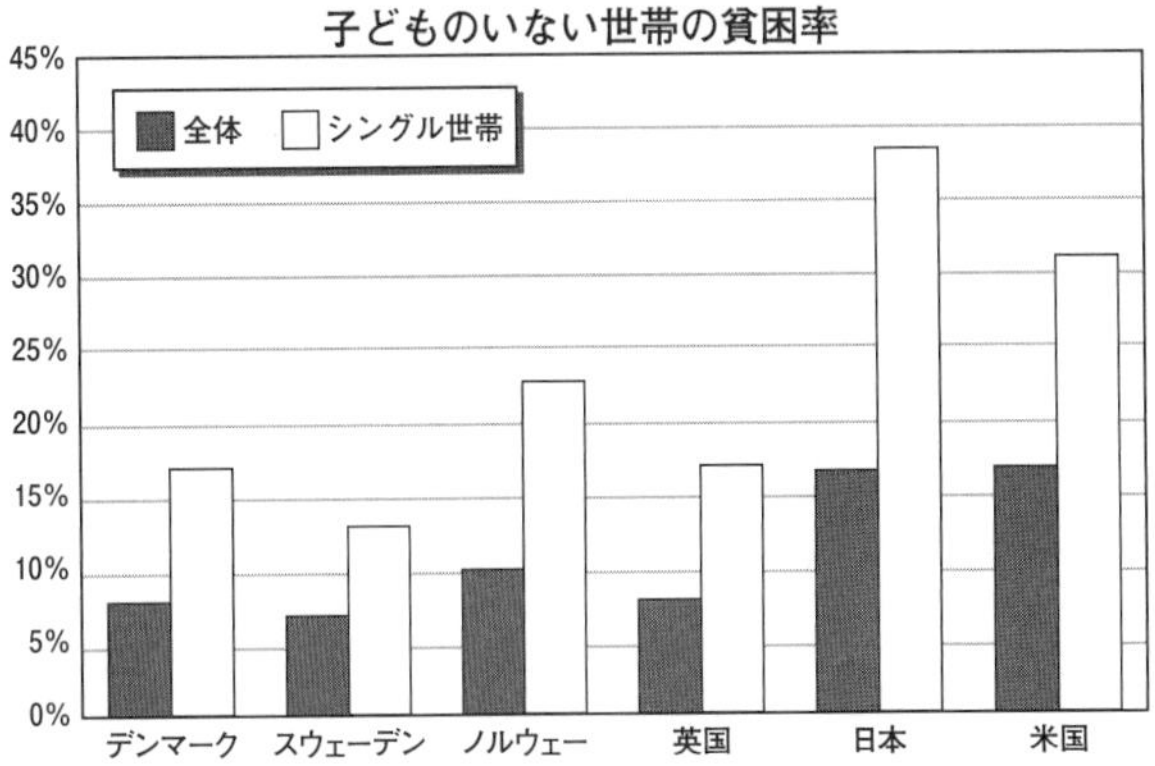

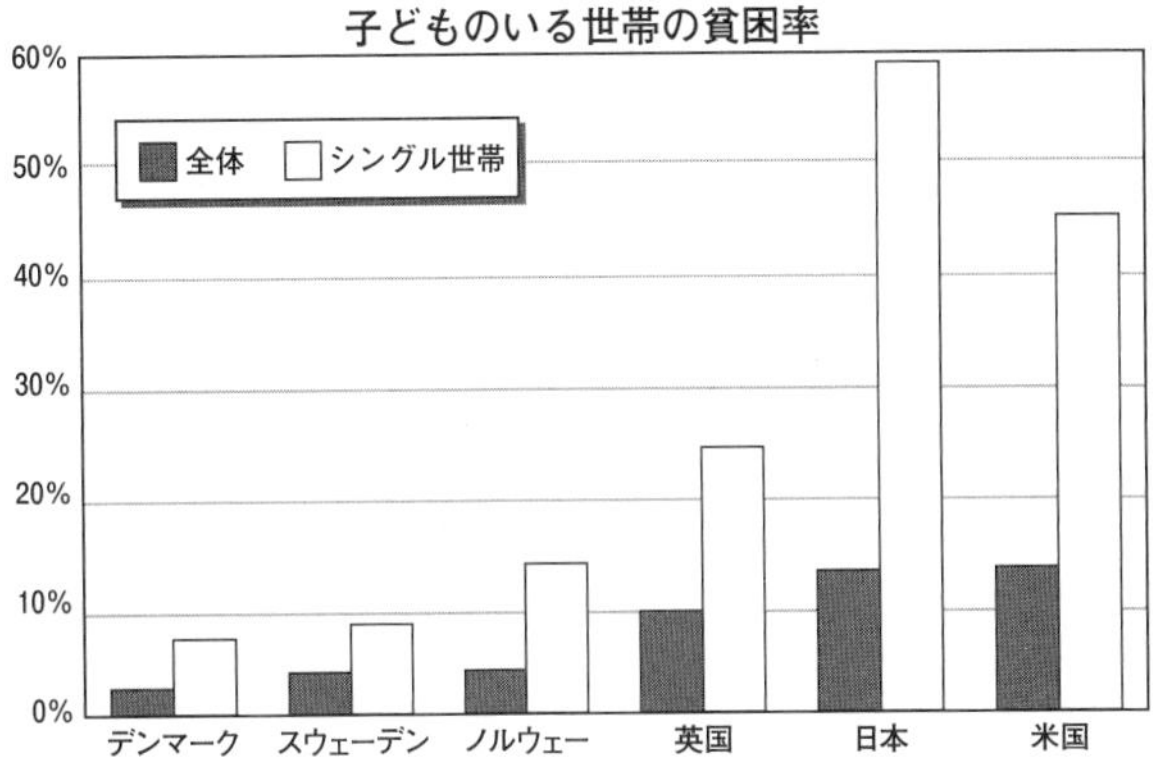

（出所）OECD"Income Distribution and Poverty"(2008)

るのである。

現在の日本では少子化問題がさかんに議論されているが、どんな高論卓説よりも、子どもを抱えたシングル・マザーやシングル・ファーザーの貧困率が世界最高というこの事実を考慮に入れた議論が必要なのではないだろうか。

「安心して子どもが産める」社会にしないと少子化は克服できそうもないのに、「安心して子どもが産める」社会からはほど遠いのが日本の現実なのである。日本では、離婚や死別などの理由により、単身で子どもを育てている人に対して、実質的にほとんど何の手助けも救済もしていない——そう断定しても、けっして過言ではないのである。「自己責任の国」であるアメリカでさえ、子どもを持つ単身者の貧困率は四五パーセント程度にとどまっていることを考えると、今の日本の福祉行政はもはや末期的で、機能不全を起こしていると言ってもよいのではないだろうか。

危なくなった「国民皆保険制度」

アメリカの医療問題を憂慮する関係者がこぞって称賛するのが日本の「国民皆保険制度」である。アメリカのように、健康保険に入れない人が五人に一人もいるような社会がいかに悲惨であるかを身に沁《し》みて感じているから、「日本のように国民全員が保険に加入し、誰でも病気になったときには医者に診てもらえる制度がうらやましい」と、彼らは声をそろえて言うのである。

だが、その日本の国民皆保険制度は、ご承知のとおり、今や破綻寸前である。「皆保険」であるはずなのに、その保険料を支払えないために、保険制度の恩恵にあずかれない国民がどんどん増えているからである。現時点で国民健康保険の保険料未納は、なんと全加入者の二割近いという（二〇〇八年十一月七日「朝日新聞」）。

その理由は言うまでもない。貧困層の増大である。所得が少ない人にとっては国保の保険料納入はどうしても後回しになる。その結果、保険証が取り上げられるわけである。今や「無保険」の子どもが中学生以下だけで約三万三〇〇〇人いるというから深刻である。本来なら、所得がある水準以下の貧困層の医療は、保険料によって賄《まかな》うのではなく、税方式で賄うべきであろう。あるいは、誰でも保険料くらいは支払えるような所得再配分政策を実行すべきであろう。いずれにしても、日本の誇る国民皆保険制度は確実に崩壊しつつあることはまちがいない。

もう一つ、最近、国民の不評を買ったのが「後期高齢者医療制度」の導入である。七五歳以上の高齢者を対象に、年間六、七万円程度の保険料を年金から天引きするという。たしかに老人医療費の増大は深刻な問題ではあるだろう。だが、厚労省によって「後期高齢者」と指定された人たちは日本が経済大国になるうえでの立役者に他ならない。いかに財政難だとはいえ、そのような功労者に対して、いきなり保険料を年金から天引きするという過酷な政策を打ち出すのは、国家として正しいあり方だろうか。

むしろ、どんな知恵を使ってでも「日本社会に対する貢献に感謝して、これからは医療費はすべてタダにいたしますので、安心して余生をお過ごしください」とするのが為政者というものであろうし、「敬老の精神」というべきものであろう。

何としても小さな政府を維持しなければいけないという、新自由主義思想からくる強迫観念がこのような「改悪」を推進させているのであるが、本当にこれでよいのかどうか。考え方を根本のところで変える必要がないのかどうか。私は、どのような財政事情があるにせよ、七五歳を超えた高齢者を鞭《むち》打つような制度改革には賛成できない。

いずれにしても、医療という人間の尊厳に関わる領域で相次いで起こってくるさまざまな最近の「改革」の動きはきわめて不健全であり、安心・安全を誇りにしてきた日本という国の将来を危うくするものであると思う。

ジニ係数から見た日本の不平等

日本の格差社会について語るとき、「貧困率」のみで考えるのでは一面的な観察になりかねない。いわゆる「下流」ばかりを見るのではなく、中流層をも含めた社会全般を見通すデータも不可欠である。そこで通常、よく使われるのは「ジニ係数」と呼ばれる指標だ。

表２　主要先進国のジニ係数

	1985年		2005年	
	再配分前	再配分後	再配分前	再配分後
日　本	0.345	0.304	0.443	0.321
アメリカ	0.404	0.338	0.457	0.381
フランス	0.524	0.313	0.482	0.281
ドイツ	0.441	0.257	0.507	0.298
イギリス	0.440	0.325	0.460	0.335
スウェーデン	0.404	0.198	0.432	0.234
ノルウェー	0.354	0.234	0.433	0.276
デンマーク	0.373	0.221	0.417	0.232

※ジニ係数については本文参照　　（出典）OECD

ジニ係数とはイタリアの統計学者Ｃ・ジニが所得分布の実態を数値化するために考案したものである。すべての人の所得が完全に平等ならば、ジニ係数はゼロになる。逆に、たった一人がすべての所得を独占している場合は、係数は一になる。したがって、現実の数値はゼロと一の間になるわけだが、この係数の利点は社会全般の所得の不均衡度を数値化できることにある。

さて、主要国のジニ係数の一九八五年から二〇〇五年にかけての変化を「再配分前」の所得、「再配分後」の所得に分けて示したのが表２（上）である。

この表を見れば分かるとおり、日本のジニ係数は調査期間の二〇年間で着実に上昇した。再配分前では約〇・一近く上昇しているし、再配分後でも〇・〇一七上昇した。日本の所得格差は傾向としては間違いなく拡大している。

また、欧米主要国と比較すると、日本はアメリカ、イギリスについで格差が大きいことが分かる（二〇〇五年）。一方、貧困率の低さで他を圧倒していた北欧諸国は、ジニ係数においても日本や英、米、独、仏よりも有意に低いことが分かるだろう。

ただ、ここで断わっておかなければいけないが、日本のジニ係数が大きくなっている、つまり、統計的に見れば格差が拡大しているという事実に対して、それをどのように解釈するかについては、経済学者の中でも意見が一致しているわけではない。

たとえば、『日本の不平等』（日本経済新聞社）の著者、大阪大学の大竹文雄教授の分析によれば、現在の日本で所得格差が増大しているのは事実ではあるが、その主因はいわゆる「団塊の世代」と呼ばれる人たちが大量に定年を迎えたことにあるという。

つまり定年退職者たちの大量出現が、日本社会の所得分布に一時的なアンバランスをもたらしているのであって、急速な格差拡大は「見せかけ」のものにすぎないというわけである。

これに対して、京都大学の橘木俊詔教授は定年を迎えた高齢者の格差拡大は事実として認めてはいるものの、「若年層の格差拡大は将来の問題という悠長なものではない」（二〇〇六年二月十日「日本経済新聞」）と、日本における所得格差拡大は現実問題として、ひじょうに深刻な問題であるという見解を示している（橘木俊詔『格差社会〜何が問題なのか』岩波新書を参照)。

実際、定年退職者の増加を重視する大竹氏にしても、新聞のインタビューで「若年層での格差が大きくなっている。(中略) 将来に得る所得も含めて考えると格差が拡大している可能性はある」と認めている(同「日本経済新聞」)。結局、橘木・大竹両氏とも将来的には、ますます所得格差が拡大していくだろうという見通しでは一致しているのである。

気がつかないうちに進んだ「格差拡大」

しかし、このようなデータを掲げ、日本の格差が深刻なものになっていると筆者が説いても、おそらく多くの読者は「本当にそんなに大変なことなのか」と思われているに違いない。「たしかに所得格差が拡大しているのかもしれないが、欧米に比べればまだ日本は平等ではないか」というふうに感じている人は少なくないのではないか。

実際、筆者の周りにもそういう意見の人は少なくない。そればかりか「貧しい若者がいるのは、日本社会の改革がまだ中途半端だからだ。もっと構造改革を進め、所得税の累進課税もさらに緩め、やる気のある人にインセンティブを与えれば、雇用も増えるから貧困も減るはずだ」と主張する人も少なくない。

しかし、「努力が足りない」と言ったところで、日本がすでに世界有数の貧困大国になっていることは、動かしがたい事実である。ジニ係数のような総合的な指標で見ても、日本はもはや平等な国などではないのだ。それにもかかわらず多くの良識ある日本人が、わが国の「惨状」を正しく認識していない――このことこそが実は大きな問題なのではないだろうか。

だが、このような認識の差、パーセプション・ギャップが起きるのは、ある意味、仕方がないことなのだ。

格差社会の怖いところは、社会が格差によって分断されてしまうと、もはや分断の実態そのものが「見えないもの」になってしまうことにある。

たとえば、つい最近（二〇〇八年十月）、大阪で起きた個室ビデオの火災事件がなければ、多くの日本人は「個室ビデオ」という業態があることすら知らなかっただろう（実は私自身も知らなかった）し、ましてや本来、ビデオ鑑賞用に作られた狭いブースに長期にわたって寝泊まりしている人たちがいることなど、知らないままだったのではないか。

お世辞を言うわけではないが、本書の読者の多くは本書を買うだけの金銭的ゆとりがあり、また、毎日の仕事が忙しいとしても「これからの日本、世界のことを考えたい」という心のゆとりや時間のゆとりもある。そんな実感はないかもしれないが、あなたは日本社会の中では恵まれた部類に入る人なのだ。

本当に貧しい人たちは書店に行って本を買おうという金銭的なゆとりもないだろうし、

本を読もうという心のゆとりさえ奪われているのではないだろうか。住む場所さえないネットカフェ難民はもちろんのこと、明日の仕事があるかどうかさえ分からず、不安を抱えて暮らしている派遣労働の人たちにとって、読書などは二の次、三の次であろう。

だから、この本の読者のみなさんが、「日本は世界の先進国の中でも、トップクラスの貧困率の国である」と言われても、実感がないのは当然なのである。ひょっとしたら、あなたはニュースで貧しい若者たちを見て、「なぜ働こうとしないのか」といぶかしく思った記憶がおありかもしれない。だが、今の日本はそんな生やさしい状況ではない。

働きたくても働き口がない、働いてもその日を暮らすのがやっとの賃金しか得られない――そんな状況に追い込まれた国民が、この二〇年で急速に増えてしまった。年収二〇〇万円以下の給与所得者が一〇〇〇万人を超えているというのは、けっして本人の怠慢でも、努力不足でもない。これはグローバル資本主義と、「自己責任」をドグマとする新自由主義思想がもたらした貧困に他ならないのである。

さらに言うならば、こうした格差の拡大以上に深刻なのは、そうした貧しい人たち、困った人たちに対して、「普通の暮らし」をしている日本人が同情心や共感を持てなくなりつつあることである。

職がなく、住まいもないために個室ビデオで寝泊まりしている人たちが焼け死んでも、「そのような境遇に落ちたのは、結局は自己責任だろう」と突き放して考える人が多数派になり、その逆に、「このような悲惨な事件が起きるのは、社会システムそのものの中にある」、「安心・安全を誇っていた日本社会がどこかおかしくなっているのではないか」と疑う人が減りつつあるとしたら、日本の社会は危険水域に入っていると言わざるをえないのではないか。

なぜ日本の国際競争力はかくも低下したか

もしも、日本がこのまま格差を放置していくならば、間違いなく日本の社会からは人々の連帯感や、社会としての一体感は失われていくだろう。そのような変化は、もちろん日本の治安を悪くするだろうし、格差が長く続けば、やがては日本でも「階級社会」ができてくるということにもなろう。しかし、それよりもここで強調したいのは、このような格差を放置しておけば、日本の「国力」そのものが決定的に低下しかねないという危険性である。

ここまで見てきたように、日本社会は歴史的に見て、平等主義的な色彩のきわめて濃い社会であった。それが日本独特の精神風土を生み、国民の当事者意識を高めて、アジアの中でも日本がいち早く近代化を成し遂げることに結びついた。そして、戦後の日本は平等主義的な社会であることの利点を最大限に活用して、経済大国になった。日本はごく一部のエリートが、無知蒙昧《もうまい》な民を支配し、導くことで発展してきた国ではない。

むしろ、庶民がそれぞれの分野で努力を重ねることで発展した国なのである。

日本企業の競争力の源泉がしばしば「現場力」にあるとされるのは、このような歴史的事情があるからである。階級社会が常態だった多くの国に比べて、日本とはそういう庶民層が国の中心的な力となる「一風変わった」国なのである。

ところが、そんなユニークな国が今や金持ちと貧乏人に分断されてしまい、現場を支えるはずの中流階級が存在感を失いつつある。一刻も早く、この状況を改善しないと、日本経済そのものがポランニーの言う「悪魔の碾《ひ》き臼《うす》」によって、すりつぶされ、消滅してしまいかねない。

もちろん目先の金融危機の克服も重要ではあるが、それよりも貧困層の底上げ、所得格差の是正によって、日本という「国のかたち」を整え直すことこそが、日本の経済にとって最重要な課題になっているのだ。

そのことは日本の国際競争力の低下を見ても、明らかである。

先進国の政治・経済のリーダーたちが一堂

表３　低下しつつある？日本の競争力

総合国際競争力	順位	IT 競争力
アメリカ	1	デンマーク
スイス	2	スウェーデン
デンマーク	3	スイス
スウェーデン	4	アメリカ
シンガポール	5	シンガポール
フィンランド	6	フィンランド
ドイツ	7	オランダ
オランダ	8	アイスランド
日本	9	韓国
カナダ	10	ノルウェイ
香港	11	香港
イギリス	12	イギリス
韓国	13	カナダ
オーストリア	14	オーストラリア
ノルウェー	15	オーストリア
フランス	16	ドイツ
台湾	17	台湾
オーストラリア	18	イスラエル
ベルギー	19	**日本**
アイスランド	20	エストニア

（出典）世界経済フォーラム 2007-2008

に集まることで知られる世界経済フォーラム、いわゆる「ダボス会議」は定期的に世界各国の国際競争力を発表している。その二〇〇八年度のデータによれば、総合的な国際競争力において日本は九位、ＩＴ部門に至っては一九位という評価を与えられている（前ページ・表３）。かつてアメリカと並ぶ経済大国として世界中から注目された日本の存在感は急速に薄れつつあるという印象を受けるのは、何も筆者ばかりではあるまい。

いったいなぜ、このような状況になってしまったのか。新自由主義の「ドクトリン」に従うならば、構造改革を積極的に推し進め、市場を開放した日本経済はさらに飛躍的な発展を遂げ、アメリカと並ぶ競争力を手に入れたはずではなかったか。

ところが、現実においては総合力ランキングでは「高福祉・高負担」で有名な北欧諸国（デンマーク、スウェーデン、フィンランド）、あるいはオランダよりも低い評価しかない。ＩＴ競争力に至っては、北欧諸国も含めたＩＴ先進国にことごとく抜かれているといってもいい。また、新自由主義の主導国であるアメリカが総合で一位、ＩＴランキングで四位の位置をキープしているのも見逃せない。

私はいわゆる陰謀論に与《くみ》する者ではないが、アメリカの唱える構造改革や新自由主義の原理は、たしかにアメリカのような個人主義の国ならば効果があった。今でこそ、金融恐慌に苦しんではいるが、それまでアメリカ経済は好景気の連続であったわけである。

だが、社会の平等性、一体性によって成長を続けてきた日本経済にとって、新自由主義の思想とは、結局のところ、自らを殺す「毒杯」であったのではないか。「日本株式会社」としばしば揶揄《やゆ》されもした、日本社会の平等性や一体感は今は見る影もない。社会としての連帯を失えば日本経済のパフォーマンスが落ちてしまうのは、むしろ当然すぎるほど当然のことであったのではないか。

雇用改革が破壊した日本社会の「安心・安全」

すでに述べてきたこととも重なるが、戦後日本の製造業が品質の高い製品を作り出していけ、国際競争力を獲得できたのは、現場で働く社員と管理職との間に「階級の壁」が存在せず、さらに元請けと下請けとの間でも同じ価値観が共有され、みなが一体感を持って仕事ができたこと、さらには終身雇用・年功序列制度の下に雇用が保障されていたので、社員が会社に対して忠誠心を自然に抱けたことが大きな要因となっていた。

ところが、こうした企業と従業員の間にある一種の共存共栄関係を批判したのは、他ならぬアメリカ流の経済学、経営学であった。

アメリカ流の市場主義の観点から見れば、こうした労使協調路線、あるいは終身雇用・年功序列といった従業員の地位保障というシステムは、経済合理性から見れば、きわめて非効率であり、不合理な慣習ということになる。そして、こうした「不透明な雇用システム」を廃止し、能力主義・成果主義に基づく人事システムを導入し、同時に、いつでも簡単に首を切れる非正規従業員を積極的に活用すれば、日本企業の生産性はさらに向上し、国際競争力はいっそう高まるであろうと欧米系のコンサルティング会社は日本の経営者たちに説いた。

グローバリゼーションの進展によって、中国やインドなどといった低賃金の新興国が急成長を遂げていたこともあり、日本のメーカーの多くは、その「ご託宣」に飛びついて、日本型人事システムを次々と縮小、廃止してしまった。

ことに大きな影響を与えたのは雇用システムの「改革」である。できる限り正社員を減らし、派遣やパートなど、労働コストの低い雇用形態を増やす雇用改革を積極的に導入することで、確かに日本企業の労働コストは下がった。その結果、企業のスリム化が図られ、利益体質も飛躍的に強化された。

だが、こうした雇用改革の結果、いったい何を私たちは得たのであろうか。

終身雇用制度、年功序列制度がなくなった日本の物作りの現場では、派遣の非熟練労働者や、言葉さえ通じない外国人労働者ばかりが増えていくことになった。今や日本全体の労働者の三分の一が非正規雇用の社員になってしまった。恐るべき変化である。

それでも日本企業の生産性、あるいは国際競争力が高まったのであれば、まだ慰めはあるだろう。だが、こうした「改革」の結果、長期的に見れば、日本の企業は「競争力の源泉」であったはずの労使協調の感覚、現場主義の感覚を失ってしまうことになったのではないか。

実際、私の知っているある企業の幹部に言わせると、かつての日本企業では何でもお互いに心のうちをさらけ出し、共通の目標に向かって一丸となって突き進むという雰囲気があったが、今ではそんなことを望むことさえできないという。

たとえば、非正規社員にはボーナスは出ないのが普通だから、ボーナスの話は非正規社員のいるところではタブーになった。そうした「タブー」の話題がいっぱいあるものだから、今では会社の帰りに一緒に酒を飲んでいても心から打ち解けることができない。かつてのような一致団結、一枚岩の感覚など、日本の企業風土からはどんどん消えているのだという。これでは、日本企業が誇る「現場力」はいずれ過去の話にもなりかねない。

ちなみにその会社では、短期的にはコスト高要因となるが、長期的には必要との判断から派遣社員を正社員化することに全力で取り組みだしたということであったが、雇用改革によって分断された「会社」という共同体を回復するのは、けっして容易なことではあるまい。

さらに、こうした「職場内格差」は単に企業のパフォーマンスを下げたばかりか、日本社会全体の「安心・安全」を低下させているのではないか。

近年起きている大量殺人事件を見れば、そこで加害者となった人の中には派遣労働者や、短期の季節労働者、あるいはフリーターや無職の人々が少なくない。私は彼らの犯罪を正当化するつもりはないが、しかしながら、このような犯罪が増えてきたことと、日本的雇用システムの崩壊には何らかの相関関係があるのではないだろうか。

よかれ悪しかれ、これまで、日本人の多くは会社に帰属感を感じることによって、心の安定を得ていた。

ところが新自由主義思想に基づく企業改革によって、そうした帰属感、連帯感を感じる場がどこにもなくなってしまったのだ。「資本主義は社会を粉々にし、人間をアトム化する」というポランニーの指摘はまさに正しかったのである。そして、その資本主義の害毒は、今や日本経済そのものにも及んでいるのだ。

「信用第一」が失われた日本

戦後の日本が世界有数の経済大国になるにあたって、「現場力」と並んで大きな成功のカギとなったのは、「損して得取れ」ということわざが端的に示している、長期的な互恵戦略だったという話はすでに述べた（第六章）。

欧米流、ことにアメリカ流の行動原理においては取引相手の弱みを探し、相手の失敗や弱点を注意深く観察し、すばやく相手の裏をかくことで利益を上げることが「戦略的」であるとされる。いや、これは欧米のみならず、中国企業などでも観察される戦略であるわけだが、日本企業の場合はそうではない。

むしろ、そのように相手を利用する機会があったとしても、あえて相手の利益になるように行動してみせることのほうが、かえって相手の信頼を勝ち得て、長期的な利益を確保することにつながる――つまり、あえて戦略的でないように振る舞うことが「最強の戦略」であると考えるのが、伝統的な日本人の行動原理であったわけである。

戦後の日本企業が国際競争力を勝ち得て、自動車や家電の分野で成功を収めたのは、まさにこうした行動原理を採用したからに他ならない。

つまり、「安かろう、悪かろう」で短期的な利益を目指すのではなく、多少、損は承知でも「信用第一、品質第一」で行くというストラテジーを貫き通したがゆえに、「メイド・イン・ジャパンの製品は多少高くても安心できる」という消費者の評価を勝ち得たわけである。

だが、もし、このような「信頼第一」の経営戦略がグローバリゼーションの波の中で失われているとしたら、これは由々しき問題である。

いや、すでにそうした風潮は日本の経済界の中でも現われているのではないか。近年の耐震計算偽装、食品の産地偽装、あるいは「ホリエモン」に象徴される粉飾決算の横行などなど――こうした企業倫理にもとる事件の続発が、日本的行動原理の喪失によるものだとしたら、これは深刻な問題と言わざるをえない。

日本人の「身の丈」に合った経営とは

だが、読者の中には私のような考え方に異議を唱える人もいるかもしれない。「グローバル市場とは、しょせん食うか食われるかの生存競争の場だ。どんな手段を使っても勝てばいいではないか」というわけである。

だが、しょせん日本人は日本人である。島国に暮らしてきた日本人はアメリカ人や中国人のように功利的に振る舞うことはできないし、自分の能力を外に向かって、積極的にプレゼンテーションしていけるほどの図々しさはない。またヨーロッパ人のエリートに見られるような、一種冷酷な現実主義も持ち合わせていない。島国社会に長く暮らしてきた日本人ができるのは、せいぜい地道に正直にモノを作ったり、誠実第一で商売して他者の信頼を勝ち取っていくという、長期的な戦略でしかない。

たしかに、そういった日本的な生き方は、けっして派手でもないし、スマートでもない。しかしながら、このような地道なやり方を素直に実行できるのは、実は日本人以外にあまりないのではないか。

少なくとも、先進国の中で「損して得取れ」という愚直な戦略を身につけている国は日本しかないし、ＢＲＩＣｓと呼ばれる後発国の中にも見あたらない。だとすれば、我々はたとえ不格好で不器用であっても、覚悟を決めて、長期的に信頼を勝ち取るという方向を今後も維持すべきではないだろうか。

私が親しくさせてもらっている経済人の一人に、医療機器メーカー・テルモの和地孝会長がおられる。

ご承知の方も多いだろうが、テルモは世界一細い注射針（ナノパス33）の開発や、カテーテルや人工心肺装置などで世界屈指の高シェアを誇っていることで知られる、日本のエクセレント・カンパニーの一つである。その取引先は世界中にあって、テルモ自身も世界中に営業拠点や子会社を多数持っている。

このテルモのユニークなところは、証券会社がいくら勧めてもIR（投資家向け広報）はやらないと決めていることにある。近年の「グローバル・スタンダード」では、株式公開企業の経営トップは年に二回は世界中を行脚《あんぎゃ》して、株主や投資家に経営方針を示し、財務状況の開示を行ない、投資家に投資を促《うなが》すのが常識になっている。

だが、和地会長によれば、テルモにとって最も重要なミッションは投資家にPRして歩くことではなく、安全で優れた製品を独自に開発し、医療現場で働く人や患者が本当に喜んでくれる高品質の商品を開発し、医療現場に真の意味で貢献することにあるという。ユーザーが信頼し、心から納得する商品を作っていれば、自然に業績が上がり、業績が上がれば、逆に投資家のほうが興味を持って話を聞きに来てくれる、というのである。

私も和地会長の仰《おっしゃ》るとおりであると思う。そもそもIRが必要だというのは、アメリカ流資本主義の論理であって、それを日本人が真似をしなくてはいけないという義務はどこにもないし、IRをすればかならず企業が発展するというわけでもない。それに日本人経営者の多くは、欧米の経営者のように大風呂敷を広げて、ハッタリを利かせたプレゼンテーションをするのが苦手である。昔風の言い方をすれば、「身の丈に合わないこと」はしないほうがいいのである。

たしかに、投資家の間を飛び回って、PRに必要以上の精力を割くよりも、地道に、愚直に、医療現場に喜んでもらえる最高の製品を作っていくことに傾注するほうが日本人の性に合っている。大向こうを狙ったパフォーマンス、プレゼンテーションをしなくても、トヨタの成功を見れば分かるように、日本流に誠実に丁寧に物作りをしていれば、海外の消費者もやがてそれを正当に評価してくれるのである。

もちろん、そうした評価を維持するためには、地道な努力を続けていくしかないわけだが、しかし、日本と同じような「評判」を、たとえば中国などの新興国が獲得しようとしても、それには最低でも一〇年、二〇年の時間が必要となる。

つまり、「丁寧な物作り」「誠実な商売」という日本のポジションを他国がキャッチアップすることはそう簡単なことではない。私たち日本人には、どこの国にもないアドバンテージを持っているのだから、そのことを明確に自覚し、大事にすべきではないだろうか。

なぜ北欧経済は活気を呈しているのか

さて、ここまで見てきたように、今の日本は、新自由主義の発想に引きずられたため、日本本来の良さを失いつつある。それは単に格差の拡大、治安の悪化、社会福祉の低下といった個々の問題だけではなく、日本という国の国力、経済力までが今や、将来への期待を持てなくなりつつあるというレベルにまで達しているのである。

では、いったいこのような状況を改善していくには、どこから手を付けていくべきか。

そこでまず何よりも早く行なわなければならないのは、急激に増えている貧困層をどのように社会として救済し、援助していくかという問題である。「貧しさは自助努力が足りないがゆえに起きたことであり、国家や社会が手助けをすることは本人を甘やかすことになる」といった新自由主義的な思想では社会は壊れていくばかりであり、日本経済の潜在力もどんどん失われていく。この状況を一刻も早く変えなければいけない。

そこで我々がまず参考にしなければいけないのは、アメリカ流の新自由主義とは対極にある北欧の国々のあり方である。

これまでの市場主義の考えからいえば、国民に対して手厚い福祉行政を行なうことは人々の勤労意欲を奪い、イノベーションを阻害し、高い税負担が自由競争の力を弱めてしまうと言われてきた。

ところが、この章でもしばしば触れてきたことだが、今、世界各国の中でもデンマーク、スウェーデン、フィンランドといった「高福祉・高負担」の北欧諸国が高い経済競争力を示している。個々の企業レベルで見ても、今や携帯電話のノキア（フィンランド）、家具のイケア（スウェーデン）、家電のエレクトロラックス（同）など、世界的に注目されている北欧企業は多い。デンマークも、家具や造船など、世界に通用する競争力を持つ企業が多い。

従来の市場主義では理解できない、こうした北欧経済の発展ぶりについては、さまざまな角度からの解釈や説明が可能であろう。だが、私は北欧諸国の経済がいま活況を呈している根本の理由として、そこに暮らしている人たちが「安心感」を持って働いているということにあると考えているのである。いや、むしろそう考えない限り、人口的に見ても小国であるデンマークやスウェーデンなどが、西欧先進国に並ぶほどの国際競争力を持ちえることは説明できない。

というのも、これらの国々の「国民負担率」（税負担と社会保険料負担の合計）はなんと七〇パーセントを軽く超えているのである。つまり、収入の七割が政府に吸い上げられているということであり、これはアメリカ的発想に立てば、全体主義の国家であり、収奪国家ということになる。

だが、これだけ国民負担が高くても、北欧の人たちは自分たちが政府によって虐《しいた》げられているとか、搾取されているとは思っていない。そうした負担は、他ならぬ自分たちの現在と未来の生活を守るために拠出しているものなのだという意識があるからである。つまり、国民の政府に対する信頼感が日本に比べると圧倒的に高いのだ。

つい最近、筆者はデンマークを訪れる機会があったが、何よりもその年金のシステムに驚いた。

というのも、デンマークでは四〇年間居住し、一定の年齢を迎えれば基礎年金が全額支給される。言っておくが、給付の資格についてはデンマーク国籍の有無は関係ない。デンマークに居住して四〇年間、税をきちんと納めてさえいれば、年金が全額給付される。つまり、デンマークの年金制度は、日本のように保険料で収めるのではなく、税方式になっているのだ。

ちなみに夫婦二人の標準ケースでは、基礎年金額はなんと月額三〇万円だという（もっとも、デンマークでは年金にも所得税がかかるので、手取りは一八万円くらいになるらしい）。しかし税方式のために財源が安定しているために、デンマークの人々は日本のように将来を心配する必要がない。だから、ほとんどの人は老後のために貯蓄をしたりしない。社会が、国家が老後を守ってくれると思うから、自己防衛の必要を感じないのである。

本当の「改革」とは何か

さて、こうしたデンマークの福祉のあり方を聞いて、あなたはどう思うだろうか。日本もただちに北欧型の福祉制度に変えるべきだとお考えになるだろうか。

おそらく多くの人は「働いても、働いても、七割以上も税金に持って行かれるのは嫌だ」と考えるに違いない。そもそも、社会保険庁のスキャンダルなどで「国家に自分たちの収入の七割も預けるなんて、とんでもない」と思う人が圧倒的に多いに違いない。デンマークでは「自分で投資したりすることでリスクを引き受けるよりも、政府に資金を預け、将来の生活に責任を持ってもらうほうが楽だ」と考えている人のほうが多いから、このような制度が運営できているのだろうが、今の日本では、そこまで政府を信用できると考える人は皆無に近いだろう。少なくとも、徴収された税金の使い道が今よりもはるかに透明で、納得性の高いものに変わらないかぎり、すぐに北欧と同レベルの社会福祉システムを導入することはできないだろう。

しかし、重要なことは、新自由主義、市場主義だけが「正解」ではないということである。それとはまったく別のやり方で国民が幸福に暮らせる国が地球上に存在するという事実をまず知ってもらいたいということである。

アメリカ流の新自由主義の立場に立てば、手厚い福祉は人々を堕落させるという。

しかし、現に戦後日本では、企業内では終身雇用制や年功序列制によって労働者の地位に一定の保障があり、しかも、社会全体としても累進課税によって所得の再配分が行なわれ、貧困率も低く抑えられていた。

「日本の社会は悪平等だ」「日本の企業は非効率だ」と言われていた頃のほうが、実は日本社会は、日本の会社はずっと元気だったのではないだろうか。この事実をふたたび私たちは思い出す必要があるだろう。

そうすれば、中身を十分議論しないで、ただただ「改革！　改革！」と叫びまわる必要もなくなるはずだ。何度も繰り返すようだが、私は改革は必要だと考えているが、問題はその中身である。日本社会を本当の意味で再生させることができる「改革」は何としても必要だが、やみくもに新自由主義、市場原理主義を言いつのり、中身もろくに吟味しないで「民営化」「規制撤廃」を貫徹する改革はひじょうに危険だということを言いたいのである。

税制改革、いかにあるべきか

では、いったいどのような方策を採っていけば、現下の日本で起きている格差を是正していくことが可能であろうか。

そこで誰もが思いつくのは税制改革であろう。

たしかに現在の日本の税制では、八〇年代にアメリカで行なわれたレーガノミックスを真似て、高額所得者に対する所得税率をぐっと下げた。

かつて日本の所得税率（国税）は最大七五パーセントに達していた。たとえば一九七〇年代後半の税制では、当時のカネで八〇〇〇万円以上の高額所得者になれば、所得税と地方税を併《あわ》せて、およそ九割近くが税金として持って行かれた。それが今では所得税の最高税率は三七パーセントであり、地方税を併せても五割程度でしかない（アメリカでは州によって若干異なるが最高四〇パーセント程度）。

こうした税制改革の根本にあった思想は言うまでもない。自助努力こそが人間として正しい生き方であり、稼いだ人から税金を巻き上げて、貧しい人たちに再配分するのは市場経済のモラルを破壊するという議論である。よく言えば「成功者が報われる社会にしよう」ということであり、悪く言えば「貧しい人間は敗者である」ということであった。

だが、こうした税改革によって得をしたのは結局、一握りの成功者たちだけであり、貧しい人たちに対する再配分はおろそかになってしまった。それが今の格差社会をもたらしたのは言うまでもない。

一方、こうしたアメリカやイギリス、日本などとは対極の思想に立つ北欧諸国では、国ごとで違うものの基本的には直接税（所得税）として最高五〇パーセント近くが徴収され、それに加えて二五パーセントのVAT（付加価値税）が課せられている。さらにスウェーデンなどでは、雇用者（企業）に対して雇用者の名目賃金の三割以上を社会保障の負担金を課している。

国全体で見た場合でも、国民所得に占める租税と社会保障費の負担率（国民負担率）は日本の場合、四三・五パーセントであるのに対して、たとえばスウェーデンは七〇パーセントを超えている。

先ほども述べたが、国情も歴史も、さらに国の経済規模も違う北欧の税制をそのまま採り入れようというのは、もちろん暴論ではあろう。だが、やはりこれからの日本社会を考えた場合、税体系を根本から改めて、適切な所得の再配分を行ない、貧困層をできるかぎり減らすことが急務であるのは間違いない。

基礎年金は税方式に

では、いったい日本の税制をどう変えればよいのだろうか。

問題の大きさから考えて、ここで本格的な議論を展開することはとうてい不可能であるが、まず何よりも我々が目標としなければいけないのは、失われはじめた社会の一体感を取り戻すことである。そのためには、アメリカについで世界ワースト二位の「貧困率」を引き下げ、日本人のあいだに蔓延している将来への不安感を払拭することである。

そこでまず改革すべきは、基礎年金の財源を税方式――それも現行の消費税率を上げて、福祉目的税にすることである。

現在のような年金制度では、ネットカフェ難民はもとより、不安定な雇用環境にある派遣労働者の人たちは保険料をちゃんと納めることが困難なのだから、かりに今後とも年金制度が維持できたとしても、そういう人たちは年金の受給資格がないことになる。今はたとえネットカフェであろうと、何とか寝泊まりできていても、働けなくなったときに年金さえないというのでは、将来に何の希望が持てるだろうか。

この本を今、読んでいるあなたはもちろん保険料を払っているだろうから、そういう心配は少ないかもしれない。だが、これから数十年経ったときに、日本の社会に年金ももらえず、住む場所もない人たちがたくさん現われたら、どうなるだろう。路上で極貧生活を送っている人たちに対して「自己責任だから、のたれ死にしてもしょうがない」とあなたは言えるだろうか。そんなふうに他者に対して同情を持たない社会は、社会の名に値するだろうか。

基礎年金の財源を消費税方式に転換すれば、保険料を支払ったか否かに関係なく、すべての人に基礎年金が支払われ、すべての高齢者に最低限の生活が保障されることになる。もちろん、その分、消費税率は上がるだろう。しかし、その代わり、国民は保険料を支払わなくて済むのだから、国民全体が損をすることはない。

さらに付け加えるならば――実はここが重要なのだが――今のような保険料徴収システムを維持するのにどれだけの経費がかかっているかを考えてほしい。消費税方式ならば、社会保険庁がこれまで（恐るべき非効率さで）やってきた未払い者に対する督促、台帳管理、支給基準の査定事務など一切の無駄な作業は不要になる。また多額の消費をする富裕層のほうがより多くの消費税を負担することになるのだから、それだけ所得の再配分が行なわれることになる。

消費税の「欠点」を解消する秘策

さて、「年金財源を消費税で」という提案をしたときに、かならず出てくる反論がある。

それは「消費税には逆進性がある」という議論である。

消費税には大いなる利点があって、どんな金持ちでも消費のたびに支払うことになるから脱税や節税ができない。所得税ならばさまざまな節税テクニックがあるし、リスクを覚悟で脱税もできる。しかし、消費税はそれが利かないのである。だが、その一方で消費税は貧しい人にも一律に課税される。

かりに消費税をヨーロッパ並みの二〇パーセントに上げたとしたら、年収二〇〇万の人の消費税負担は（すべての収入を消費に回したとして）、四〇万円にもなる。つまり、手取りは一六〇万しかない。一方、年収一〇億の人は二億払うかもしれないが、それでも八億残る。これでは貧しい人のほうが重税感があるというわけである。

たしかに、こうした逆進性の問題は重要である。ことに、年収二〇〇万円も稼げない国民が一〇〇〇万人を超える日本の現状では、消費税率のアップは彼らにとってはまさに死活問題と言える。

かといって、では低所得者にかぎり、あとで申告すれば消費税を還付するというやり方はどうかといえば、これは非現実的である。そもそも、貧しい人には還付を請求する確定申告の書類を税務署に提出するだけの時間的、精神的余裕もない。さらに、その申請に不正なものがないかを審査することにもなれば、それに要する人件費も巨額になる。

では、食料品などの生活必需品に限るというのはどうかといえば、これもまた、どこまでが無税対象になるかの線引きがむずかしいし、行政上の手続きが煩瑣《はんさ》になり、徴税コストを上げる。

そこで私が提唱したいのが、「還付金付き消費税」なのである。

たとえば、消費税二〇パーセントになったとき、年収二〇〇万円の人たちの消費税負担は四〇万円となるわけだが、この税率アップと同時に「全国民に均しく毎年四〇万円ずつ還付する」という制度を導入するのである。

そうすると、図2にもあるように年収二〇〇万円の人の実質的な消費税負担はゼロに

図2　還付金付き消費税の提案
消費税率20%・還付金40万円の場合

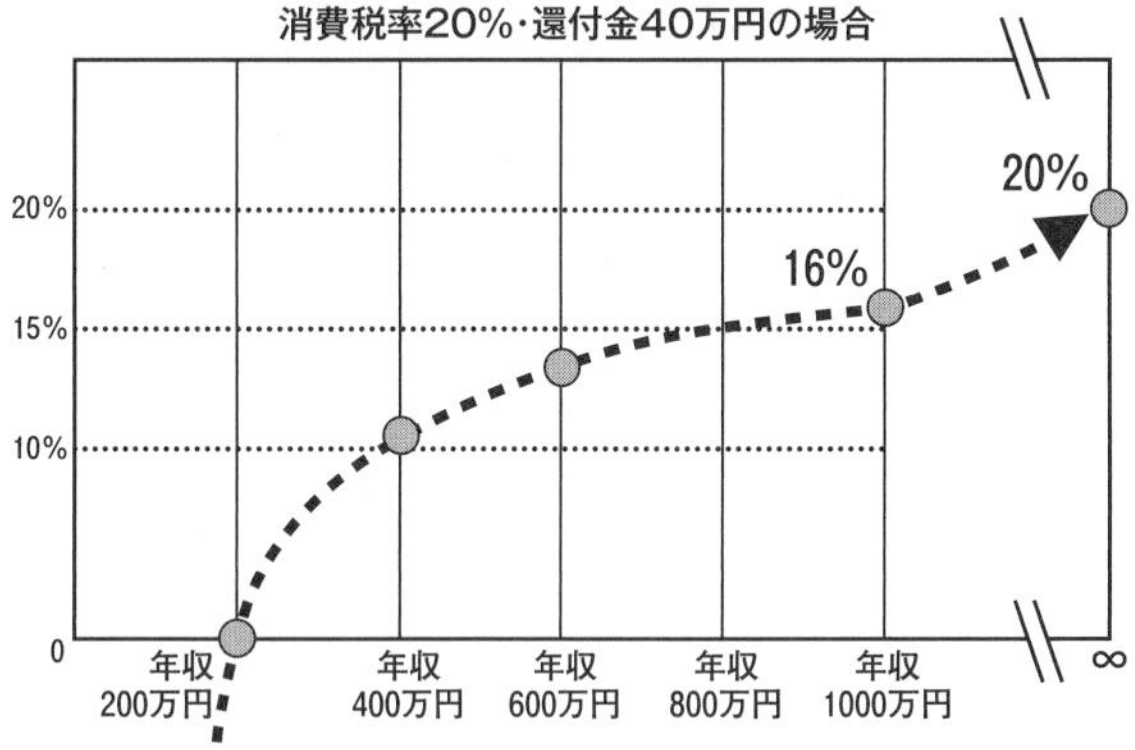

なる。さらに、それ以下の所得の人、たとえば、年間に消費するお金が一〇〇万円の人は二〇万円の消費税を支払うが、一方で四〇万円の還付を受けるから、実質的には二〇万円の所得補塡《ほてん》を受けることになる。

もちろん還付の恩恵を受けるのは年収二〇〇万円以下の人ばかりではない。たとえば、年間の消費が四〇〇万円の人は消費税八〇万円、還付が四〇万円なので、実質の消費税率は半分の一〇パーセントにとどまる。年間消費額が一〇〇〇万円の人は、消費税二〇〇万円に対して還付金が四〇万円なので、差し引き一六〇万円の消費税で税率は一六パーセントになる。このようにすれば、消費額の多い人の消費税率は徐々に上がっていくから、消費税の最大の欠点である逆進性は解消されることになるわけである。

なぜ「ベーシック・インカム」なのか

さて、このような「還付金付き消費税」のアイデアのベースになっているのは「ベーシック・インカム（基礎的所得）」という思想である。

ベーシック・インカムというのは「市民の生活を守るために、国家は無条件で国民に所得を給付する義務がある」という理念に基づいて出てきた考えである。すなわち、どのような状況にある人でも最低限の所得を得ることは、市民としての基本的人権であり、最低限の所得保障は国の責任だというわけである。実際、日本国憲法においても、第二五条で「すべての国民が健康で文化的な最低限度の生活を営む権利を有する」と規定しているから、ベーシック・インカムは憲法の精神を体現しているとも言える。

ただ、ここで問題になってくるのは「国民であれば、誰にでも無条件で給付する」ということであろう。

私の「還付金付き消費税」構想でも、その人が働いているか、いないか、所得はいくらか、年齢は何歳か、性別はどちらか、子どもはいるかなど、そういった個々人の属性をまったく問わない。ただ「国民である」という条件を満たせば、誰でも平等に政府が一定の最低限の所得を保障する。

このような提案を聞けば、おそらく多くの人は「そんなことは夢物語である」とお考えになるだろう。また、「そのようなバラマキ福祉をすれば、自分では何の労働もしないフリー・ライダー（福祉にただ乗りする人）が現われて、モラル・ハザードが起きる」と懸念する人もあるかもしれない。さらに還付金の財源をどのように調達するかという難問もある。そうした懸念は当然のことであるし、何の努力もせずにお金が支給されるということに心理的な抵抗があることは理解できる。

しかしながら、先に触れたように、デンマークでは基礎年金は税方式で、すべての居住者に対して無条件に支払われる。その人がどのような仕事をし、どれだけの税金を支払ったかどうかなどの実績は一切問題にされないのである。年金は退職後に平等に与えられる給付であるが、これを退職後とはいわず、「今すぐ」、すべての年代の人に拡大するのがベーシック・インカム制度だと思えばよい。国民全員に平等に年金を支給し、老後の生活を保障するという制度がありえるのならば、すべての国民に平等に所得補助を行なうというやり方はけっして荒唐無稽ではないであろう。

もちろん、この制度だけですべての社会問題がなくなるとは思わないし、このような大盤振る舞いはさまざまな副作用を生むかもしれない。国が所得保障をし、年金制度を確立するだけですべての社会問題が解決できると思うほど、私は楽天的でもない。

しかし、私は、日本が「希望なき貧困大国」から脱することが何より優先されるべき政策課題であり、万難を排してでもこのような制度を現実のものにすべく知恵を絞るのが「政治」の使命と信じる。なぜならば、日本社会が安定することがこの国の「底力」を発揮するための前提条件だと考えるからである。

もちろん、所得税がこれで不必要になるということはない。ある程度以上の所得を稼ぐ人からは所得税を支払ってもらわないと、国家財政は持たない。少なくとも、最高税率が住民税を加えても五〇パーセントにしかならないというのは、どうみても正当化できないだろう。

もちろん、昔のように一億円の年収で八〇〇〇万も課税される時代に戻すわけにはいかないが、ずっと高所得の人々、たとえば一〇億円以上稼ぐ人に対しては「限界税率」を高くしてもいいのではないか。つまり、一〇億円の所得まではたとえば五割の課税にするとしても、所得が一一億になったら、増えた一億円のうちの七～八割は徴収されるという方法である。限界税率はインセンティブを損なうという説もあるが、二〇〇〇万円程度の追加納税のために、一〇億円稼ぐ人のやる気が損なわれるとは考えにくい。また、社会全体として、たくさんの税金を納めている人に対しては尊敬の印、感謝の印として叙勲をするという形もありえるのではないだろうか。

いずれにせよ、「還付金付き消費税」の制度の下では、貧困層の生活は今よりもはるかに安定的なものになるというメリットがある。

世界最悪に近い「貧国大国・日本」の汚名返上にもなるし、それによって日本社会の

「分断」状態が改善され、あたたかくやさしい「安心・安全社会日本」が復活するのであれば、けっして無謀な改革にはならないと思うのである（ベーシック・インカムのより詳細な議論については橘木俊詔・浦川邦夫『日本の貧困研究』東京大学出版会の第八章が大いに参考になる）。

「金銭による所得再配分」の限界

さて、ここまでは日本社会に広がった格差の現状と、それをどうやって解消するかということについて語ってきたわけだが、しかしながら、所得の再配分さえ適切に行ない、社会福祉制度の財源を確保すれば、それですべての問題が解決できるというほど、ことは簡単ではない。

なぜならば、こうした施策を行なえば、たしかに新自由主義やグローバリゼーションによって弱体化した日本政府の機能、日本という「国家」はある程度回復することはできるかもしれない。しかし、これらの政策だけでは、市場経済によって分断化・アトム化し、横の連帯が失われてしまった「日本社会」が再生できるとはとうてい思えないからである。中央政府による「金銭による所得再配分」で貧困層の底上げを図っても、それで日本社会が本当に再生できると考えるのは楽観的過ぎるということである。

社会が本当の意味で安定するには、金銭的な意味での安心に加えて、人々が何らかの精神的よりどころとなるような「社会的つながり」を実感することが必要だ。言い換えるならば、「自分は社会に必要とされている」という感覚である。

この頃、日本ではいわゆるワーキング・プアの人たちの犯罪がしばしば報じられている。この人たちの犯罪を正当化するつもりはないが、しかし、たとえば秋葉原の雑踏で人を無差別に殺傷した犯人が「誰からも相手にされなかったから……」と供述したことには一定の真実があると思う。いくら派遣労働者としてそれなりの所得があったとしても、派遣先では「お客さん」扱いされ、仲間との触れ合いがないのでは、人間は孤独に押しつぶされてしまう。

このような孤独は、国家が直接埋めることができないのは言うまでもないことである。かりに、そのような機能を国家に求めたとしても、それはナチスのような全体主義、国家主義を産み出すだけのことだろう。

では、市場は孤独を癒《いや》してくれるか。もちろん「ノー」である。新自由主義では個人がマーケットに参加することで、社会と接触するのだと言うが、しかし、マーケットは匿名性のある需給調整の場にすぎず、人々の精神的なよりどころにはなり得ない。むしろ、「労働の商品化」を加速することで、働く人たちの疎外感を増幅する機能しか提供しない。

そう考えていくと、グローバル資本主義によって分断化された日本社会を再生するためには、国家や経済原理は役に立たないということが改めて確認できるだろう。たしかに政治も大事であるし、社会福祉も重要である。だが、本当に重要なのは国家と個人との間に、さまざまな形での中間的な共同体、中間的な組織を作りだして、そこに人々が参加できるようにすることではないだろうか。

「大きな政府」でも経済活性化はできる

すでに何度も述べてきたことだが、人間は社会的動物である。個人が孤立して生きることはできない。誰かに求められているという実感がなくては、生きている甲斐がない。人は何らかの共同体に所属することで、そこではじめて生きる証を感じ取ることができるのである。

中間的共同体、組織の形態はさまざまである。もっとも基本になるのは家族であるが、地域のコミュニティ、趣味のサークル、NPO、協会などが考えられるが、戦後日本の場合、何といっても日本人の気持ちを支えたのは「会社」であったことはすでに述べたとおりである。

定年まではいえ、「終身」雇用の場を日本の会社は保障してくれていた。共同体としての「会社」が人々の気持ちを支え、社会全体の安定を支える最重要な中間組織になっていたのである。日本経済のパフォーマンスも、そうした会社組織のもたらす安定性の結実であった。

しかし、よきにつけ悪しきにつけ、戦後日本人の心の支えになってきた日本の「会社」は、ここにきてアメリカ流の企業改革に安易に乗り出した結果、多くの従業員にとってもはや心の支えにはならなくなってきた。いや、そればかりか、もはや一個の共同体、一個の社会としての機能すら果たさなくなりつつある。

しかしながら、では、昔のように正社員中心の雇用体系にし、終身雇用を保障すればいいかといえば、それはそれで中国やインドなどの新興国との競争において不利に働くのも事実である。

さらに経済全体の面から見ても、これだけ競争の激しい時代において、終身雇用制度を復活させれば、労働市場の流動性も減るわけだから、産業構造の転換に適応できなくなり、日本経済の沈滞を招くことにもなる。労働システムの「最適解」はなかなか見つかるものではない。

ただ、そこで一つ参考になると思われるのが、デンマークの例である。

デンマークでは企業はいつでも簡単に余剰人員を解雇できる。そして、解雇された労働者はそれに対して文句を言わないのである。

なぜかというと、まず第一に、解雇されても失業保険が手厚く支給されるから生活の不安はない。

それと同時に、デンマークでは賃金は徹底した同一労働・同一賃金制度を採っているので、同じ仕事をしているかぎりは、同じ会社で何年勤めていても、賃金は上がらない。そこで大事になってくるのがスキルアップなのだが、失業はスキルアップするいいチャンスになる。全国規模で立派な職業訓練所が整備されていて、解雇されると、無料でただちに職業訓練学校に通い始めることができるからである。考えようによっては、ときどき解雇されたほうがかえって技能訓練ができて未来が開けるとも言えるわけだ。

こうしたシステムの利点は労働者側だけにあるのではない。マクロ的には労働市場の流動性が確保されるというアドバンテージもある。

これは企業にとっても大変ありがたいことであろう。なぜなら、過剰雇用に悩まされるということがないからである。人員過剰になれば、直ちに解雇すればよく、その意味で、労働コストはそのときどきの経済情勢に合わせて変化させることが可能な「可変費用」とみなすことができる。

国家レベルで見ても、このようなシステムがあると、産業構造の転換が容易になる。競争力のなくなった産業で雇用調整が行なわれれば、解雇された労働者は職業訓練学校で将来有望な産業に見合ったスキルを磨くことができる。企業は新しい産業を立ち上げても、スキルを身につけた労働者をすぐに調達することができるから、産業構造の転換はスムースに進むというわけである。

従来の日本的雇用システムの欠点は、過剰雇用になってもなかなか雇用調整ができないことにある。だからこそ近年の日本企業は解雇が容易な非正規社員を増やすことによって対応しようとしてきたわけだが、先にみたように、それが従業員の一体感を損ね、現場の「分断」を引き起こしている。

労働市場を流動化させ、産業構造の転換を容易にするためには、デンマーク型の労働市場の整備を行なうことがどうしても必要になるのではないか。そのためには、失業保険の拡充や職業訓練所の増設などの施策が必要になるが、「小さな政府」にこだわっていると、そのような政策の実現はむずかしくなる。そのことが企業の雇用調整を遅らせ、産業構造の高度化、転換を妨げ、経済の停滞を招くのである。

このようなケースを考えると、「小さな政府」のほうがさらにより効率的だとは言えない。「大きな政府」でも、経済をより活性化できる場合があるということが分かるのである。

「国家」では社会は救えない

こうした社会の分断化は、何も会社組織に限ったことではなく、今や日本のさまざまな場所で起きている。かつては住人同士のつながりが強固であった地方の農村部などでも、少子高齢化によって地域コミュニティの存在感が急速に消滅しつつある。数少ない若者が都会に出て行き、高齢者だけが残されたために共同体としての存続すらむずかしい「限界集落」が日本中のあちこちに生まれている。

いや、それは地方だけの現象ではない。つい最近の報道によれば、東京都心部、新宿区内の大規模団地の住民の半数以上が、六五歳以上の高齢者によって占められるようになり、限界集落化してしまったという（二〇〇八年九月六日、共同通信）。

こうした地方の過疎化、地域コミュニティの空洞化に対して、どのように我々は対抗すべきなのだろうか。言うまでもないことだが、このような状況に対して国家がなしうる部分はあまりにも小さい。すでに述べたように国家は社会の代替品にはなりえない。

そもそも歴史的に見ても、現代のような国民国家のあり方は近代になってから生まれたものであって、人類という種が生まれて以来、自然に作り出されてきた「社会」とはまったく別種のものである。

「国家とは何か」という設問に対する答えはさまざま考えられるが、私の考えるところ、結局、近代国家とは国際社会において外交や防衛を行なう主体であり、国内においては治安維持と徴税を行なう主体にすぎない。

こうした、いわばマクロ的なことを行なうのが国家の役割であって、それ以下のミクロな部分、たとえば人々の生活に直接関わる部分については、国家は干渉すべきではないし、本質的な意味において干渉する能力を持っていない。国家や政府はあまりにも

「大きすぎる」から、国民それぞれに対して個別に適切に対応することなどできるはずもないのだ。

たとえば、それは社会福祉にしても同じである。

なぜ、日本における介護保険制度がうまく機能しないかということを考えてみると、そもそも千差万別の状況にある要介護者のケアのやり方を、厚生労働省が一律に定めようとしたことにその原因がある。

個々の高齢者に対して、どのようなケアが必要かを判断できるのは現場レベルの人間しかできないことなのに、そうした自由裁量の余地を与えず、全国一律の「メニュー」の中から選べというのでは、心の籠もったサービスなどできるはずもない。介護する側と介護される側との間に、人間的なつながりが生まれることなど、期待することすらおこがましいというものであろう。

「社会に支えられている」という実感こそが必要

介護サービス大手のコムスンが介護報酬の不正請求を行なったことが発覚し、同社が介護サービスから撤退することになった事件（二〇〇七年）は記憶に新しい。

このようなスキャンダルが起きた原因の一つは、「公的サービスは民間企業に任せればよい」という新自由主義思想を政府が安易に採用したこともあるが、それよりも重要なのは、そもそも介護や医療は「国家」が直接監督したり、あるいは全国一律のルールで行なったりするのではなく、「地域社会」がそれを親身になって支える構造にしなくてはいけないという基本を忘れたからに他ならない。

たとえば、デンマークなどの北欧諸国の人々は福祉制度を支えるために、高い負担を強いられているわけだが、しかし、それでも不平が生まれないのは、福祉サービスがきめ細やかに行なわれていて、「自分たちは社会に支えられている、守られている」という実感があるからだろう。

ここでは詳述するゆとりはないが、たとえばデンマークの場合、妊娠・出産にまつわる自己負担は限りなくゼロに近いわけだが、そうした金銭的支援よりも重要なのは、子育てにまつわる、さまざまな親の苦労を、国家というよりも地域社会全体で肩代わりしてやろうという体制ができている点である。

デンマークでは子どもを無事出産すると、まずは育児ヘルパーとして保健婦が定期的に家庭を訪問するのは当然のこととして、生後六ヶ月を過ぎる頃から三歳までの間は、託児所や保育士によるデイケアサービスを気軽に利用できる。そして、三歳を過ぎると今度は幼稚園に入って集団保育を受けることになる。

こうしたケアは、もちろん公的負担によって行なわれるわけだが、しかし単に国家が制度を定めるだけで、このようなきめ細やかな育児サポートができるわけではない。

「子どもは地域社会が育てるものである」という意識が社会全体になければ、こうしたサービスは成功するはずはない。そもそも親の側にしてみれば、ケア・サービスが単なる「お役所仕事」ではなく、愛情の籠もったものと思えなければ、安心して大事な子どもを預ける気にもならないだろう。

その点、デンマークなどでは「子育てや教育は家庭だけではなく、社会全体で行なうもの」というコンセンサスがあるから、このような子育て支援がうまくいくのである。

子育てや、あるいは病人や老人の介護を経験なさった人ならば、誰でも実感されていると思うが、こうした仕事の辛さは単に肉体的なものではなく、「自分たち以外にほかに頼れる人がいない」という孤立感、社会からのきめ細かなサポートを期待できないという絶望感のほうが実は大きい。

人間とは社会的動物である以上、孤独では生きていけない。形式的な育児、介護サービスがあったとしても、積もり積もった愚痴や不満を漏らしたり、悩みを共有していくという心の触れ合いがそこになければ、それは本当の意味で「生きている」ことにはならない。

この点において、我々がデンマークなどの北欧諸国に学ぶとしたら、単にサービスの外形を真似るだけでは不十分であろう。もっと大事なのは、彼らがどのようにして社会的つながりを維持し、地域社会の中で個人の孤独感や不安を解消しているかということなのである。

地方分権こそ、日本経済再生のカギ

考えてみれば、かつての日本も「向こう三軒両隣」という言葉があったように、何か困ったことがあれば「お互いさま」で、地域社会で助け合うのが当然だった。

しかし、こうした社会的なつながりは、戦後経済の発展の中で失われてしまったし、「最後の砦《とりで》」とも言うべき「会社」さえ今や社会としての機能を果たさなくなってしまった。今や日本人はグローバル資本主義によって、バラバラにされ、アトム化されてしまった。

この状況をどうやって解消するか、その具体的な処方箋を事細かにデザインする能力は筆者にはない。しかし、一つだけ言えるとするならば、繰り返しになるが、日本社会の連帯や安心感を取り戻すことを「国家」に期待するのは間違っているということである。

国家ができることと言えば、すべての国民に対して最低限の生活を物質的・金銭的に保障する程度のことにすぎない。それは北欧諸国も同じであって、個人個人の心のケアや仲間同士が支え合うことによって生まれる連帯感や安心感は国家は提供できないのである。

もし、そうした連帯感や安心感が提供するという国家や指導者があるとすれば、それはかつてのナチス・ドイツ、あるいは共産主義のソ連の再来であると考えるべきなのだ。社会の連帯というのは「上から作り出すもの」であってはならないのである。

先ほども述べたように国家が本来行なうべきは、せいぜい外交や国防などにとどめるべきであって、国民の福祉に関係したことは、「金銭の給付」にとどめ、実務はできるかぎり地方に権限委譲をしていくのが、「安心で平等な社会を維持する」ためには最も重要な選択であると思われる。一億人近い国民の生活を中央の省庁が一括して「管理」しようということが、そもそも無理なことなのである。

この点において、デンマークやスウェーデン、あるいはノルウェーという北欧諸国、あるいはキューバなど、福祉において成功しているのがいずれも小国であることは、ひじょうに示唆に富んでいる。キューバやスウェーデンが一〇〇〇万人近く、ノルウェーやデンマークはその半分程度の人口しかない。

国民それぞれが幸福感を感じられる社会を作ろうとするならば、行政単位はできるだけ小さくしていったほうが、それだけ小回りも利くし、またそれぞれの地方の特性を反映した行政サポートができるというものであろう。もちろん、権限委譲に当たっては財源の委譲も必要になってくるであろう。

はたしてどの程度の規模の行政単位がよいのか、それは今後より深く議論していく必要があるだろう。今の日本では「道州制」がしばしば論議の対象になっているが、社会福祉ということを考えた場合、道や州の単位でもまだ大きすぎるかもしれない。道路などのインフラを作るのは道や州単位で考え、介護や医療サービスはもっと小さな行政単位で行なっていくほうが、より現実的ではなかろうか。

すでに何度も述べてきたように、最初から移民国家として誕生したアメリカと違って、日本は相互に信頼関係を構築していくことで、世界に類のない安心・安全社会を構築してきた。そして、それがひいては「日本製品への国際社会の信頼」を産み出したわけである。地域コミュニティの再構築は、日本の国力を回復するためには必要不可欠なことだと考える。

もちろん、その実現は一朝一夕にはいかない。中央省庁を大幅に縮小し、地方に自主的権限を持たせる必要がある。そのほかにもやるべきことは山積している。しかしながら、たとえ困難であっても社会のつながり、人間同士の信頼を回復していく以外に、日本を再生する道はない。

いかに経済的に豊かになったとしても、それで心の安定や満足感を得られるわけではない――その実例をすでに我々はバブル期以来、たくさん見てきたと思うのだが、どうだろうか。

日本が世界に誇れる美質とは

さて、ここまでは現在の日本が抱える問題点と、それを解決するための提言を記してきたわけであるが、しかしながら、今の日本がまったく将来に希望の持てない状況であるかといえば、筆者はそうは考えていない。

すでに第五章や第六章などで述べてきたように、日本は世界の中でもひときわユニークな文化伝統を持った社会である。

たとえば、閉鎖的な島国の中で暮らしてきたことで生まれた「損して得取れ」という信頼第一の思想、あるいは階級感覚が薄い社会であるがゆえに培われてきた「現場力の重視」の思想など、日本人には他国にはない思想、発想がある。このような文化伝統は一朝一夕に、他国が真似することはできるものではない。こうした文化伝統を再発見していくことが、実は国際競争力につながってくるのではないだろうか。

そういう意味では、日本は無尽蔵ともいえる未来への可能性を持っている国なのである。

その一例を挙げるならば、日本人が縄文時代から有してきた自然に対する尊敬の念、自然との共生の思想があるだろう。もっと大きく言うならば、日本ならではの自然哲学、自然観がそれである。

いうまでもなく、人類にとって、二一世紀最大の課題は地球環境問題である。経済発展と自然環境の維持をどのように調和させるか、さらに消費生活の拡大と天然資源の節約をどう両立させるか――これが今後の世界にとっての死活問題となる。いやもうすでにそうなっている。現今の地球上で起きている環境汚染、資源の乱開発がこのまま続けば、それは人類という種の存続にも関わってくる危険性すら秘めているのである。

では、いったい、なぜこうした自然破壊が際限なく行なわれるようになったか。その原因が、自然を征服の対象と考えるキリスト教思想、さらにはそこから展開された近代資本主義の思想にあることはすでに述べたとおりである。

神による人間の救済をメイン・テーマとするキリスト教においては、自然を守る、自然に畏れを感じるという感覚が生まれる余地はない。大事なのは人間と神との垂直的な関係であって、一神教においては自然は征服し、支配すべき対象でしかないのである。

そして、そうした精神的土壌から生まれた資本主義においても、自然とはしょせん「商品」にすぎない。土地も森も、そこに生きる生き物たちもすべては人間の所有物であり、ゆえにどのように使用し、処分しようとも自由であるとされる。日本人が持っている「自然は天から与えられたもの」といった思想や、「人間は自然の中で生かされている」という考え方は、資本主義の中には存在しない。グローバル資本はこぞって環境規制の甘いところを狙って開発資金を投下している。あるいは、その巨大な資本力にものを言わせて、各国の政治に影響を与えることによって、環境規制の強化に抵抗している。

その結果、グローバル資本主義が発展する過程で、世界の環境汚染が拡大し、資源が無駄遣いされていくようになったのは、まさに当然すぎるほど当然の帰結であった。「技術革新を進めれば環境問題は解決できる」というのが各国の公式見解だが、西洋流の資本主義の論理、市場原理はおそらくは技術革新を上回る勢いで地球環境を破壊しつくすであろう。そうなれば、人類は取り返しのつかない状況に置かれることになるであろう。

そこで重要になってくるのが日本という国の存在ではないだろうか。

本書の第五章でも述べたように、日本は縄文時代以来、自然の中に神聖さを感じてきた歴史を持つ、先進国の中でもただ一つの国である。

日本人は古来、道ばたに生えている雑草にさえ神や仏を感じるメンタリティを持ち、それを文化の域にまで洗練させてきた。また、単に自然を愛好するのみならず、森林資源や水資源を積極的に守ってきた歴史を持っている。

日本はすでに現時点においても、世界でもトップレベルの省エネルギー技術、あるいは太陽電池など代替エネルギー技術を持っているのはよく知られたことだが、こうした技術が蓄積されていることの背景に、縄文以来の文化的ＤＮＡがあると見るのはけっして考えすぎではないだろう。

今こそ、環境立国を

こうした歴史伝統、文化伝統を考えたとき、私はこれからの日本は「環境保護の超先進国」となっていくべきではないかと考えている。

すでにさんざん肌身に沁みて経験したように、我々日本人にはアメリカ人やイギリス人の持っているような金融の才能はない。サブプライム・ローンが象徴するように、儲けるためには貧しい人を食い物にしてもかまわない、紙くずになるのが分かっている「証券」を他人に売りつけても何の罪悪感も感じないといったような「合理主義」を、日本人は一〇〇〇年かかっても身につけることはできないだろう。

我々日本人の「身の丈」に合っているのは、やはり現場重視で、こつこつと誠実にモノを作っていくことであろうし、職人のように技術を磨いていくことであろう。そして、そうした物作りの中でも、我々日本人が世界に貢献できることがあるとしたら、それはやはり自然を敬い、自然を大切にしていくという日本古来の精神に基づいて、エコロジー技術を開発することが、もっとも「自然なこと」ではないかと思うのである。

また、それと同時に、グローバル資本主義によって荒廃してしまった日本社会を「復興」させるうえで、もっと積極的に自然との共生を推進していくことも重要であろう。

たとえば、ブータンのように憲法の中で、政府が積極的に森林資源の保護、あるいは自然環境の浄化を行なうことを制定して、自然保護を国是としていくのも一つであろう。

あるいは具体的な試みとして、都市のヒート・アイランド現象を解消するために、街路から電柱を一掃し、その代わりに桜などの並木を植えていき、大都市の緑化をさらに徹底していくということも考えられる。

そこで参考になるのは、フランスのストラスブールの例である。

この町では市街地から自動車を「追放」することを目的に、一九九〇年代に大々的な都心部の再開発を行なった。都心部に自動車を乗り入れてはいけないことにして、公共交通機関として市電（トラム）とバスを積極的に導入した。それと同時に、歩行者道路を整備するなどして、町並みを美しく作り替えたのである。この結果、ストラスブールにはたくさんの観光客が集まるようになり、町全体が活性化したという。

こうしたアイデアはいくらでも考えつくが、その中でも私が最も提案したいのが、環境技術の開発を最優先の国家プロジェクトとして推進していくことである。

たとえば近年、国会で議論になった道路特定財源の暫定税率分の二兆七〇〇〇億円を、現状のように一般財源に繰り入れるのではなく、すべて環境技術の開発プロジェクトに投じると宣言すれば、それだけで世界中から環境関連の優れた研究者や企業が日本に集まってくるに違いない。しかも、そうした企業や研究機関を都市部ではなく、緑豊かな地方に誘致すれば、地方の活性化にもつながる。さらにそこで生まれた技術を世界に対して、無償で供与していくということにすれば、日本は環境問題におけるリーダーにもなれるかもしれない。

日本はこれまで欧米社会を目標にして近代化を推進してきた。そして、非キリスト教国で最初に近代西洋文明を採り入れた国家となった。その成果はまことに大きいものがあるわけだが、しかし今や、その欧米の価値観や社会体制が大きな限界にぶつかっている。

この大きな危機に当たって、私たち日本が世界に対していったい何ができるか――。それが今、我々に問われていることであり、そして、その答えはすでに私たち自身の中にあると私は信じて疑わないのである。

政策パラダイムの大きな転換が不可欠

さて、以上が日本の「社会」をどうやって立て直していくかということに関する、私なりの暫定的な――したがって不十分な――提言である。しかし、この暫定的な提言を実行に移すことは、日本が置かれている現実、すなわち、財政赤字の累積額がＧＤＰの一八〇パーセントにも上るという厳しい財政事情からすればきわめてむずかしいのも事実だ。

サブプライム・ローン問題に端を発した金融危機は、すでに実体経済にもさまざまな悪影響を与えている。この不況は数年は続くと覚悟しておくべきであろう。そうなると、それでなくても厳しい日本の財政は破綻の危機に瀕《ひん》することになる。

しかしながら、私の見るところ、これまでのような小さな政府、すなわち、政府はできるだけ市場に介入せず、できるものはすべて民営化したほうがよいという新自由主義的な考え方に基づく経済政策パッケージで難局を乗り切ることは、とうてい不可能である。消費税率を五月雨《さみだれ》式に少しずつ引き上げて辻褄《つじつま》を合わせるようなパッチワークではとても済まないと思う。

むしろ、ここで私が提言したような大胆な政策を実施しないと、日本の窮状は救えない。しかしそうするためには、消費税率を一気に最低でも二〇パーセント、あるいは、二五パーセントに引き上げることが必要になる。このような大胆な税制改革を実行することができれば、還付付き消費税と税方式の基礎年金、貧困者への医療保障、労働市場改革などによって、日本社会の健全性は一気に回復されるはずである。

折しもアメリカでは民主党のオバマ政権が誕生した。アメリカも新自由主義路線は大きく転換していくことであろう。日本も、小さな政府、民営化、規制撤廃の小泉流改革路線から大きく舵を切り、安心・安全社会日本の再構築、職業訓練所の増設や失業手当の増額などの労働市場改革による産業構造転換、国際競争力の向上を目指すべきだろう。

もちろん、このためにはきわめて大きな政策哲学の転換を必要とするだろう。しかし、新自由主義路線に身をゆだねていると日本社会は本当におかしくなってしまう。このことはほぼ間違いのないところであり、そうであるとすれば、思い切ったパラダイム転換を決断すべきではないだろうか。

本来ならば、野党である民主党（二〇〇八年十二月現在）がこのような政策転換をしなければならないはずである。しかし、悲しいかな、日本はまだ政策軸で政党が区分けされる状況にはなっていない。自民党と同じく、民主党も、大きな政策軸は明確に示しえていない。世界経済が危機に瀕し、日本社会も大きな問題を抱える現在、本気で、日本の窮状を克服するための政策転換してくれる政治家は現われないのであろうか。

終章

今こそ「モンスター」に鎖を

モンスターがもたらした「三つの傷」

資本主義とは、資本の増殖を目的としたあくなき利益追求を是認するイデオロギーである。その資本主義が、旧社会主義国の崩壊による巨大市場の開放とＩＴ技術の飛躍的発展によって、グローバル資本主義という「モンスター」へと変貌した。

このグローバル資本主義という怪物の出現によって、世界経済が活性化し、先進国のみならず、中国などの新興工業国の発展、ひいては名もない途上国の経済発展にも大きな刺激を与えたことは疑う余地がない。このモンスターは世界のさまざまなところに眠っていた資源（労働、資本、土地など）を市場取引の場に引きずり出し、その効率的な利用を行なうことで経済成長を促した。

しかし、そのモンスターが国境を超えて派手に活動することによって、人間の社会は分断され、自然は破壊され、やがてはモンスター自らをも蝕《むしば》んでしまうことになった。グローバル資本主義という怪物が作り出した「傷」はあまりにも深く、多岐に及ぶ。

このモンスターが人類に与えた傷の第一は、「世界経済の不安定化」であった。

サブプライム問題に端を発した今回の金融危機は、アメリカ国内にとどまらず、世界中に大きな影響を与えているわけだが、こうした危機は今に始まったことではない。グローバル資本主義が始まったこの二、三〇年間を振り返ってみれば、金融危機は世界のあちこちで何度も表面化した。むしろ、危機は常態化していたとさえ言える。

住宅用不動産の抵当貸付を手がけるアメリカのS&L（貯蓄貸付組合）の経営危機、日本の不良債権処理に絡む金融危機やアジア通貨危機は言及するまでもないだろう。米国ヘッジファンドの大手、ロングターム・キャピタル・マネジメント（LTCM）の経営破綻もあった。主要国はそのつど、G7（先進七カ国首脳会議）などの場で世界経済の安定化について話し合ってはきたが、それはまったくといってよいほど効果がなかった。

第二に、「所得格差の拡大」という傷である。

アメリカや日本における格差拡大についてはすでに詳しく論じたが、グローバル経済に組み込まれた各国ではほとんどの場合、格差が拡大した。すでに見たとおり、閉鎖経済の下では格差を是正するモーメントが働きやすいが、グローバル経済の下では、「生産」と「消費」が分断されるため、不平等が助長される。各国政府はその格差を是正したくても、企業や人々の利益追求への欲望があまりにも強いために、その政治的動きはことごとく弱められてきた。

第三に「地球環境破壊」という傷である。

資本主義というモンスターが世界の隅々にまで手を差し伸べた結果、地球環境は大きく劣化した。国際的に強制力のある規制が存在しない現状では、モンスターは規制の弱いところをめがけて殺到する。資本主義というケダモノは利潤という美味しいエサを嗅ぎつける能力には長《た》けていても、地球環境に配慮するDNAを持ち合わせていないのである。そればかりか、京都議定書に世界最大のCO_2排出国アメリカが批准しなかったことでも分かるように、この怪物は環境保護規制をつぶすために、ロビー活動などを通じて政治を動かす力さえ持っているのである。

このように、グローバル資本主義というモンスターは世界経済を活性化する反面、これらの重大な副作用をもたらしてきた。しかし、世界はその被害をどうすれば最小化できるのか、決定的な方策を見出せないでいるのである。

なぜ金融危機は頻発するのか

では、いったいなぜ、グローバル資本主義の下では、金融危機が頻発するのであろうか。それは一言でいってしまえば、世界の中央銀行が存在しないためである。

それぞれの国には中央銀行が存在する。日本には日本銀行、アメリカには連邦準備銀行（FRB）、イギリスにはイングランド銀行があり、EU圏にはヨーロッパ中央銀行（ECB）があるが、世界全体の通貨供給を管理する「世界中央銀行」はどこにも存在しない。

各国の中央銀行が果たす最大の役割は、「通貨価値の番人」としての役割である。通貨が過剰に供給されるとインフレになり、貨幣価値が失われていく。インフレ懸念が高まると、人々はますます貨幣を手放し、モノに換えておこうとするようになる。これが高じると、いわゆるハイパーインフレーションになり、誰も貨幣を交換の手段として使おうとしなくなる。このとき、経済は物々交換へとシフトして、経済の効率性が著しく低下することになる。逆に、通貨が過小に供給されるとデフレになり、人々は物よりも貨幣を持ちたがる。このときには物はまったく売れなくなり、恐慌になる。このような事態にならないように、各国の中央銀行は「通貨価値の番人」として、貨幣の供給量をコントロールしているのである。

世界中の中央銀行がこうしてインフレやデフレに対して、つねに警戒をし、国際協調の中で適切な通貨管理をやってくれていればいいのだが、ここに一つの不安定要素がある。

それは世界の基軸通貨がドルであるという事実である。

基軸通貨とは、世界中の取引で使われる通貨であり、ドルはアメリカと何の関係もない第三国同士の取引にも使用される。しかし、なぜ基軸通貨であるドルがその発行国であるアメリカと何の関係もない第三国同士の取引にも使われるのであろうか。それは、第三国の取引当事者の間に、何かを売ったときにドルで代金を受け取っても、そのドルでまた別のものを同じように買えるという確信があるからに他ならない。世界中の人々が、ドルが安定した価値を維持し、通貨として使用できるということを信じている限り、ドルは基軸通貨としての役割を果たすことができる。

ところがこの基軸通貨たるドルを管理しているのは、「世界中央銀行」ではない。ドルを動かしているのは、アメリカの国益を担《にな》ったFRB（連邦準備制度）なのである。

シニョレッジの誘惑

アメリカ経済の強さの「源泉」の一つは、基軸通貨ドルを発行することでいわゆるシニョレッジ（Seigniorage）を稼いでいることにある。シニョレッジとは貨幣の発行者が貨幣の発行によって得る利益のことである。

貨幣の発行者が一〇〇ドル紙幣を印刷するのに一ドルの印刷費用がかかったとしよう。そうすると、貨幣発行者が一〇〇ドル発行し、世界の人々がこれを一〇〇ドルの価値と認めて保有してくれれば、差額の九九ドル分を儲けることができる。この儲けのことをシニョレッジという。

といっても、シニョレッジが発生するのは基軸通貨だけである。たとえば日本の円は国際間の取引のために使われることはまずない。だから、日本が一万円札をいくら刷ったところで、それでシニョレッジを稼ぐことはできないのだ。

今ではEUのユーロも強くはなってきているが、やはりアメリカ・ドルが基軸通貨であることには変わりない。

つまり、基軸通貨国であるアメリカだけが世界の中で唯一、巨大なシニョレッジを稼ぐ特権を持っていることになる。もし、FRB、もしくはアメリカ政府はドルを発行して世界にばらまけば、世界の人々がドルの価値が安定的であると認めるかぎりは、それだけで巨大なシニョレッジを稼ぐことができるのである。

具体的にどうやってドルを世界にばらまくかというと、たとえば、ホワイトハウスが拡張的な経済政策を採って、経常収支の赤字額を拡大すればよい。そうすると、赤字相当分のドルは海外に流出し、アメリカはその分のシニョレッジを稼ぐことができる。こうして流出したドルは海外の取引の際に基軸通貨として利用されることになるので、経済は刺激され、世界の人々もまたその恩恵を蒙《こうむ》ることになる。

しかし、アメリカがシニョレッジの誘惑に負けて、ドルを過剰供給する政策を採りつづけるとどうなるか。その場合は、ドルが世界的に溢れ出すので「過剰になったドルの価値はやがて低下するのではないか」という見通しを持つ人が現われるようになるだろう。そして、そうした人たちは、ドルを手放したほうが安全だと考えはじめるかもしれない。

このようにドルに対する需要（＝ドルの価値）が将来的に大きく低下すると人々が予

想するようになると、人々はますますドルを売り浴びせる行動に出る。こうなるとドルの暴落が始まる。人々はドルを信用しなくなるので、ドルは基軸通貨としての役割を果たせなくなる。こうなると、世界経済は基軸通貨を失うことになり、国際取引はスムースに行なわれなくなり、世界は巨大な損失を蒙ることになる。

もしFRBやホワイトハウスがつねに賢明で、適切な通貨政策を採っているのであれば、こうした危機は回避されるだろう。しかし、FRBもホワイトハウスもアメリカの国益が最優先であり、そしてシニョレッジを稼ぐ誘惑につねに勝てるとは限らない。ここに、世界中央銀行が存在しない現代グローバル資本主義の危険性が内包されているのである。

今回のサブプライム・ローンに端を発した金融危機は、FRBの監督下にないアメリカの証券会社（投資銀行）がわずかな自己資本をもとに何十倍にも資産を膨らませる「レバレッジ経営」に走ったために起こった。サブプライム・ローンから発生した住宅バブルがアメリカの景気を過熱させ、ドルを世界にばらまく結果となった。

FRBが「世界中央銀行」としての自覚に基づいて貨幣供給の適切な管理にあたっていれば、このようなクラッシュは起こっていなかったであろう。しかし、現実には、長期にわたってFRB総裁の座にあったグリーンスパンはアメリカの景気上昇を最優先し、住宅バブルを容認（accommodate）した結果、ドルの過剰供給が続けられたのであった。

その結果が、今回の金融危機の根本原因である。

いずれにしても、問題の性質はいまや明らかである。基軸通貨の価値を維持するという公共目的のために行動する「世界中央銀行」が存在しないことがその根源にあるということである（この問題のより詳細かつ明快な解説に関しては、岩井克人『二十一世紀の資本主義論』ちくま学芸文庫を参照されたい）。

だが残念ながら、ナショナリズムがいまだ華やかな現代世界においては、そのような強制力のある世界機関を設立することを可能にする条件は整っていない。ドルとともにユーロや円が基軸通貨として併存する「基軸通貨の三極体制」を提言する人がいるが、それは事態をより複雑にするだけのことである。複数通貨が並立することで世界経済がさらに不安定さを増すことはほぼ確実なのである。

所得格差と環境破壊も問題の本質は同じである

ここまで読み進められた読者は、すでにお気づきであろう。グローバル資本主義の問題の根幹とは、今やモノもカネも国境を超えて自由に羽ばたいているのに、それを制御する主体が国家単位に分散しているということにあるのだ。

所得格差が拡大しても、それが国内問題であるかぎりは有権者の意向を受けた政治家がしかるべく手を打とうとするだろう。地方経済が疲弊したということであれば、地方選出の議員が公共事業の拡充に乗り出すだろう。福祉政策が不十分だということであれば、リベラル政党が得票を増し、それなりの手が打たれるはずである。

しかし、グローバル資本の力はそうした国内政治にまで影響を与え、そのような動きを帳消しにしてしまう。

ロバート・ライシュが『暴走する資本主義』の中で言っているように、現代社会では巨大なグローバル資本がさまざまなロビー活動などを通じて、労働者や市民の力を弱体化させ、格差是正の政策を骨抜きにしている。グローバル資本主義にとっては、格差を是正しようとする政治とは、利潤を低下させる「悪い政治」に他ならない。かりにリベラルな政治が行なわれるのであれば、その国から資本を引き上げるだけのことであり、そうなれば、さらにその国の経済状況は悪化することになるから、格差是正の政策は骨抜きにされてしまう。

このことは先進国よりも後発国のほうがもっと深刻である。国際的な所得格差に対する政策手段としては、せいぜい政府開発援助（ODA）による所得再分配があるだけである。これはたかだか先進国のGDPの一パーセントにも満たない拠出金を世界の途上国に配分しているだけであり、国際間の所得分配を平等化させるという意味ではその力はきわめて弱い。

環境破壊についても同様である。ヨーロッパの一部の国（ドイツや北欧諸国）が厳しい環境規制を敷いても、グローバル資本は環境規制の緩い新興国に投資を集中するから、地球全体としては環境規制は尻抜けになってしまう。

気候変動に関する政府間パネル（Intergovernmental Panel on Climate Change　略称IPCC）のような、国際的な専門家による、地球温暖化についての科学的データの収集、整理のための政府間機構は存在するが、IPCCには政治的な強制力はない。国連にも気候変動枠組条約締約国会議（COP）のような国際会議はあるが、これにも何の強制力もない。アメリカや中国など、世界最大のCO_2排出国がそっぽを向いてしまえば、それでおしまいなのである。

所得分配にせよ、地球環境問題にせよ、各国がナショナリズムの視点で行動する限り、問題の根本的な解決は望めない。貨幣の問題と同様、今度は強制力を持った「世界中央政府」が必要なのである。

禁断の果実

とにもかくにも、人類はグローバル資本主義というモンスターに、国境を超えて移動する「自由」を与えてしまった。この自由を与えられたことで、グローバル資本主義は各国の労働・貨幣・土地を商品化し、利潤を追求するチャンスを得た。

しかし、「自由」には「規律」が必要である。規律なき自由は無秩序をもたらす。

ところが、ナショナリズムによって動いている現代世界においては、国際規模での十分に強力な政治権力が存在せず、したがって、国境を超えて自由を満喫しているグローバル資本に対して必要な規律づけをすることができない。必要な規律づけができない状況が続く限り、世界が長期的安定を保つことはできない。

ポランニーが『大転換』のなかで労働・貨幣・土地を「商品化」したことによって人類が蒙る被害について警告した内容はここでも十分に適用できるのである。

私たちはそろそろ、資本主義原理が求めるままにグローバルな市場取引を何もかも自由にすると、その帰結として大きな「罰」を受けるのだという事実を教訓として真剣に受け止めなければならない。そして、際限なき「自由」を求めてはいけないのだという事実を学ばなければならない。その意味では、今こそ、人類は精神革命、価値観の転換を求められているのである。

だが、エデンの園の物語ではないが、「自由」とは禁断の果実であり、ひとたびその美味《うま》さを知ってしまった人間が自らを抑制するほどに賢くなっているかどうかは疑わしい。

となれば日本としては、グローバル資本主義から受ける傷を最小化するため、まずは自国単位でできることは徹底的にやるべきであるとするしか道はあるまい。

たとえば、国内の所得格差をなくす、貧困率を下げる、人々が心のよりどころとすることができる中間的な組織を支援する、環境規制を徹底的に行ない、「森林国家宣言」をし、自然との共生を実践していくということを一つ一つやっていくしかない。中国政府系ファンドが数千年の歴史のある東北地方のブナ林を買い占めるというような動きには、断固反対するのは当然のことである。

「自由」ゆえに資本主義は自壊する

近代における人間の歴史とは、いかにして国や教会、村落共同体などの制約から個人を自由にするかという闘争の歴史であった。その結果、近代化によって我々は「自由」という禁断の実を手に入れた。しかし、人間は実は「自由になればなるほど不幸になる」という現実にも気づかなければならない。あらゆる制約から自由になったひとは、コミュニティの温かい人間関係を失い、社会の中で孤立してしまう。

またそれと同時に、人間は一定の制約の中でそれを克服することで成長し、また、幸せにも感じる厄介な動物なのである。子どもは父親からの理不尽なゲンコツや、社会や学校などからの規制に縛られて、はじめて自我を確立できる。何の摩擦もなく、小さいときから自由気ままに振る舞った子どもは、はたして円満な大人になれるだろうか。

グローバル資本主義にもそれと似たところがある。摩擦や規制のない「自由」な市場を追求すればするほど、短期的にはグローバル経済が活性化するように見えるけれども、実はそれはますます資本主義を不安定化し、その副作用を取り返しのつかない程度まで増幅する。際限ない規制緩和と国際的な制度的ハーモナイゼーションによって、摩擦の存在しないスムースな世界市場ができるとすれば、そのときこそグローバル資本主義が自壊するときなのである。

本書のタイトル『資本主義はなぜ自壊したか』は「過去形」の表現になっているが、もちろん、資本主義が全面的に自壊してしまったわけではない。しかし、自由を満喫したグローバル資本が世界経済を不安定化させ、所得格差拡大で不幸な人々を大量に生産し、また、地球環境をもはや修復不可能に近いところまで汚染してしまったという意味で、資本主義の自壊作用はすでに始まっているというべきなのである。

チャーチルが民主主義に対して述べた言葉を資本主義に当てはめれば、「資本主義は最悪の経済体制である。これまで人類が経験した他のすべての経済体制を除いては」ということになるだろう。資本主義がわれわれにさまざまな罰を与えているといっても、いまさらすべての自由を諦め、計画経済体制や鎖国体制に戻ることはできない。「自由」という禁断の実を食べた我々はそのために与えられる罰を甘受しながら、しかし、その罰が致命的なものにならないうちに、「自由」の一部を統制に委ねる覚悟が必要である。

ブータンやキューバの人たち、あるいは、幕末期における日本の庶民など、資本主義や市場原理を十分使っていない社会の人たちがいかに穏やかで楽しそうに見えるかについてはすでに第三章で詳しく述べた。彼らはまだ「自由」という禁断の実を食べていない。それゆえに、物質的な意味での生活水準は低いが、「自由」がもたらす人間疎外などの「罰」がまだ希薄なのである。しかし、だからといって、禁断の実を食べてしまった我々がそこまで後戻りすることはもはや不可能である。

このように考えると、グローバル資本の行動をより自由にする「改革」に血道をあげることだけが正義だという「改革派」の愚は慎まなければならない。むしろ、さらなる「自由」を求める動きに対しては、それがおそらくは資本主義の自壊、さらには人類という種の自滅を早めるだろうことを認識し、欲望の肥大に対して自制の精神を持つように努力することが適切な行動原理になる。

「相互承認」の考え方

実は、ひたすら規制撤廃を求め、市場にすべてを任せようとするアメリカ型の資本主義がむしろ特殊な資本主義の形だという考え方はヨーロッパに根強く存在している。実際、ヨーロッパの国々は、アメリカ型資本主義とは一線を画す独自の資本主義体制を維持しようとしてきた。

たとえば、EU諸国が制度の平準化を議論するときにしばしば使う言葉に「相互承認」(mutual recognition)がある。グローバル・スタンダードとして制度の平準化を一律に推進するのではなく、各国の固有の制度を残したままそれを互いに認め合おうという考え方である。

これは制度の完全平準化に比べればおそらく自由度という点では不十分なものであるだろう。しかし、このような制度の凸凹をあえて残すことで、グローバル資本の動きに一定の制約を与え、それによってグローバル資本主義の不安定性を多少とも解消することはできるであろう。また、各国固有の制度を残すことによって、それぞれの国の文化や社会的価値を温存することもできる。

このことは日本の資本主義にとっても重要である。歴史も文化的伝統もまったく異なるアメリカ型の資本主義を日本がそのまま受け入れる必然性はどこにもないのだ。

日本としては、グローバル資本主義の自壊を防ぐため、「相互承認」の考え方をベースにして、グローバル資本の動きに一定の制限を加える取り決めを欧州とともに協議し、その成果をG7のような場で提案していくべきであろう。アメリカの金融財政政策に対しても、欧州諸国と共同歩調をとってドルの供給が適切になされるように要求していく必要があるだろう。

適切な統制が存在すれば、資本主義は何とかよろめきながらも存続できるが、新自由主義が主張するようなまったく摩擦のないグローバルな自由取引市場を作ってしまえば、それは間違いなく人類の滅亡を早めることになるからである。

人間の欲望がモンスターを呼びさます

二一世紀――グローバル資本主義というモンスターは依然として解き放たれたままである。しかし、そのモンスターは自らの行き過ぎた行動によって傷を受けた。それが今の金融危機である。

だが、その傷はけっして致命傷とは言えない。たしかに傷が癒えるまでは、しばらくモンスターはその活動を低下させることになるだろう。だが、放っておけば、モンスターはまた猛威を振るいはじめる。この怪物が傷の治療をしている今こそ、その行動を制御するための檻《おり》（制度）を作り上げるための好機かもしれない。

岩井克人氏は言う。

「あのアダムスミスの『見えざる手』を曲がりなりにもはたらかせることができたのは、市場経済を『不純』にするさまざまな『外部』の存在が、その本来的な不安定性の発現を一定程度におさえてきたからなのである」（『二十一世紀の資本主義論』八四ページ）

外部の存在とは中央銀行や強制力を持った政府のことである。中央銀行が通貨の管理をし、政府が所得再分配政策や環境規制をするといった、市場から見ると「不純」なことが国内経済ではそれなりに存在していた。

しかし、グローバル資本主義の下では、そのような強制力を持った「外部」は存在しない。つまり、グローバル資本主義というモンスターには、今のところ天敵はいないのだ。

だが、このことを世界中の人々が認識できれば、ひょっとすると我々はこのモンスターに一定の枠をはめる知恵を見出すことができるかもしれない。怪物の動きを拘束する何らかの有効な鎖を作り上げることができるかもしれない。

そのためには、まず我々は「欲望の抑制」ということを学ばなければならない。

このまま手をこまねいていれば、やがてはグローバル資本主義というモンスターはふたたび暴れはじめ、己自身をも破壊するほどの猛威を振るうだろう。そして、その災厄は間違いなく我々自身にも降りかかってくる。

だがそのときになって初めて気づいても遅すぎるのだ。モンスターを暴走させ、人類を滅びの淵に追いやったのは、欲望を抑えることができなかった、他ならぬ我々自身であると。

（了）

文庫版あとがき

『資本主義はなぜ自壊したのか』を執筆して早くも二年以上が過ぎた。たまたまリーマン・ショックの直後に出版されたためであろうか、あるいは「懺悔《ざんげ》の書」という謳《うた》い文句のせいであろうか、それは定《さだ》かではないが、予想外に多数の読者にお読みいただくことができた。

今回、集英社から拙著を文庫本にしたいというありがたい申し出を受けたが、私としては、本書がいつまでも「懺悔の書」と位置づけられ続けるのは本意ではないし、また、リーマン・ショック以降の金融危機の推移についても書き足したいという誘惑に駆《か》られはしたが、今回は敢えて原著のまま出版させていただくことにした。

なぜかというと、もともと、原著を執筆する際の私の問題意識は、「構造改革」一辺《いっぺん》倒《とう》のまちがった風潮を払拭《ふっしょく》したいという思いとともに、「時事的な意味」での金融資本主義の危機についての分析ではなく、むしろ、「グローバル資本主義の本質とは何か」という、より根源的なところの分析を目指す点にあったからである。

たしかに、リーマン・ショック以降の世界経済は深刻な後遺症に悩まされている。アメリカ連邦準備制度理事会（FRB）は、ドル暴落の危険があるにもかかわらず、巨額の国債を政府から直接買い取るという「禁じ手」に踏み切った。ヨーロッパでも、ギリシャ危機、アイルランド危機がポルトガル、スペイン、イタリアなどEU圏全体に飛火する危険に晒《さら》されている。しかし、これらの危機についての時事的な解説はすでに他にも数多く試みられており、必ずしも本書の目指すところではない。

そうこう考えているうちに、思いがけなくも、私が尊敬してやまない哲学者であり、埼玉大学教授でもあられる長谷川三千子氏が、文庫本の解説を引き受けてくださることになった。何とありがたいことであろうか。なぜなら、彼女ほど「ボーダーレス・エコノミー」が持つ歴史的な意味を深く理解している学者を私は知らないからである。

早速、かなり長文の解説原稿を読ませていただいたが、予期していた通りの素晴らしい解説であった。何はともあれ、読者の皆さんにはぜひともこの解説をお読みいただくようにお願いしたい。私の解釈が間違っていなければ、その基本的なメッセージは、「グローバル資本主義が持つ本質的な問題点を探ろうとするなら、まずは『人間を大地から離床《りしょう》させてしまった』西洋近代思想そのものを吟味《ぎんみ》することから始めなければならない」というものである。私もこの視点に賛同するものであり、私が本書においてあれこれ模索してきたこともこのような考え方と基本的には軌《き》を一《いつ》にする。

おりしも、近代世界を席巻《せっけん》してきた西洋的価値観とは一線を画する、中国やインドなどの新興国がやがて西側陣営と肩を並べる時代がやってくる。それとともにグローバル金融資本主義も軌道修正を迫られることだろう。世界はこれからどこに行くのか。本書が、このことを思考する上で何らかの参考になることを切《せつ》に望むものである。

平成二十二年十二月

中谷　巌

解　説

長谷川三千子（哲学者）

「転向」ではなく「回帰」の書として

これは「懺悔《ざんげ》の書」だ、と著者の中谷巌氏は言う。なるほど、かつて小渕内閣のもとにつくられた「経済戦略会議」の主要メンバーとして「構造改革」「規制撤廃」を訴え、「グローバル資本主義」の旗ふり役をつとめてきた著者が、一転してその危険性を説いているのが本書である。とすれば、これはまさに「転向」の宣言であり、「懺悔の書」にほかならないということになる。

実際、この本が出版されるとたちまち、この「懺悔」についての賛否両論がわきおこった。そもそも「転向」だの「懺悔」だのといった大げさな言葉を軽々しく使うのがけしからん、と息巻く人もいれば、景気のよい時はせっせと旗ふりをして、一寸《ちょっと》経済情勢が変わるとすぐに自説を変えたりするのは、無責任だ、無節操だ、と批判する人もいる。

また他方では、とにかく自分が間違っていたとわかったら、正直に誤りを認めるのはよいことではないか、と言う人がいたりといった具合で、この本をめぐっては、いっときたいそう賑《にぎ》やかな論評がくりひろげられたのであった。

けれどもその当時、そうした賑やかな論評を眺めながら、私は或《あ》る全く違った感想を抱いていた。一言で言えば、「ああ、やっぱり中谷氏はかえるべきところにかえってきたのだな」という感想である。

私は一度だけ、雑誌「Ｖｏｉｃｅ」(平成三年三月号)の対談で中谷氏にお目にかかったことがあって、氏はそこでこんな発言をしていたのである。

「……アダム・スミス以来、ヨーロッパとアメリカを支えてきたのは自由貿易思想です……。自由貿易思想というのは、……強者の論理なんですね。力の差が圧倒的にあるところで一〇〇パーセント開放すれば、だめなほうは完全にやられてしまうという仕組みですから、それに対する歯止めのシステムが必要なんです。

日本が自由貿易体制のもとで驚異的な経済発展を遂げることに成功したのは、日本独自のボーダーレス・エコノミーに対する『歯止めのシステム』をもっていたからだと思いますね。きわめて大胆な言い方をすると、私は、アメリカの原理が『マーケット』だとすれば、日本の原理は『ネットワーク』だと思っています。ネットワークの強みはどういう点にあるかといえば、長い付き合いをするのでお互いの情報が蓄積できることです」

さらに氏は、こんなことを述べてもいる。

「アダム・スミス以来の欧米の経済学に代って、これからは日本人が新しいモデル、考え方を発見して、それを世界に訴えていく時期にあると思っています」

これらの発言は、本書のどこに差し入れても可笑《おか》しくない。グローバル資本主義には或る種の暴力性がひめられており、それに歯止めをかけることが不可欠であること。そして、そのためにこそ日本人が活躍すべきであること——そうした考えは、すでに二十年近く前から、氏の内にあったのである。

そうしてみると、この『資本主義はなぜ自壊したのか』は、決して「転向」の書ではない。これはむしろ〈回帰の書〉なのである。と同時に、中谷氏自身がこの本を「懺悔の書」と呼ぶことの意味も、いっそうのリアリティをもって迫ってくることになる。もともと、何の疑いも持たずにグローバル資本主義を信奉し、アメリカの言うがままになって旗ふりをしていたというのであれば、ただその誤りに気付いて「転向」するだけでことは済むかも知れない。しかし、その危険性を知り、それに歯止めをかけることの必要性を知っている人間が、日本のうちに存する貴重な「歯止めのシステム」を、「構造改革」「規制撤廃」といったスローガンによって破壊することに手をかしてきたのだとしたら……これはもう、ケロリと転向宣言などしてすむ話ではない。まさに慙愧《ざんき》に堪《た》えぬ、と言うほかはない話のはずであって、氏がこれを「懺悔の書」と呼ぶとき、そこにはこの上なく苦く切実な悔恨がひそんでいるに相違ないのである。

その切実な悔恨が、この本を、ただふつうの〈グローバル資本主義批判本〉とは一味違ったものにしている。すなわち、ただ外側からグローバル資本主義の悪口をあれこれ言うだけなら、誰にでもできる。しかし、ひとたびその内に巻き込まれてしまうと、その危険性を知っていても、それと共に走るほかなくなってしまう。そういう苦い経験をした人間であってはじめて、いったいこのグローバル資本主義という怪物《モンスター》は何なのかと、切実に問いかけることができるのである。

近代資本主義の「根本発想」を問う試み

「グローバル資本主義の本質とは何かという問題」こそが、第一の問わるべき問題である、と中谷氏は言う。これは、単なる時事問題でもなければ、経済学のなかの派生的な一問題なのでもない。この問いはまさに、経済学にとっての根本問題そのものなのである。

いまわれわれが経済学と呼んでいる学問は、近代の資本主義が出現してきたのにともなって、それを一つの基本事実として前提したところに出来上っている学問である。したがってそこでは、近代資本主義を成り立たせている根本発想はなにか、と問われることはない。それは自らが自明の前提とする根本発想そのものを問うことだからである。

たとえば、近代の経済学の祖とも言うべきアダム・スミスは、いったいどういうメカニズムによって財が蓄積され、資本主義というものが可能となったかを説きおこすところから始めて、自らの経済学を開陳しているのであるが、さらにその根底にはいかなる発想の転換があったのか、という問いには思い至っていない。それはまた、その一世紀のちに、近代資本主義の出発をはるかに批判的な色合いで描き出してみせたカール・マルクスの場合も同様である。彼は、資本主義が形成されていったのはいかなる暴力的なメカニズムによってであるかを暴《あば》き出そうとするのであるが、ではそのメカニズムはいかなる発想の転換から生まれてきたのか、というところには目を向けようとしないのである。

ところが、「グローバル資本主義の本質とは何か」という問いを本当に問おうとすると、この見すごされてきた問題に真正面から向きあわなければならなくなる。というのも、グローバル資本主義と呼ばれるものは、実は、この近代資本主義発生の根底にあった〈発想の転換〉が、いよいよその素顔を表面にあらわした、という事態だからである。グローバル資本主義の本質を問うことは、結局のところ、近代資本主義の根本発想を問うことにほかならない。

この本に向けられたさまざまの批判のなかには、中谷氏のグローバル資本主義には

「経済学的知見」が欠けている、といった批判が見受けられるのであるが、これはまさに、いま述べた事情にかかわっている。「経済学」が自明の大前提として素通りしてきた、近代資本主義そのものの根本発想を問いなおすような試みが、「経済学的知見」の内側でなされうるはずはない。いやしくもこの本が「グローバル資本主義の本質とは何か」を問いかけようとするものであるかぎり、それが「経済学的知見」を逸脱するのは、むしろ当然のことなのである。

しかしそうだとすれば、いったいそのような問いかけは、どんな学問の、どんな道筋を通って可能となるのだろうか?

実のところ、こうした問いかけの水先案内人をつとめてくれるような先人はきわめて少ない。しかし少くとも、この本に中谷氏が取り上げて紹介している経済人類学者カール・ポランニーは、間違いなくその稀《まれ》な一人である。

最初から「ボーダーレス」だった近代資本主義

ポランニーは、アダム・スミスもマルクスも自明のものとして前提してしまった、「市場《しじょう》」という観念そのものに目を向ける。そして、近代資本主義を支《ささ》えている根本的メカニズムとも言うべき、この「市場《しじょう》」なるものが、実はきわめて特殊な新発明であるということを見抜いたのである。

「市場《しじょう》」とは、そこで誰もが何でも自由に売り買いができるような場である、として理解されている。何か皆が欲しがるもの、必要とするものがあって、その品が十分になければ、その値は上がる。しかし、それを見て、すぐに多くの人々がそれを作って売りに出すので、値段はまた下がり、それを欲しがっていた人々も頃合《ころあ》いの値でそれを買うことができる——「市場《しじょう》」というのは、そうした自然で合理的な自己調整がはたらく場である、と考えられてきたのである。もちろん、こうした自己調整がいつでもうまくはたらくとは限らないので、そのことをめぐっていろいろな批判や論争がなされてきたのは事実である。けれども、こうした「市場《しじょう》」という考え方自体が、ほとんど異常と言ってもよいほど特殊なものなのだ、と指摘したのは、ポランニーがはじめてであった。

いったいどこからポランニーはそのようなことを思いついたのか。彼が近代資本主義の自明の大前提である「市場経済」を特殊なものと眺めることができたのは、それと対比して、人類の歴史をながらく支配してきた「社会に埋めこまれた状態」にある経済というものをしっかりと認識していたからであった。

たとえば、（英語で言えば同じ「マーケット」なのであるが）大昔から世界のいたるところに見られた「市場《いちば》」というものは、近代資本主義が前提する「市場《しじょう》」とは本質的に違っている。それは、近隣のかぎられた地域のかぎられた人々によって成り立っており、定まった日に定まったルールによって開かれる。それは決して自由な売買のための場ではなく、人々が自分たちの日々の営《いとな》みのなかで作ったものを持ちより、生活に必要なものを買ってかえるための場——まさに、地に根ざした生活のうちに植え込まれた経済の姿としての「市場《いちば》」である。

たしかに人間の経済活動がそのような「社会に埋めこまれた状態」にあるときにも、一方では、遠い都市と都市とを結ぶ、奢侈品《しゃしひん》の交易が古くから行われていた。しかし、そうした遠距離交易は、それはそれでまた、独自の安定した秩序をそなえていて、さだまった部族・階層の人間がそれをにない、近隣地域に住む人々によって営まれている各地の「市場《いちば》」とは、決して交わらないような形で行われつづけたのであった。

その両者が交わるとき、従来とは全く質的に異なる経済活動の形があらわれ出てくる。そのきっかけをなしたのは、明らかにあの十五、六世紀の大航海時代であった。白人によるアメリカ大陸の侵略は、或る一つの地域の生産活動の内にグローバルな「交通」が大規模に入り込むという先例を作ったのである。そして、やがてそこから、世界各地の生活社会に「埋めこまれた」経済活動が、自由な「市場経済」へと、次々に投げ入れられていくということになったのであった。

その意味で、近代資本主義はまさにグローバル経済として始まったのであり、また、それが各地域内の生活社会を守っていた防壁をつき崩す動きとして展開していった、というところに目を向けるなら、それは（一昔前《ひとむかし》に呼ばれていたように）「ボーダーレス・エコノミー」として始まったとも言えるのである。

地の絆《きずな》をたち切ってしまった人類

このようにして見てくると、中谷氏のあげる「グローバル資本主義の本質的欠陥」は、たしかにその根本発想の展開に根ざしたものであることが納得される。氏があげているのは次の三点である。

一、世界金融経済の大きな不安定要素となる
二、格差を拡大し、社会の二極化をもたらす
三、地球環境汚染を加速させる

一見すると、これは単に、現在の世界が抱える重大問題を三つ拾い出して、その責任をグローバル資本主義に負わせているだけのようにも見える。けれども、グローバル資本主義の本質は、人間の経済活動が「社会に埋めこまれた状態」をはなれ、人間と地の絆《きずな》をたち切って「離床」したところにある、と考えてみると、たしかにこれらはいずれも、その本質から真直《まっすぐ》に出てきた事態なのである。

まず第三にあげられた地球環境汚染という点に関して言えば、もともと人間は他の動

物たちに較《くら》べて、圧倒的な環境破壊能力をもつ存在である。ことに農業を営むようになってからは、その破壊力が一段とましたわけなのであるが、それでも、人間の経済活動が生活社会に「埋めこまれた状態」にある間は、そこに或る種の安定した循環がなり立ち、自然環境が無限に破壊されてゆく、ということは起りにくい（ちょうど日本の「里《さと》山《やま》」のあり方がその好例である）。しかし、人間の経済活動が一切の抑制をふりはらって「離床」すれば、自然は単なる〈資源の宝庫〉であると同時に単なる〈ゴミ捨て場〉となる。そこでは、完全に自由な、抑制なき地球環境破壊が行われてゆくことになるのである。

また、第二の貧富の格差という問題点について言えば、グローバル資本主義は、いわば二段構《がま》えの仕方でそれを苛酷なものにする。まずそもそも、市場経済というものが不特定多数の売り手の自由な参入を前提している以上、そこには当然競争ということが起り、競争があれば当然格差というものが生じる。誰もが知るとおり、資本主義に貧富の差はつきものである。ただし、近代ヨーロッパにおいては、そうした経済活動の「離床」と並行して、各国があらためて自国の防壁を補強し、自国内の経済活動を外からの侵略に対して守ろうという動きが出てくる（「重商主義」という誤った名で呼ばれているのも、その現象の一つである）。近代資本主義の始まりは、むしろ一国資本主義といった形を見せている。

そのようにして、資本主義が一国内の「ローカルな資本主義」としてはたらいているあいだは、中谷氏の言うとおり、あまり極端な格差は生じにくい。あまりにも大きな貧富の差はかえって国内市場を貧弱なものにしてしまうからである。また、そもそも国家というものは、古来、その内側に暮す国民の安寧《あんねい》を守るという大目的をかかえた装置なのであって、明治時代の日本人が「エコノミー」を「経世済民」（世を治《おさ》め民を済《すく》う）の術と訳したのも、そうした一国資本主義の理念をあらわしたものだったと言えよう。

しかし、二十世紀後半からの本格的グローバル資本主義の流れは、そうした各国の防護壁をのりこえ、それを崩してしまう。現にそれがいかに日本国内の格差をひろげたかは、本書に中谷氏が示しているとおりである。

さらに、中谷氏のあげた第一の問題点は、いわばもっとも現代的な経済現象としてあらわれ出ているのであるが、実はこれもまた、ポランニーが指摘した人間の経済活動の「離床」から真直に帰結する事態だと言える。すなわち、ひとたび〈地の縛り〉を脱した人間の経済活動は、それまで交易の流れとは無縁に生産されていた農産物や生活必需品を「市場《しじょう》」のうちに呑み込んでしまったのであるが、やがてそれは「物」にすら縛られなくなり、貨幣そのものをも売買するようになる。そこでは売買は（文字通りの）マネー・ゲームとなり、そのようなゲームにおいて、価格は安定してはならないのである。たとえば東証ですべての株価が完全に「安定」してぴくりとも値動きのない状態がつづいたら、と想像してみると、マネー・ゲームにとって「不安定」ということがいかに必要不可欠な要素であるかが理解されるであろう。資本主義経済が「物」をはなれ、ただ金《かね》の動きのための金《かね》の動きの追求へとむかうとき、その「不安定要素」は常にその内ではたらきつづけるのである。

日本人への「大きな宿題」

それではいったい、われわれはどうしたらよいのか？

この本のなかで中谷氏は、ブータンやキューバを、市場原理主義に毒されていない国として紹介してはいるけれども、それらは決して解決法として示されているわけではない。世界中がブータンになることは不可能だし、世界中がキューバになることがよいわけでは全くない。むしろ、すでにグローバル資本主義のまっただなかに在り、その大波に翻弄されている観すらある、われわれ日本人自身が、突破口を示す先導者とならなければならぬ、というのが中谷氏のメッセージである。

われわれは、「離床」した経済活動のうちに在りながらも、いまだに「物」との親密なつき合いを失っていない。われわれの文化は、土地と人との絆のうえに築かれてきた。結局のところ人間は、どれほどヴァーチャルなマネー・ゲームに励もうとも、ものを食べて命をつなぎ、この大地の上に居《きょ》を構えて寝起きしなければならない一《いち》生物なのである——われわれの文化は、そうした謙虚な人間観を、きわめて洗練されたかたちではぐくんできたのである。

しかし、そうしたわが国の文化を土台として、「アダム・スミス以来の欧米の経済学に代」わる、「新しいモデル、考え方」をいかにして発見するか。そして、いかにして「それを世界に訴えていく」か——これはたいへんに困難な大仕事である。そして、二十年前に中谷氏の語ったこの課題は、現在の日本の経済学者たちの頭をよぎることすらないように見受けられる。中谷氏のこの本は、あらためてこの大きな宿題を、日本人全員につきつけているのである。

主要参考文献

●経済学関係

K・ポラニー『大転換～市場社会の形成と崩壊』野口建彦・栖原学訳／東洋経済新報社
K・ポランニー『経済の文明史』玉野井芳郎ほか訳／ちくま学芸文庫
R・ライシュ『暴走する資本主義』雨宮寛・今井章子訳／東洋経済新報社
P・クルーグマン『格差はつくられた～保守派がアメリカを支配し続けるための呆れた戦略』三上義一訳／早川書房
J・スティグリッツ『世界に格差をバラ撒いたグローバリズムを正す』楡井浩一訳／徳間書店
B・アマーブル『五つの資本主義～グローバリズム時代における社会経済システムの多様性』山田鋭夫ほか訳／藤原書店
R・ボワイエ『資本主義vs資本主義～制度・変容・多様性』山田鋭夫訳／藤原書店
R・ボワイエ、F・スイリ編『脱グローバリズム宣言～パクス・アメリカーナを超えて』山田鋭夫ほか訳／藤原書店
青木昌彦『比較制度分析に向けて』滝澤弘和ほか訳／NTT出版
　同　『経済システムの進化と多様性～比較制度分析序説』東洋経済新報社
大竹文雄『日本の不平等』日本経済新聞社
橘木俊詔、浦川邦夫『日本の貧困研究』東京大学出版会

橘木俊詔『格差社会～何が問題なのか』岩波新書
岩井克人『二十一世紀の資本主義論』ちくま学芸文庫

●文明論・社会論など

F・フクヤマ『歴史の終わり』渡部昇一訳／三笠書房
　同　『「信」なくば立たず～「歴史の終わり」後、何が繁栄の鍵を握るのか』加藤寛訳／三笠書房
A・シュレジンジャー『アメリカ史のサイクル』猿谷要監訳／パーソナルメディア（全2巻）
O・シュペングラー『西洋の没落』村松正俊訳／五月書房
A・トクヴィル『アメリカのデモクラシー』松本礼二訳／岩波文庫（全4巻）
S・ハンチントン『文明の衝突』鈴木主税訳／集英社
松原久子『驕れる白人と闘うための日本近代史』田中敏訳／文春文庫
渡辺京二『逝きし世の面影』平凡社ライブラリー
堤　未果『ルポ　貧困大国アメリカ』岩波新書
中西輝政『アメリカ外交の魂』集英社
　同　『帝国としての中国～覇権の論理と現実』東洋経済新報社
小室直樹『日本人のための憲法原論』集英社インターナショナル
松本健一『日本の失敗～「第二の開国」と「大東亜戦争」』岩波現代文庫
安田喜憲『蛇と十字架～東西の風土と宗教』人文書院
吉田敦彦『日本の神話』青土社
　同　『ギリシア・ローマの神話～人間に似た神さまたち』ちくま文庫
呉　善花『日本的精神の可能性～この国は沈んだままでは終わらない！』ＰＨＰ文庫

塩野七生『ローマ人の物語』新潮社
同 『ローマから日本が見える』集英社文庫
山岸俊男『日本の安心は、なぜ消えたのか〜社会心理学から見た現代日本の問題点』集英社インターナショナル
吉田太郎『世界がキューバ医療を手本にするわけ』築地書館
今枝由郎『ブータンに魅せられて』岩波新書
松岡正剛『日本という方法〜おもかげ・うつろいの文化』NHKブックス
同 『誰も知らない世界と日本のまちがい〜自由と国家と資本主義』春秋社
同 『花鳥風月の科学』中公文庫
梅棹忠夫『文明の生態史観』中公文庫
河合隼雄『中空構造　日本の深層』中公文庫
川勝平太『文化力〜日本の底力』ウェッジ
同 『文明の海洋史観』中公叢書
高田ケラー有子『平らな国デンマーク〜「幸福度」世界一の社会から』NHK出版

（順不同）

この作品は二〇〇八年十二月、集英社インターナショナル
より刊行されました。

集英社文庫

資本主義《しほんしゅぎ》はなぜ自壊《じかい》したのか 「日本《にほん》」再生《さいせい》への提言《ていげん》

2011年1月25日 第1刷

定価はカバーに表示してあります。

著 者 中谷《なかたに》 巌《いわお》

発行者 加藤 潤

発行所 株式会社 集英社

東京都千代田区一ツ橋2-5-10 〒101-8050

電話 03-3230-6095（編集）

03-3230-6393（販売）

03-3230-6080（読者係）

印 刷 図書印刷株式会社

製 本 図書印刷株式会社

フォーマットデザイン アリヤマデザインストア　　マークデザイン 居山浩二

ISBN978-4-08-746653-9 C0195